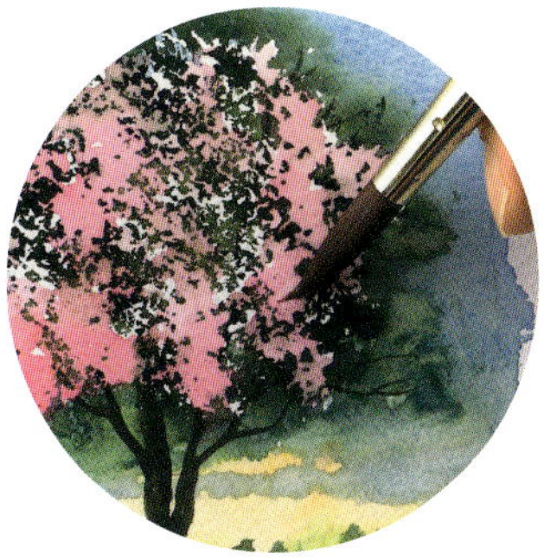

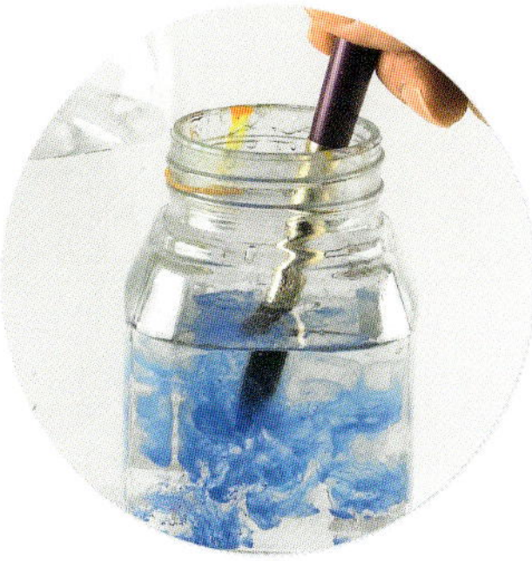

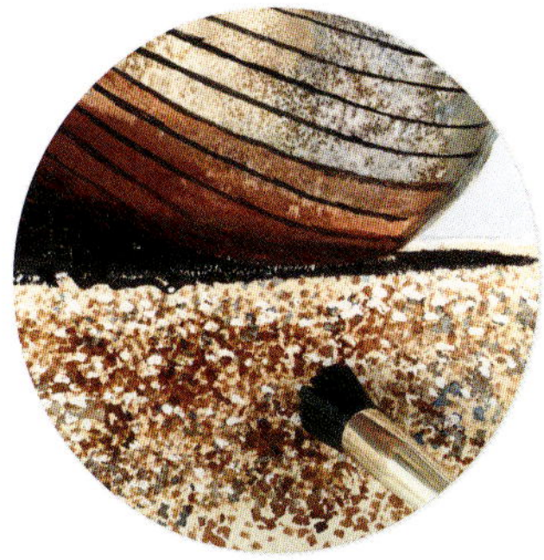

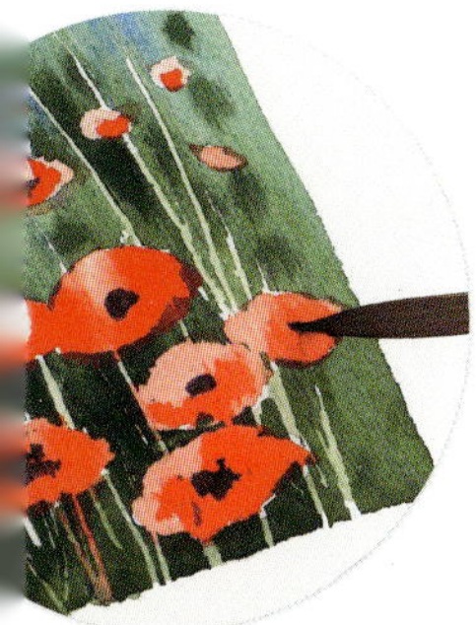

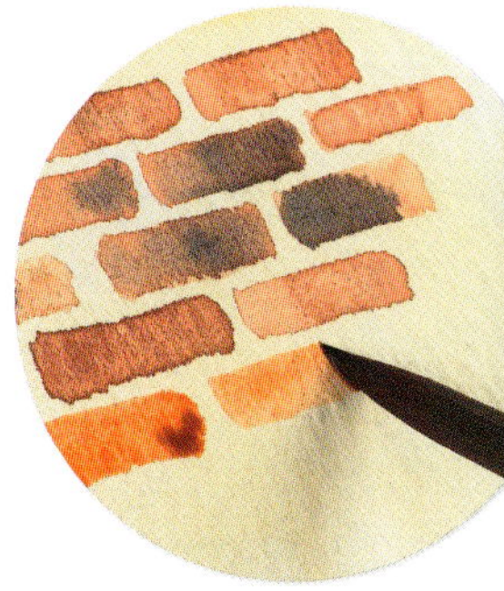

Terry Harrisons

Geheimnisse der Aquarellmalerei

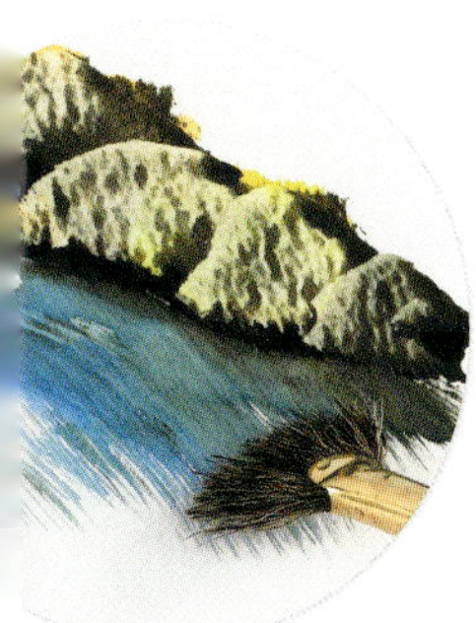

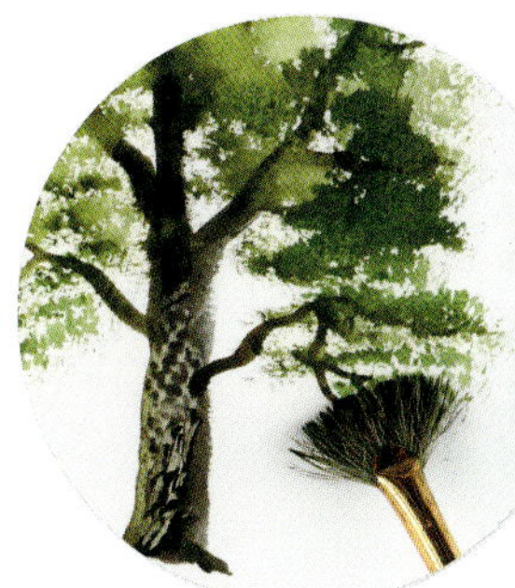

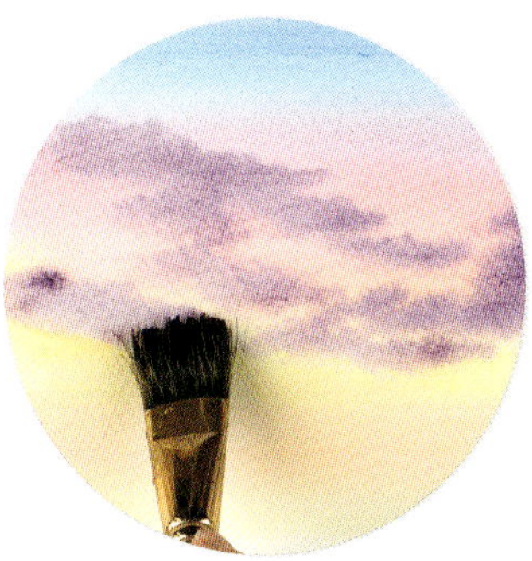

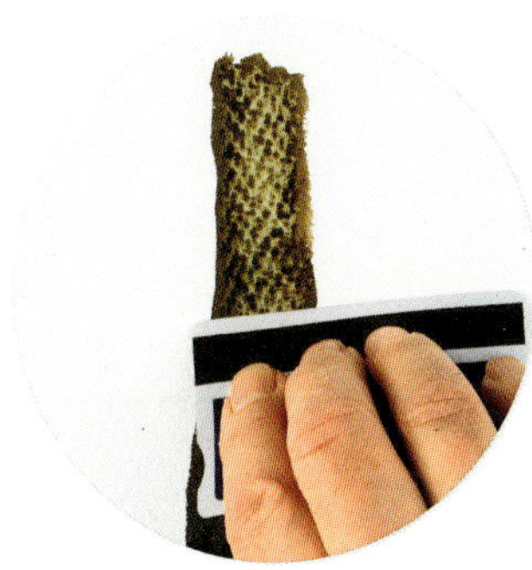

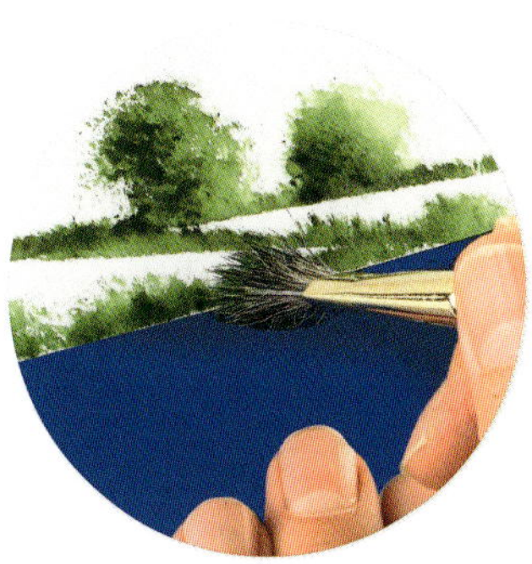

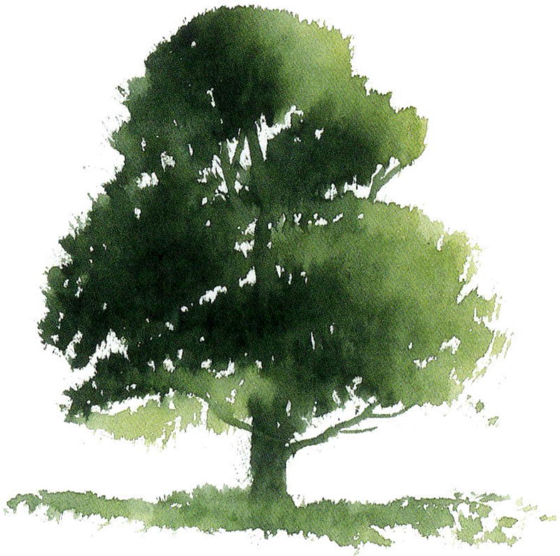

Danksagung

Meinen herzlichen Dank an meine Frau Fiona Peart für all ihre Unterstützung bei diesem Buch und an meine leidgeprüfte Lektorin Sophie Kersey.

Impressum

Fotografien: Roddy Paine Photographic Studios und Paul Bricknell, Search Press Studio

Übersetzung: Wiebke Krabbe
Satz: Michael Feuerer
Printed in Slovenia by Florjancic

★★★★★

Sind Sie mit diesem Titel zufrieden? Dann würden wir uns über Ihre Weiterempfehlung freuen. Erzählen Sie es im Freundeskreis, berichten Sie Ihrem Buchhändler oder bewerten Sie bei Onlinekauf. Und wenn Sie Kritik, Korrekturen, Aktualisierungen haben, freuen wir uns über Ihre Nachricht an Christian Verlag, Postfach 40 02 09, D-80702 München oder per E-Mail an lektorat@verlagshaus.de.

Unser komplettes Programm finden Sie unter

www.christophorus-verlag.de

Die Deutsche Nationalbibliothek verzeichnet diese Publikation in der Deutschen Nationalbibliografie; detaillierte bibliografische Daten sind im Internet über http://dnb.d-nb.de abrufbar.

Erschienen in Großbritannien 2017 unter dem Titel
„Terry Harrison's Watercolour Secrets"
bei Search Press Limited
Wellwood, North Farm Road, Tunbridge Wells, Kent TN2 3DR

3. Auflage 2022

ISBN 978-3-86230-388-5

Terry Harrisons

Geheimnisse der Aquarellmalerei

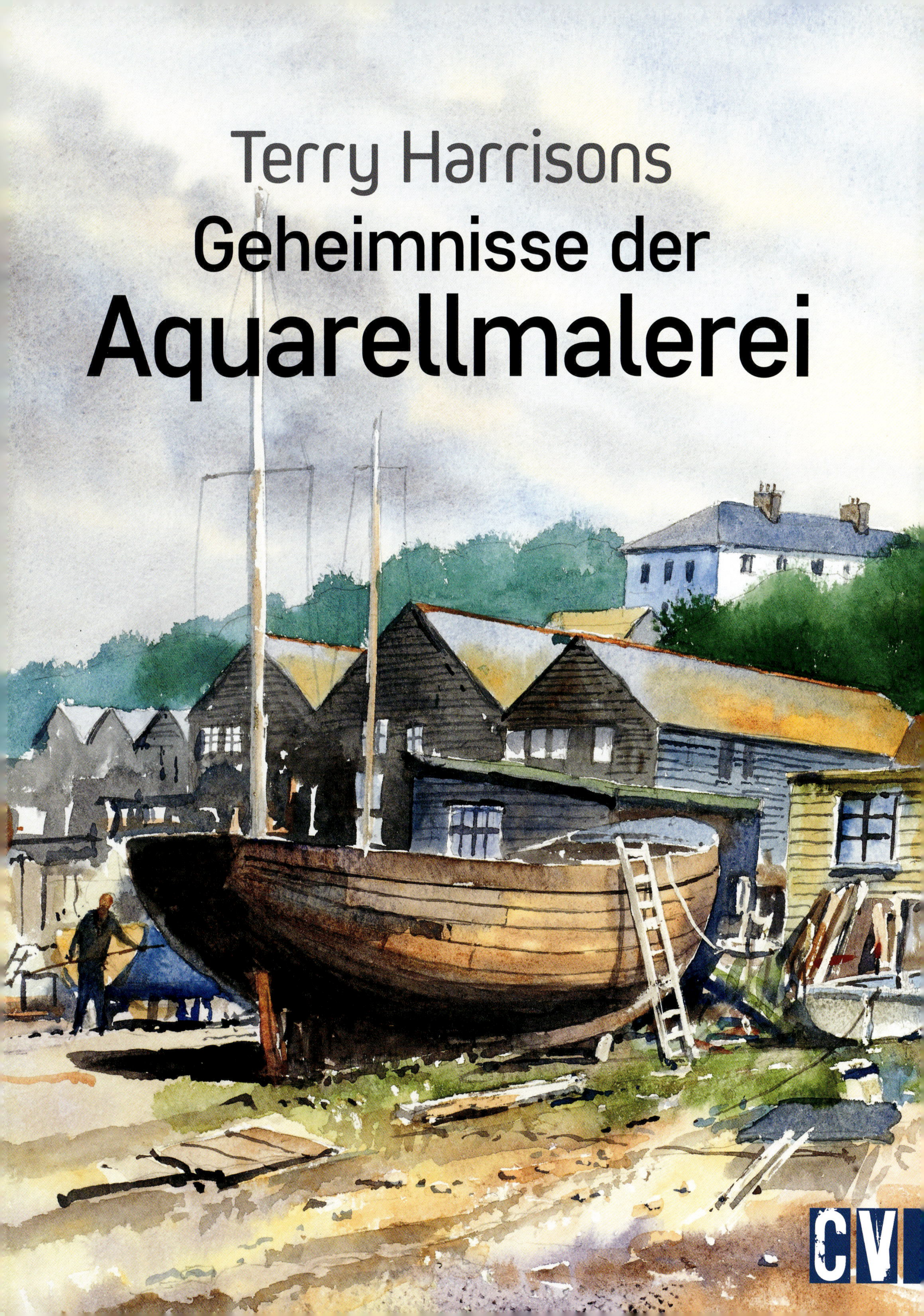

Inhalt

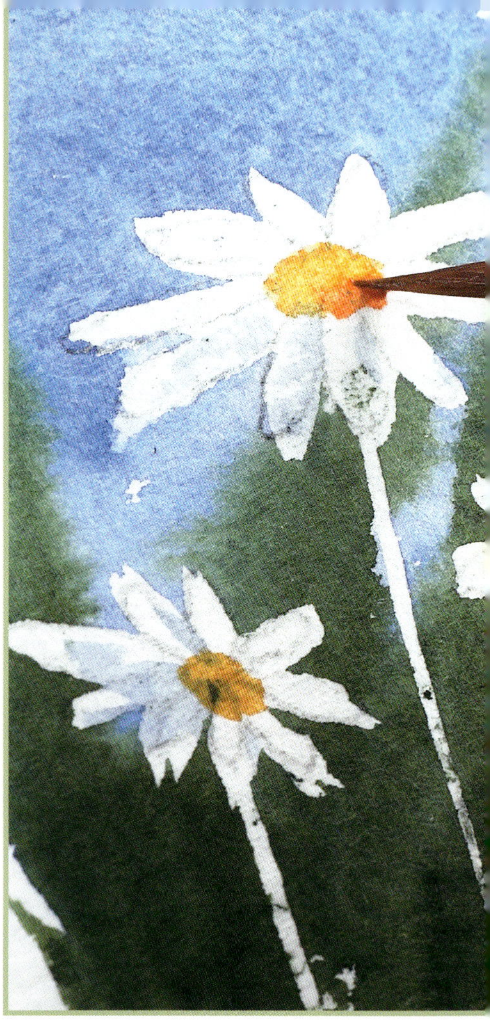

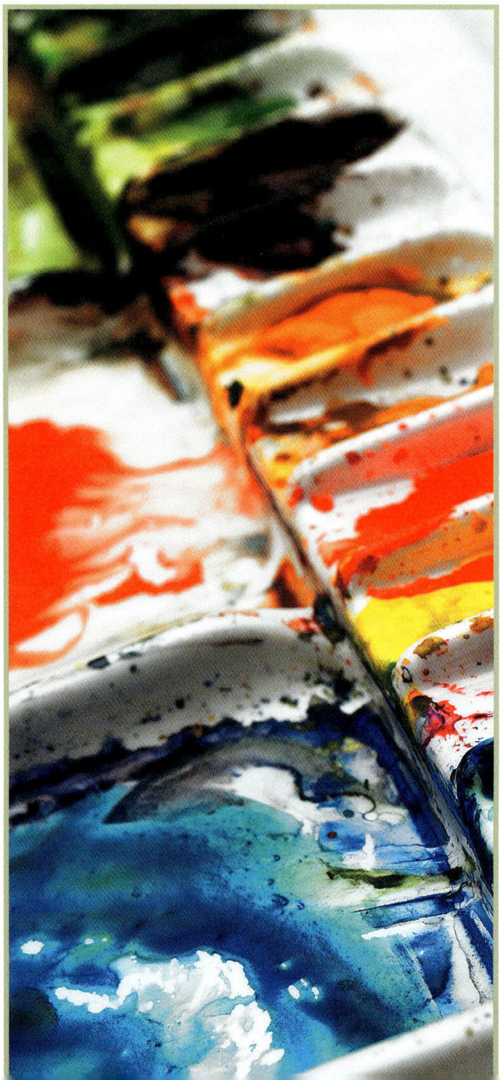

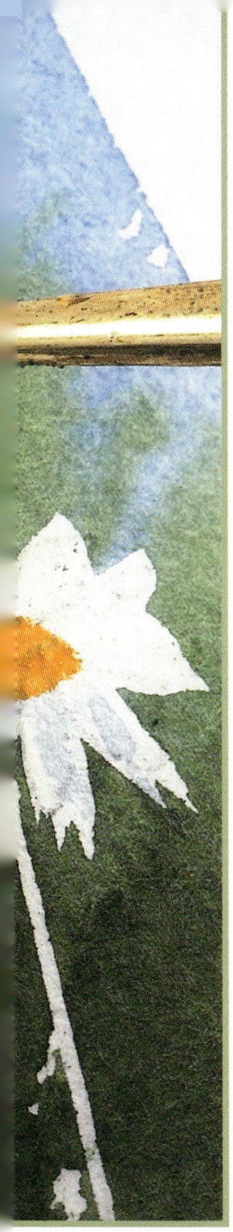

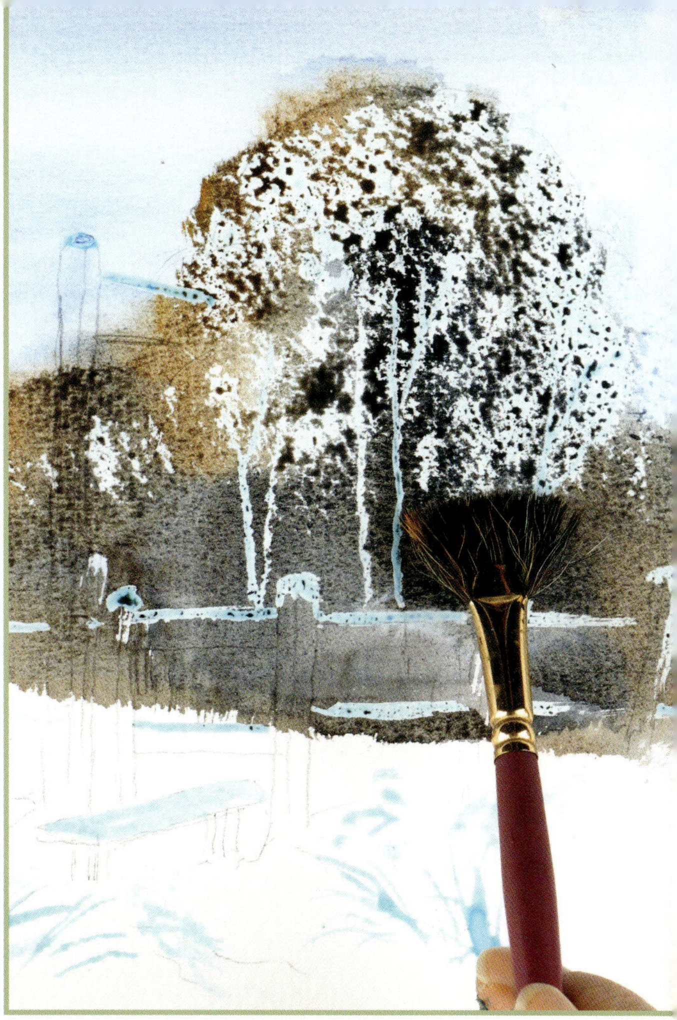

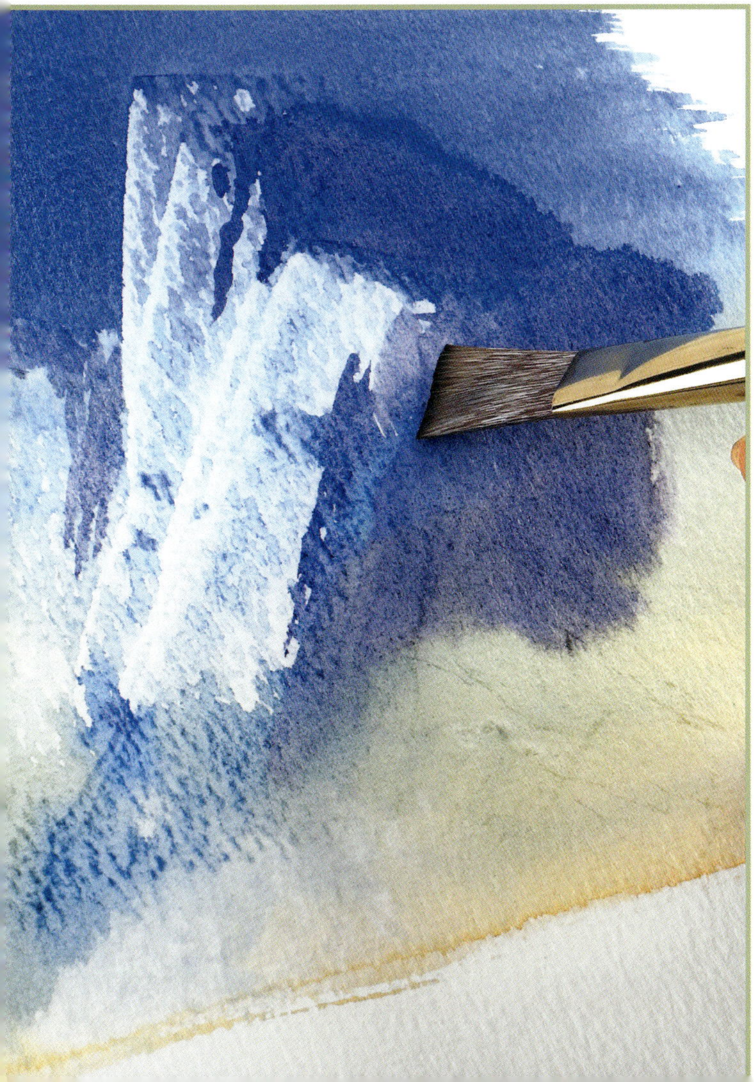

Über den Autor

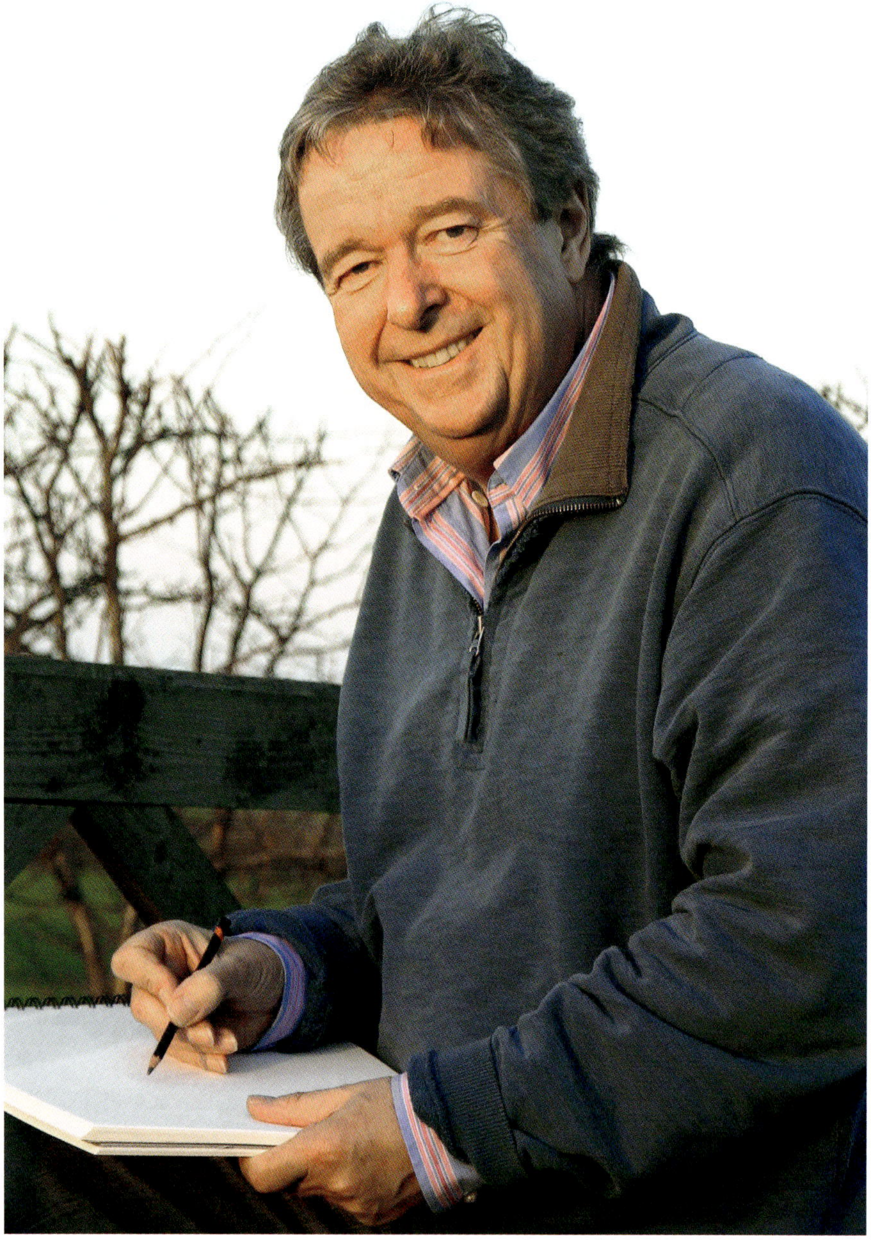

Terry Harrison genoss während seiner Jugend in der englischen Grafschaft Norfolk nur durchschnittlichen Kunstunterricht. Mit 15 Jahren zog er nach Hampshire um, wo er von einem engagierten Lehrer gefördert wurde. Ein Jahr später wurde er an der Farnham Art School aufgenommen. Er wurde Grafiker, malte aber in seiner Freizeit. 1984 machte er die Malerei zu seinem Hauptberuf. Seitdem hat er viele Kurse geleitet, eine eigene Serie von Pinseln und Farben entwickelt und zahlreiche erfolgreiche Bücher über die Malerei mit Acryl- und Aquarellfarben veröffentlicht.

Glockenblumen-Wald

Blätter in frischem Grün und der Teppich aus blauen Glockenblumen geben diesem Motiv seine unverkennbare Frühlingsstimmung. Viele Baumstämme – nicht nur die Birken – wurden zunächst mit Maskierflüssigkeit abgedeckt.

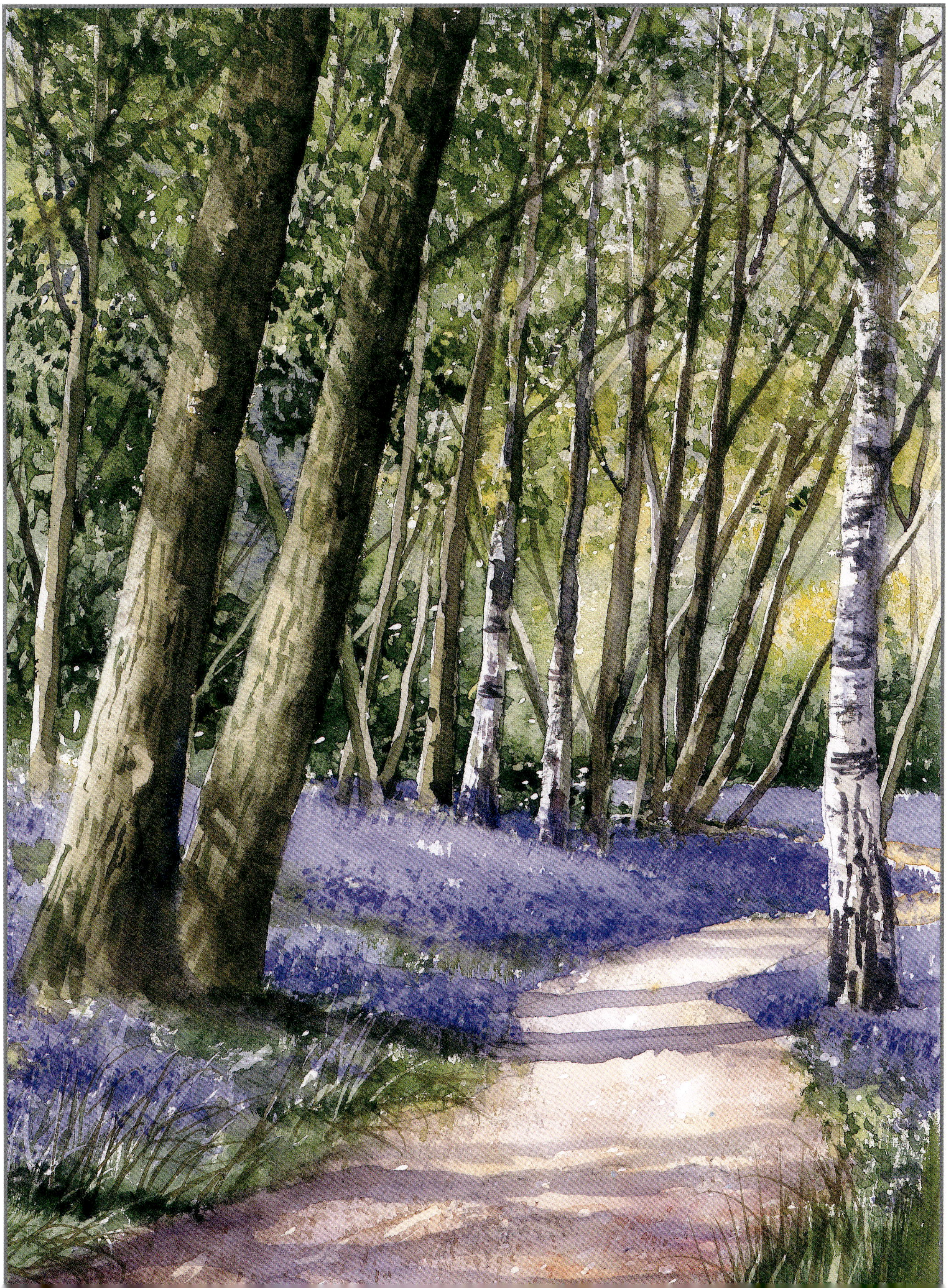

Vorwort

In meinen Kursen und Büchern geht es mir immer darum, Mal- und Zeichentechniken ganz einfach zu vermitteln. Damit auch Anfängern verschiedene Effekte leicht gelingen, habe ich eine spezielle Serie von Pinseln entwickelt.
Bei der Aquarellmalerei spielt der gesunde Menschenverstand eine wichtige Rolle. Für Nass-in-nass-Effekte beispielsweise muss das Papier nass sein – nicht nur feucht oder gar auf dem Weg zur Trocknung. In vielen Berufsjahren als Maler und Dozent habe ich gelernt, worin die Geheimnisse erfolgreicher Malerei liegen. Dieses Wissen – von bewährten Tricks bis zu ganz neuen Kniffen – möchte ich in diesem Buch weitergeben.
Ich male und zeichne seit meiner Kindheit. Anfangs habe ich Figuren aus Comics abgezeichnet. Als Vorlage für mein erstes Aquarell diente der Wellensittich auf einem Vogelfutter-Karton. Wie wichtig Vorlagen sein können, habe ich schon früh erkannt. Heute kann ein Maler sich Vorlagen aller Art mit einigen Mausklicks beschaffen. Früher habe ich von Ausflügen und Reisen jede Menge Fotos mitgebracht und sorgfältig archiviert, um später auf sie zurückzugreifen. Ich rate unbedingt dazu, eigene Fotos als Vorlage zu verwenden, denn damit sind Sorgen um das Urheberrecht unnötig.
In diesem Buch möchte ich Tipps und Tricks aus meiner Praxis verraten, einige Vorurteile zerstreuen und hoffentlich zeigen, dass die Aquarellmalerei gar keine so geheimnisvolle Kunst ist.

Gegenüber

Felsige Küste

Dieses Motiv fängt den Moment ein, in dem sich eine Welle auf den Felsen bricht. Es strahlt viel Bewegung aus. Sie brauchen dafür Küchenpapier und Maskierflüssigkeit, und für die Felsen eine alte Plastikkarte. Die Farbe auf dem Strand wird gesprenkelt. Alle Techniken sind in diesem Buch genau erklärt.

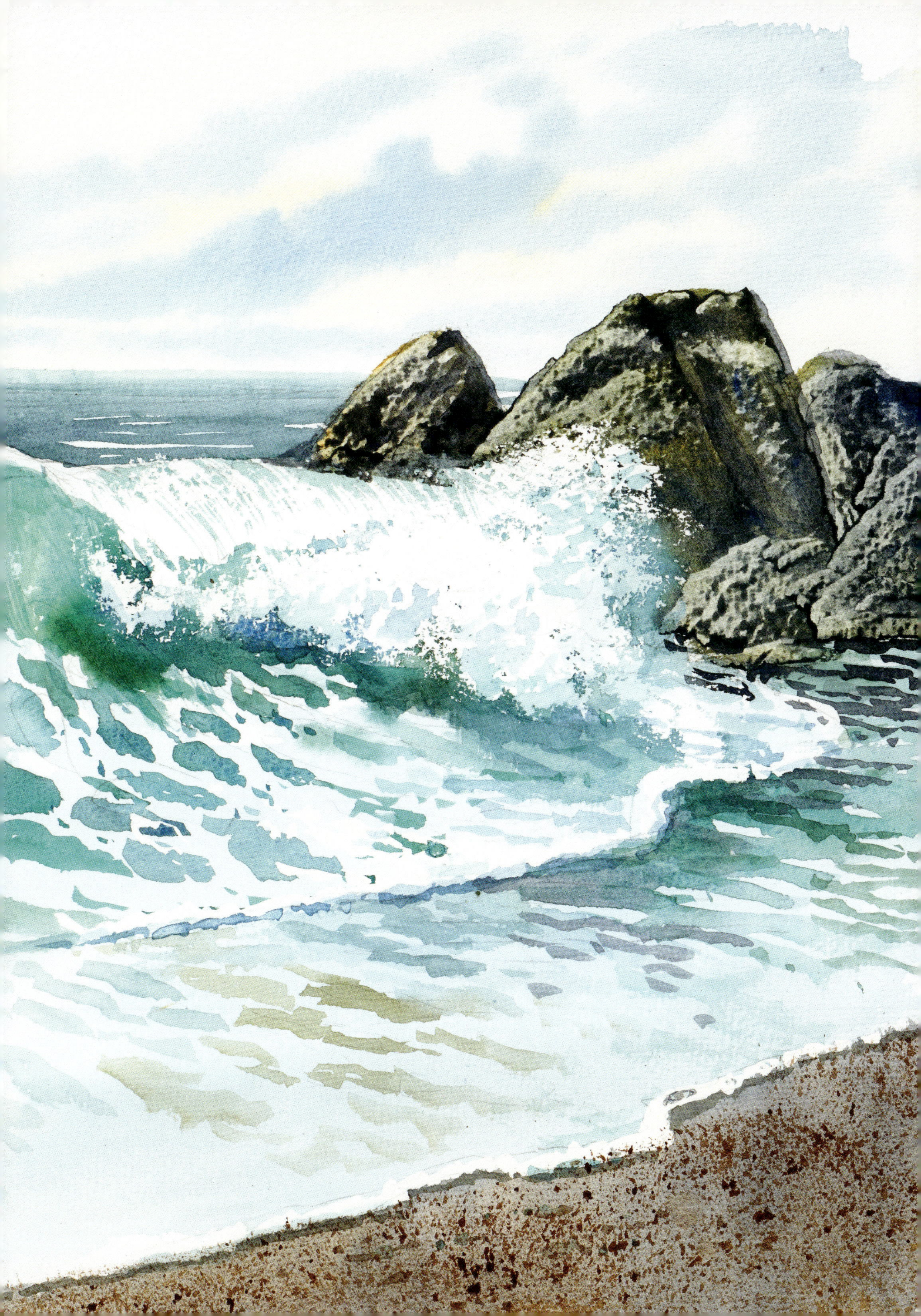

Was brauchen Sie?

Papier

Die meisten Menschen bleiben bei dem Papier, auf dem sie ihre ersten Malversuche gemacht haben. Das liegt daran, dass man sich an das Malen auf einem bestimmten Untergrund gewöhnt und seine Arbeitsweise verändern muss, wenn man einen anderen Malgrund wählt. Lasuren beispielsweise gelingen auf bestimmten Papieren besser als auf anderen. Alle Beispiele in diesem Buch wurden auf Bockingford-Papier gemalt. Es ist nicht übermäßig saugfähig und bildet einen guten Untergrund für Maskierflüssigkeit. Hinzu kommt, dass das Papier reinweiß (nicht cremeweiß), hochwertig, aber kostengünstig ist.
Aquarellpapier wird auch in Grau, Hellblau, Cremeweiß und Beige angeboten. Ein farbiger Malgrund kann die Stimmung bestimmter Motive vorteilhaft verstärken.

1 DAS RICHTIGE PAPIER

Es gibt drei Arten von Aquarellpapier: glatt (heiß gepresst), matt (kalt gepresst) und rau. Papier mit glatter Oberfläche (rechts) eignet sich gut für botanische Motive, Porträts und andere Bilder mit großem Detailreichtum.

Raues Papier ist ideal für Landschafts- und Küstenmotive. Die Struktur der Papieroberfläche verstärkt den Ausdruck des Bilds, vor allem, wenn die Farben sparsam mit wenig Wasser aufgetragen werden.

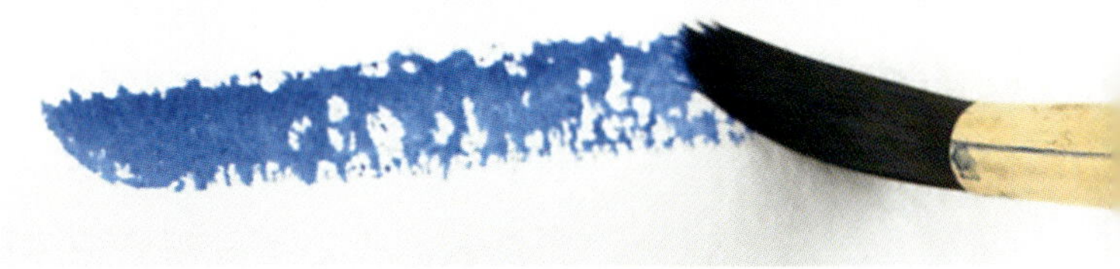

2 WELLENBILDUNG VERMEIDEN

Papier wellt sich, wenn nasse Farbe aufgetragen wird. Die Papierfasern saugen sich mit Wasser voll und quellen auf. Wird das Papier ungleichmäßig befeuchtet, quellen die Fasern ungleichmäßig und das Papier bekommt Wellen oder Beulen. Um das zu vermeiden, wird oft empfohlen, das Papier anzufeuchten und zu spannen. Beim Trocknen schrumpfen die Fasern, aber weil die Papierränder fixiert sind, trocknet es in gespannter Form. Ich habe aber festgestellt, dass das Papier durch das Spannen leiden kann, weil dabei ein Teil des Leims verloren geht. Außerdem kann es beim Bemalen mit nassen Farben dennoch wellig werden. Darum mache ich mir nicht die Mühe, es vorher zu spannen.
Ein welliges Bild lässt sich glätten, indem man es kopfüber dreht und die Rückseite anfeuchtet (nicht zu stark!). Wenn das Wasser etwas eingezogen ist und sich das Papier gedehnt hat, legt man einfach ein Zeichenbrett darauf und beschwert es mit Büchern. Über Nacht trocknen lassen – danach ist das Bild völlig glatt.
Alternativ können Sie dickes Papier verwenden. Mein Papier wiegt 300 g/m². Um die Wellenbildung ganz zu vermeiden, wählen Sie noch dickeres Papier. Eine weitere Methode wird auf Seite 65 gezeigt.

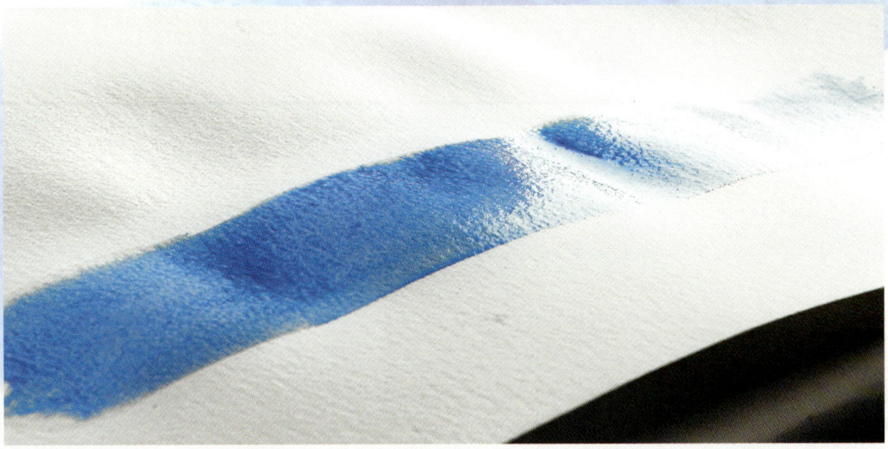

3 GETÖNTES PAPIER

Getöntes Aquarellpapier gibt es schon seit Jahren, aber leider haben es nur wenige Geschäfte auf Vorrat. Ich verwende gern Bockingford-Papier, das in Grau, Blau, Creme und Beige angeboten wird. Allein durch die Wahl der Papierfarbe lässt sich die Stimmung eines Bilds verändern oder verstärken. Blaues oder graues Papier eignet sich gut für Wintermotive, Papier in Beige oder Creme dagegen wäre ideal für einen Sonnenuntergang. Um den Unterschied in der Wirkung zu verdeutlichen, habe ich hier dasselbe Motiv auf Papier in zwei verschiedenen Farben gemalt.

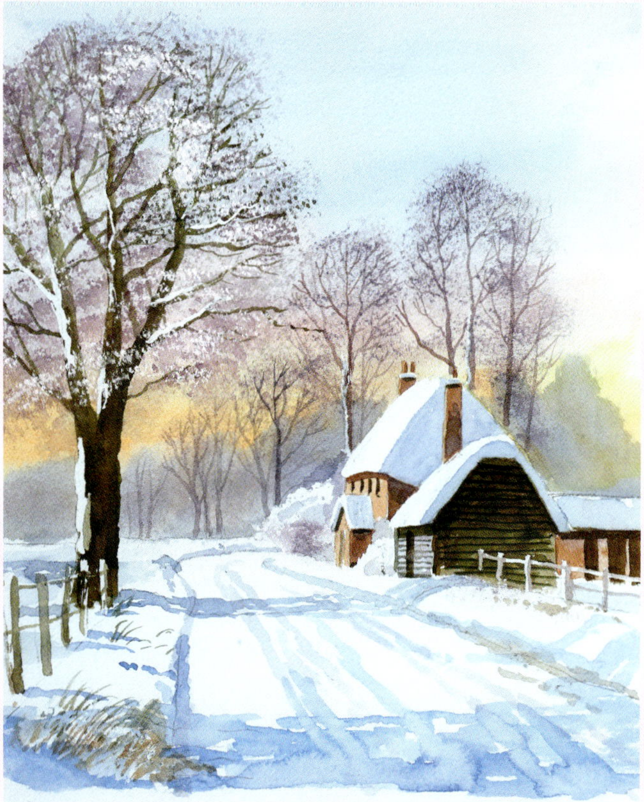

Das blaue Papier unterstreicht die kalte Stimmung des Winterabends. Es gibt dem Bild eine geradezu spürbare frostige Ausstrahlung.

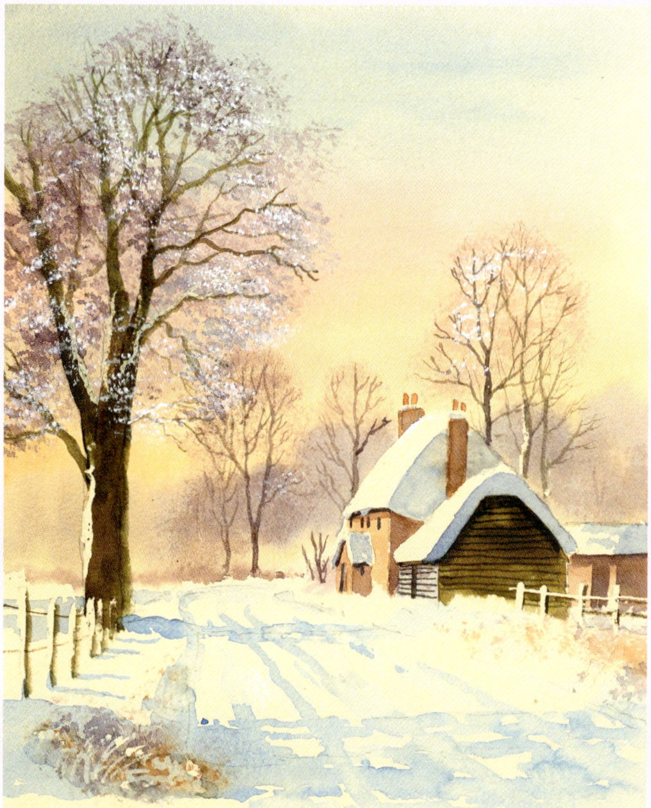

Papier in Beige mag eine ungewöhnliche Wahl für ein Wintermotiv sein, aber hier verstärkt der Malgrund das warme Leuchten des Himmels. Gleichzeitig verdeutlichen die bläulichen Schatten die Kälte des Winterabends.

Pinsel

Viele Maler schneiden sich Standardpinsel nach ihren eigenen Bedürfnissen zu. Ich bin einen Schritt weiter gegangen und habe eine Pinselserie entwickelt, die mit wenig Mühe gute Ergebnisse gewährleistet. Selbstverständlich können Sie auch andere Pinsel verwenden. Achten Sie dabei auf die hier beschriebenen Merkmale.

4 DIE RICHTIGEN PINSEL

Rechts sind alle Pinsel zu sehen, die für die Effekte in diesem Buch verwendet wurden. Viele gibt es auch mit einem Stiel aus transparentem Kunststoff, dessen Ende als Schaber ausgeformt ist – sehr praktisch für Ritztechniken.

Der **Linierpinsel** (auch Schlepper genannt) hat lange Haare und eine sehr feine Spitze. Er nimmt viel Farbe auf und wird benutzt, um feine Details nass auf trocken zu malen. Ideal für Gräser und Blütenstiele.

Der **dünne Rundpinsel** hat eine feine Spitze, die sich gut zum Malen feiner Details eignet.

Der **mittlere Rundpinsel** ist ein Universalpinsel, der oft zum Einsatz kommt. Er nimmt viel Farbe auf, hat aber dennoch eine gute Spitze und eignet sich für Details, wenn sie nicht zu fein sind.

Der **dicke Rundpinsel** nimmt viel Farbe auf und bietet sich darum zum Lasieren an. Weil er aber auch eine gute Spitze hat, ist es ausgesprochen vielseitig.

Der **Fächerpinsel** ist ideal, um Bäume mit der Tupftechnik zu malen. Durch die Mischung aus Natur- und Synthetikborsten lassen sich Naturelemente wie Blätter, aber auch andere Texturen überzeugend darstellen.

Der **19-mm-Flachpinsel** ist nützlich für Lasuren und zum Malen von Wasser. Für dünnere Striche, beispielsweise für Wellen auf dem Wasser, kann auch seine Kante aufgesetzt werden.

Der **schmale Flachpinsel** ist gut geeignet, um Laub zu malen, aber auch andere Texturen, beispielsweise auf Mauern oder Wegen.

Der **Naturborsten-Flachpinsel** eignet sich besonders gut für Gräser und Spiegelungen. 20 Prozent seiner Borsten sind etwas länger als die übrigen und laufen zu feinen Spitzen aus.

Der **breite Flachpinsel** nimmt viel Farbe auf und eignet sich darum gut, um Himmel oder Wasser zu lasieren. Auch für getupfte Blätter und andere Texturen kann man ihn verwenden.

Der **dicke Fächerpinsel** ist dicker als übliche Fächerpinsel und nimmt viel Farbe auf. Sehr gut für Bäume, Gräser und Spiegelungen auf dem Wasser.

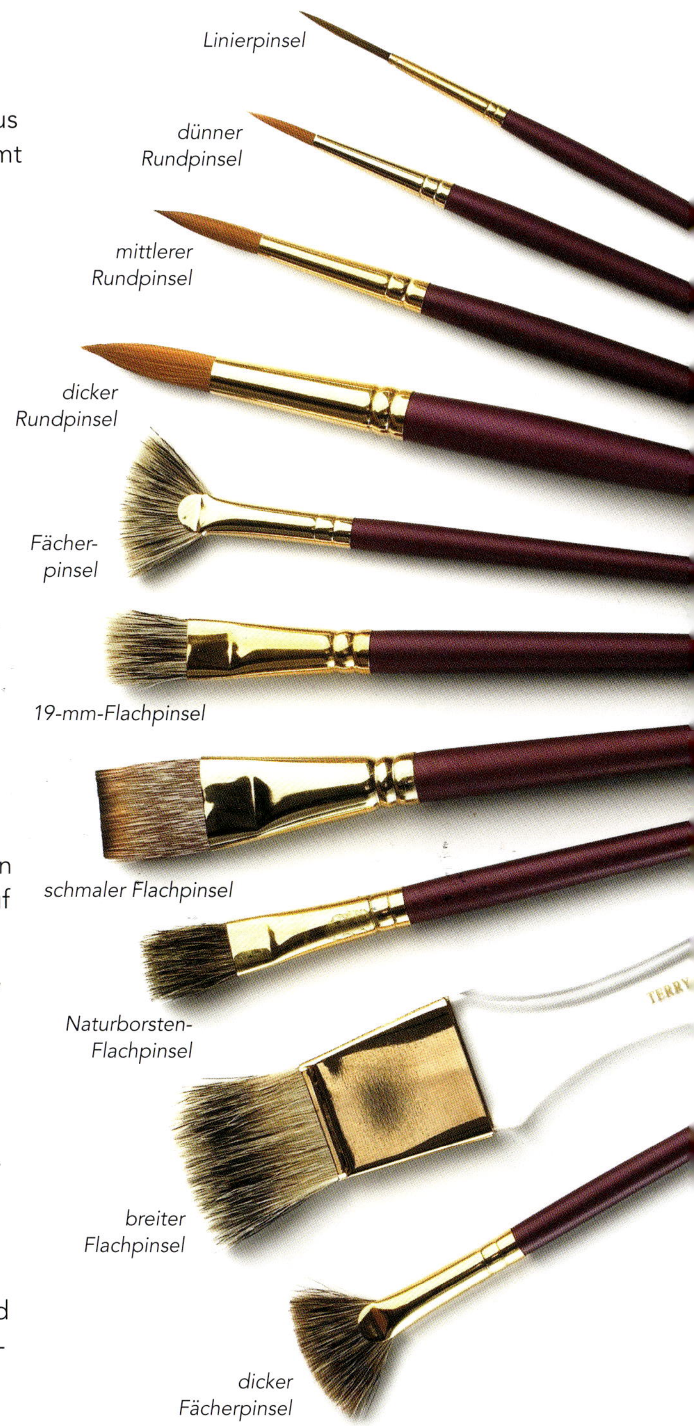

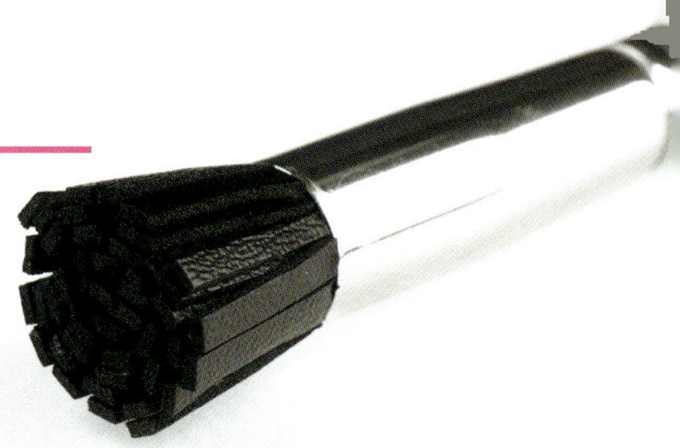

5 DER LEDER-STUPFPINSEL: LAUB TUPFEN

Dieser spezielle Pinsel hat keine Haare, sondern durable Lederstreifen, die von einer Metallzwinge zusammengehalten werden. Am Stiel aus transparentem Kunststoff befindet sich eine Griffmulde aus weichem, rutschfestem Gummi. Er wurde speziell für Tupftechniken entwickelt.

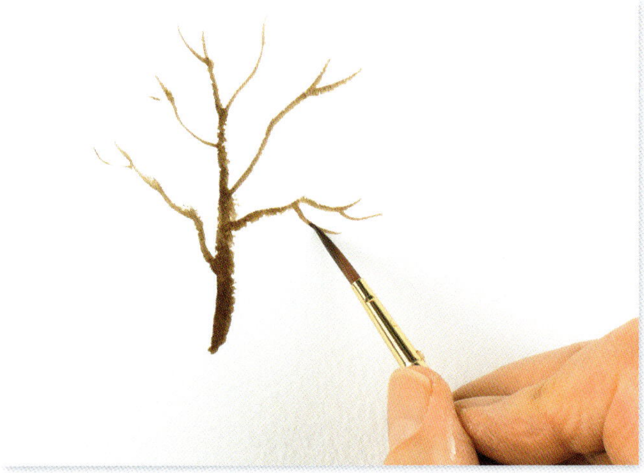

1 Zuerst werden mit dem dünnen Rundpinsel Stamm und Äste mit Umbra gebrannt gemalt.

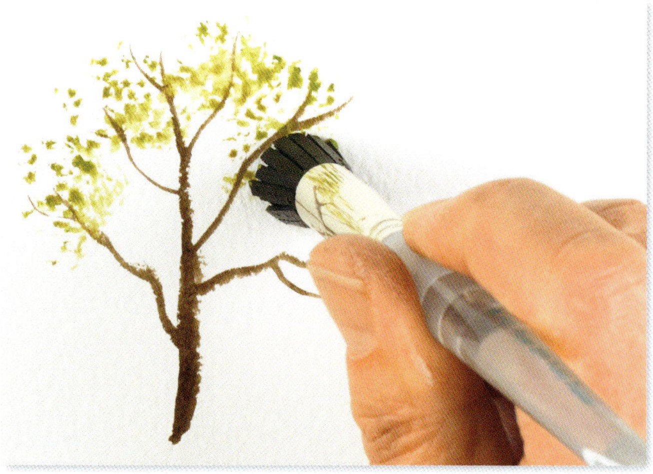

2 Tauchen Sie den Leder-Stupfpinsel in Maigrün und tupfen damit die Blätter.

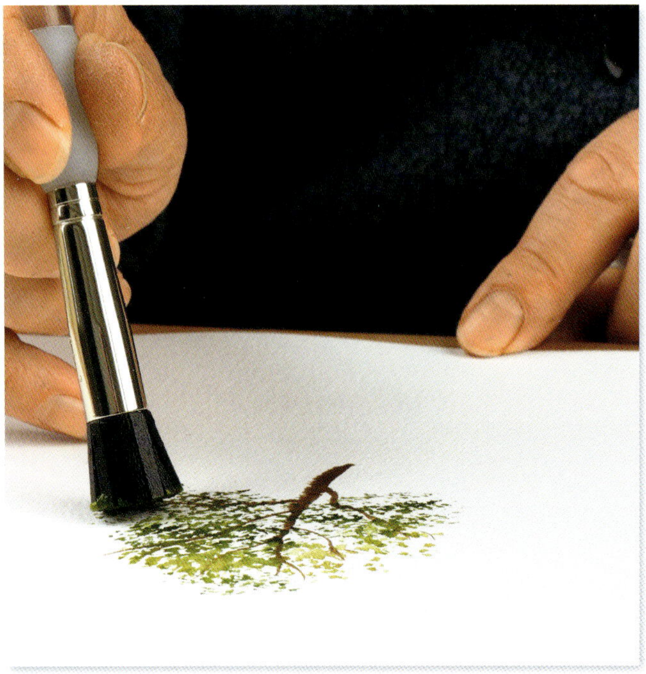

3 Geben Sie Olivgrün gelblich zur Mischung und tupfen damit die im Schatten liegenden Blätter.

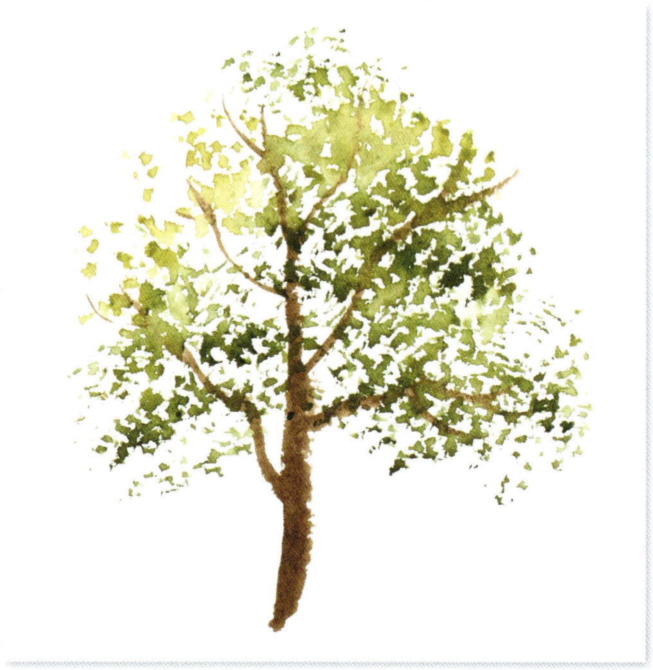

Der fertige Baum

6 KIESELSTRAND MIT DEM LEDER-STUPFPINSEL

Die ausdrucksvolle Textur des Kieselstrands wird mit Umbra gebrannt mit dem Leder-Stupfpinsel gestaltet.

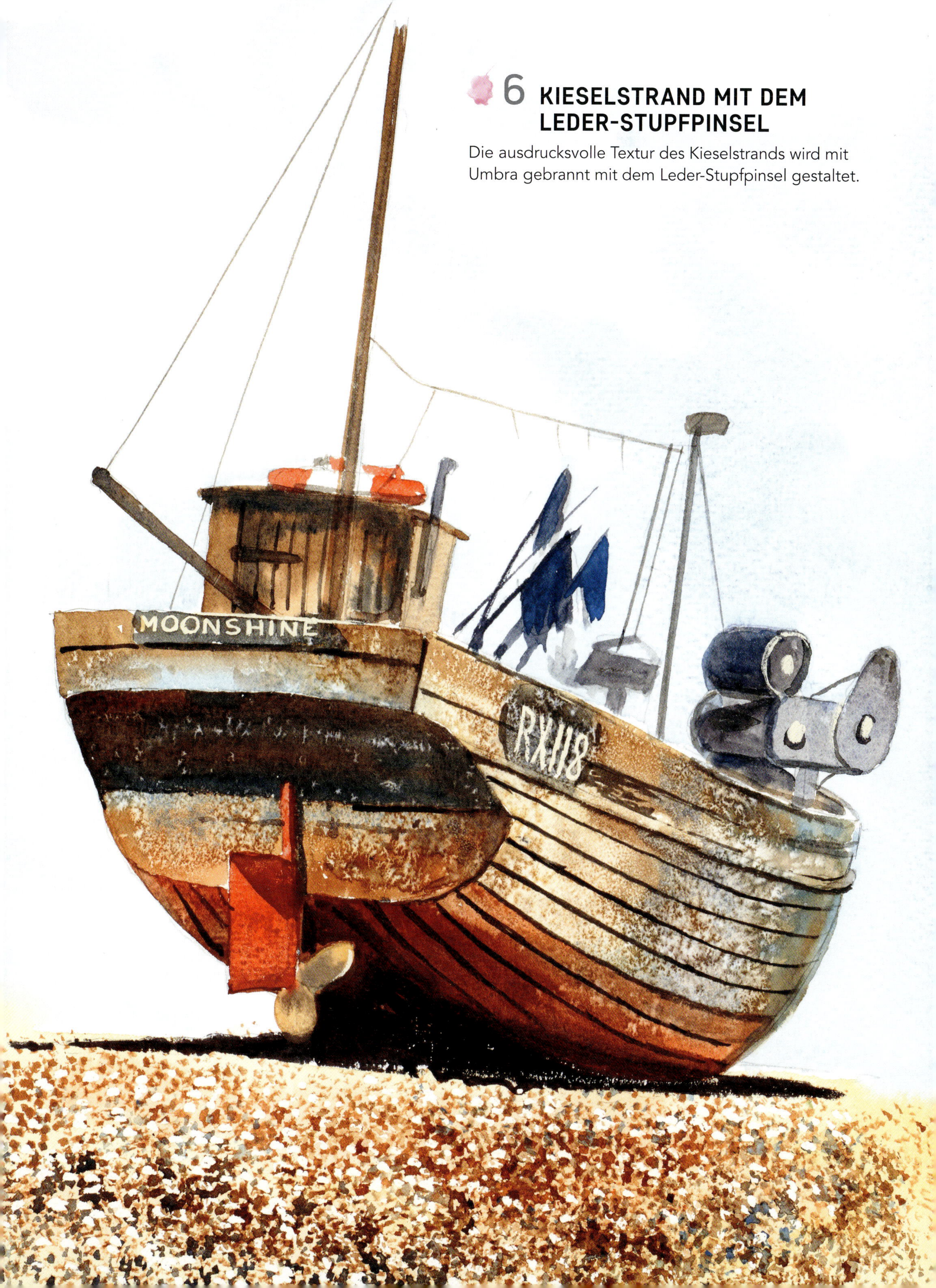

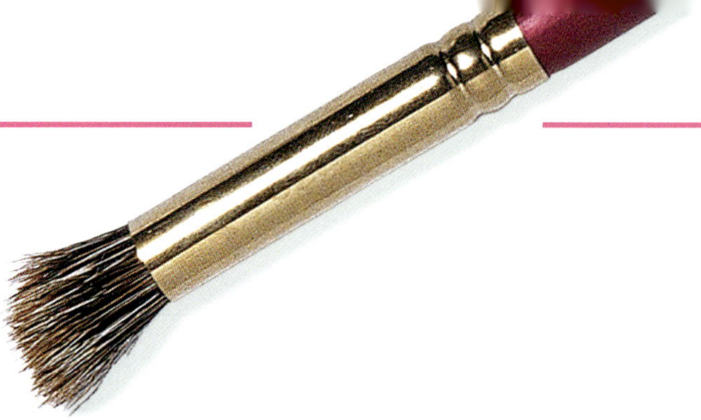

7 DER SCHRÄGE STUPFPINSEL

Dies ist ein Rundpinsel mit einer Mischung aus weichen Haaren und festeren Borsten. Er ist einseitig abgeschrägt und eignet sich gut für Laub und andere Texturen.

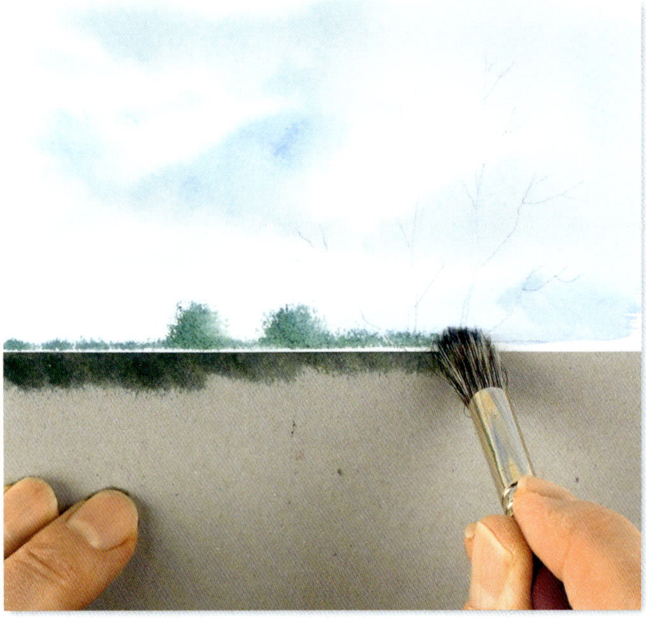

1 Malen Sie den Himmel und lassen ihn trocknen. Für einen geraden Horizont legen Sie einen Papierstreifen an. Für Bäume in der Ferne tupfen Sie mit dem schrägen Stupfpinsel eine blaugrüne Mischung aus Französisch Ultramarin und Hookersgrün entlang der Kante auf.

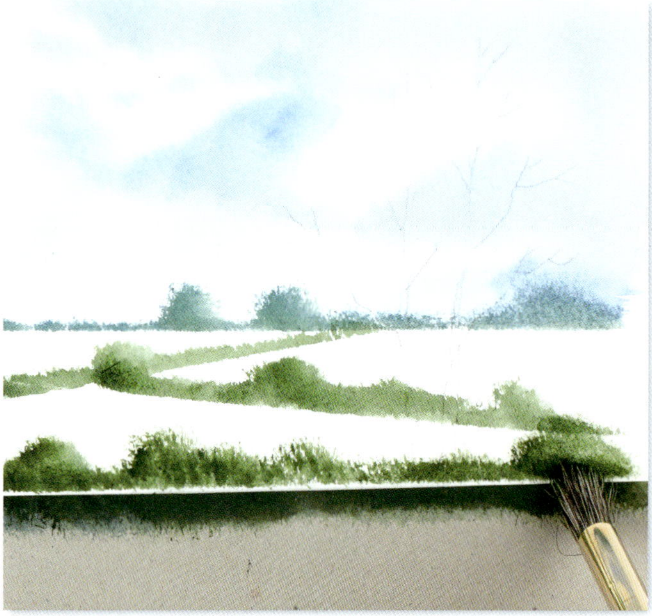

2 Legen Sie den Papierstreifen schräg an und tupfen zum Vordergrund hin weitere Feldränder mit Olivgrün gelblich. Variieren Sie dabei die Höhe, um Sträucher und Bäume anzudeuten. Verschieben Sie die Abdeckung weiter zum Vordergrund und ändern ihren Winkel.

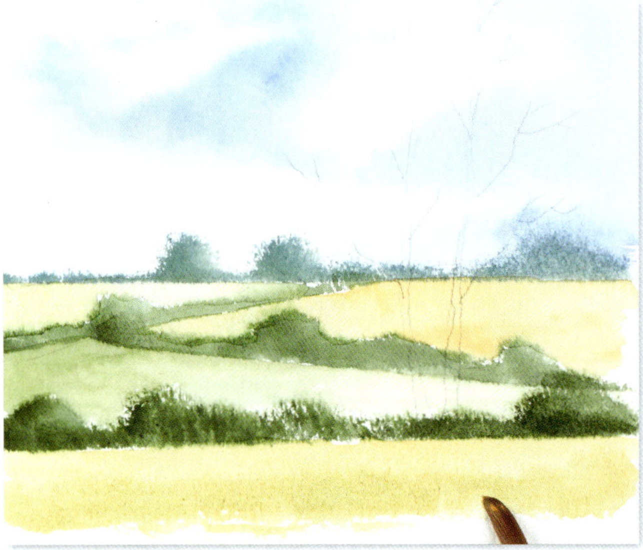

3 Tönen Sie mit einem mittleren Rundpinsel und stark verdünntem Maigrün die Felder in der Ferne ein. In der Mitteldistanz geben Sie allmählich mehr Siena natur zur Mischung. Der Vordergrund entsteht mit einer kräftigeren Mischung aus Maigrün und Siena natur und darf trocknen.

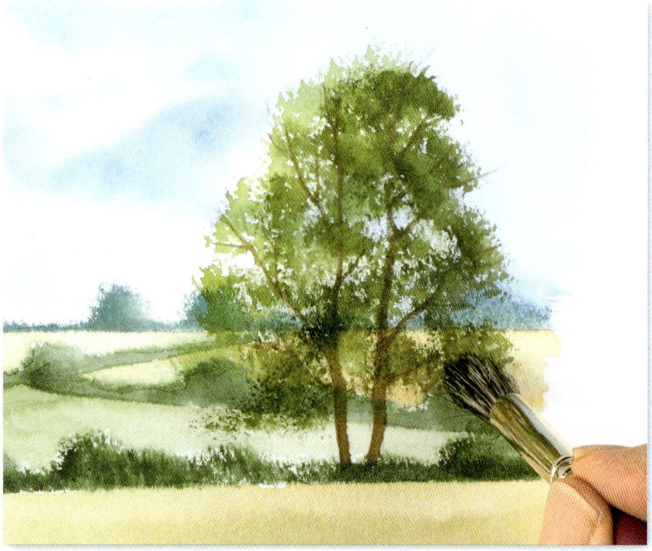

4 Die Stämme und Äste der Bäume malen Sie mit einem Linierer und einer Mischung aus Umbra gebrannt und Olivgrün gelblich. Mit dem schrägen Stupfpinsel wird Maigrün auf die im Licht liegenden Teile des Baums und Olivgrün gelblich für die Schatten getupft.

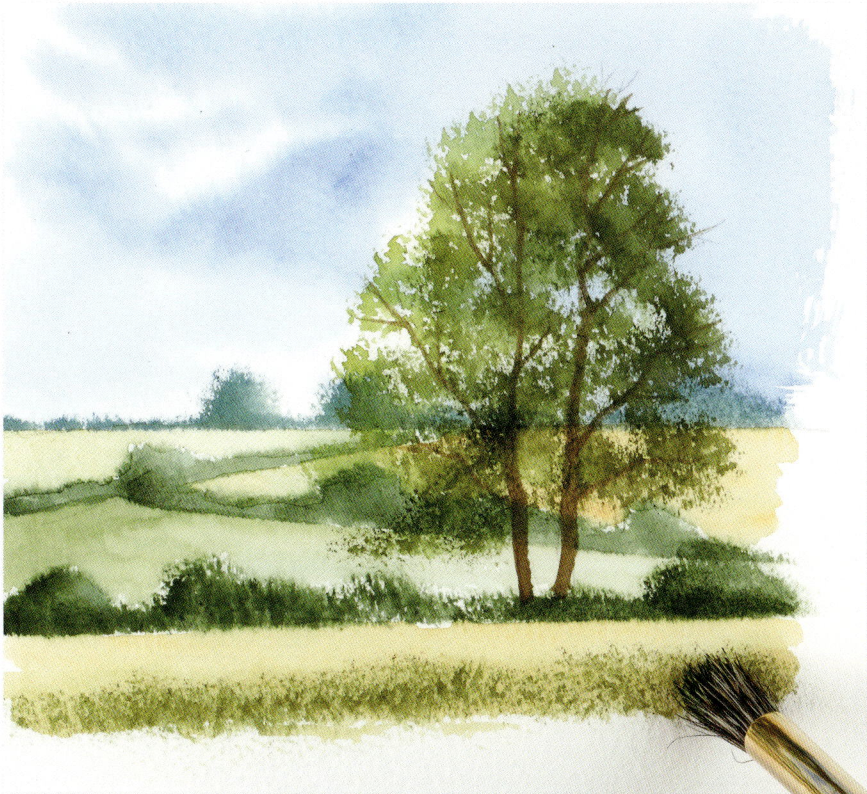

5 Die Gräser im Vordergrund werden mit kurzen Strichen mit Olivgrün gelblich eingefügt. Auch hierfür verwenden Sie den schrägen Stupfpinsel.

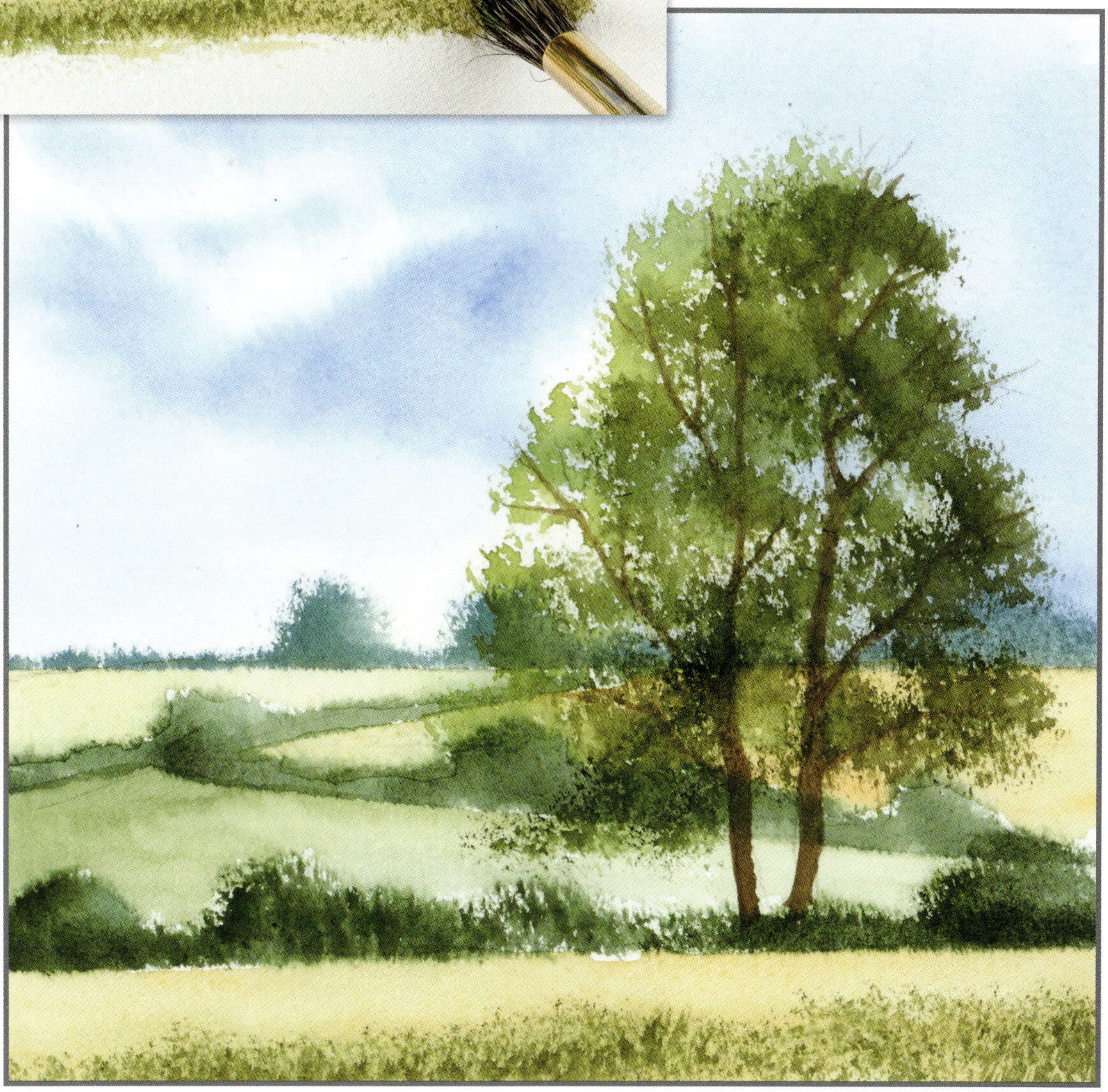

Das fertige Bild.

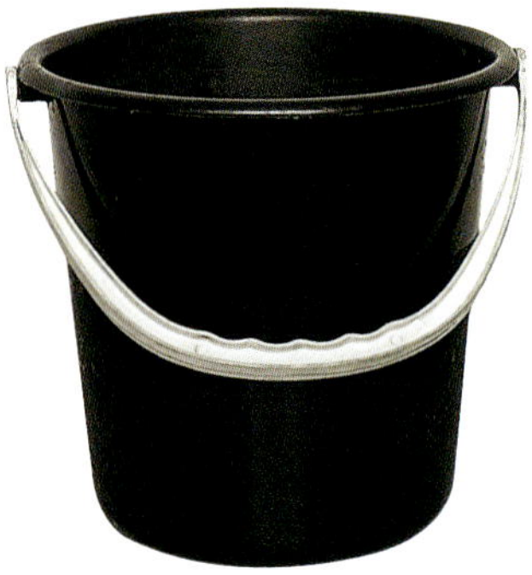

8 PINSEL AUSWASCHEN

In meinem Atelier verwende ich zum Auswaschen der Pinsel einen Eimer. Je mehr Wasser man verwendet, desto sauberer werden die Pinsel. Die Wassermenge in einem Marmeladenglas reicht einfach nicht aus. Außerdem bleibt das Wasser länger sauber.

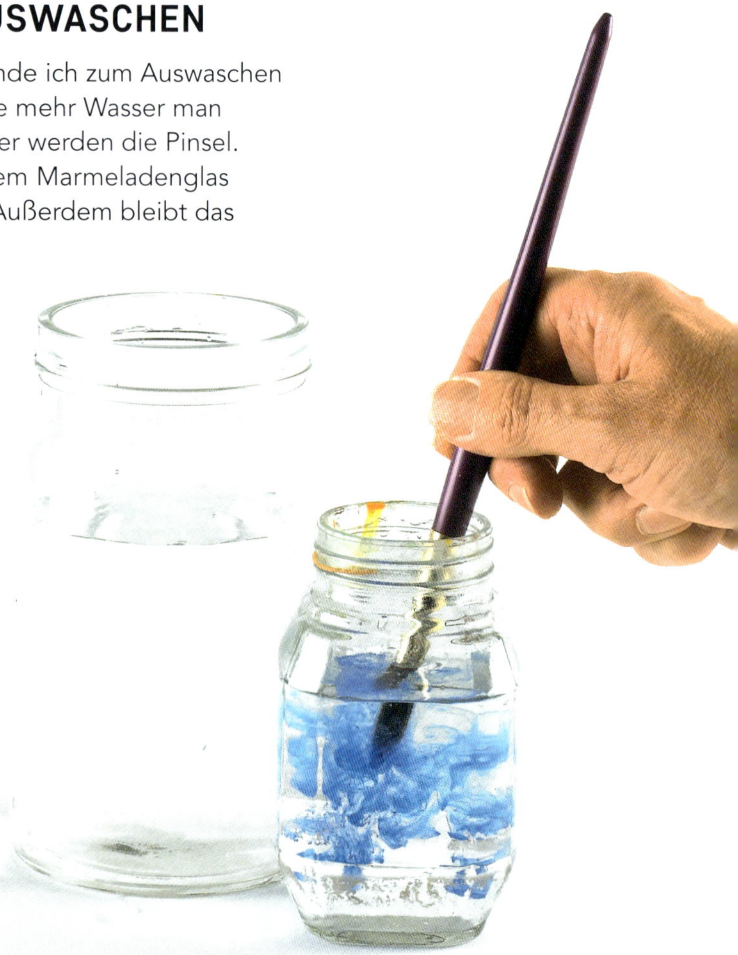

Alternativ können Sie zwei Wasserbehälter benutzen: einen zum Auswaschen der Pinsel und einen – mit sauberem Wasser – zum Mischen der Farben.
Zum Malen im Freien verpacke ich meine Farben in eine große Gefrierbox. Nach der Ankunft schütte ich die Tuben aus und fülle die Box mit Wasser aus einem Fluss oder Bach, einem Brunnen oder Café.
Pinsel dürfen niemals im Wasser stehen, sonst verbiegen sich die Borsten und die Zwinge kann rosten. Wenn der Holzstiel aufquillt, kann seine Lackierung rissig werden und abblättern.

9 PINSEL AUFBEWAHREN

Ich bewahre meine Pinsel in einer Mappe mit Reißverschluss auf. Man öffnet sie, und schon sind alle Pinsel griffbereit – einfach und praktisch!
In einer Rolle können vor allem Fächer- und Flachpinsel zerdrückt werden. Auch von einer Röhre rate ich ab. Wenn man darin feuchte Pinsel verstaut und die Röhre kopfüber dreht, biegen sich die Haare oder Borsten, und sie bleiben nach dem Trocknen verbogen.
Waschen Sie nach dem Malen alle Pinsel unter fließendem Wasser aus. Danach werden sie mit Küchenpapier abgetrocknet, bei Bedarf in Form gedrückt und wieder in die Mappe gelegt. Dann sind sie beim nächsten Einsatz griffbereit und in gutem Zustand.

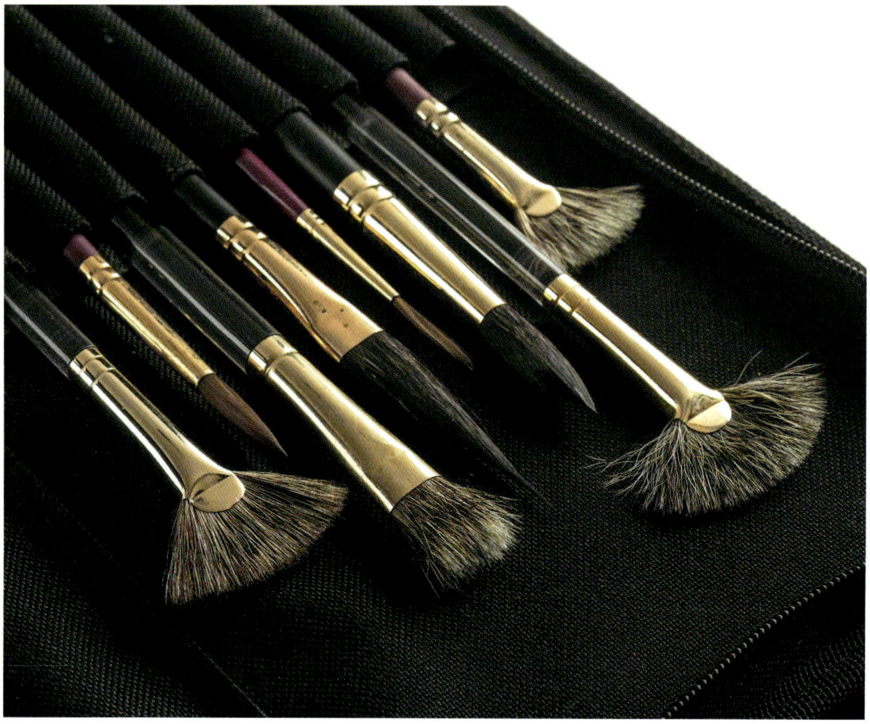

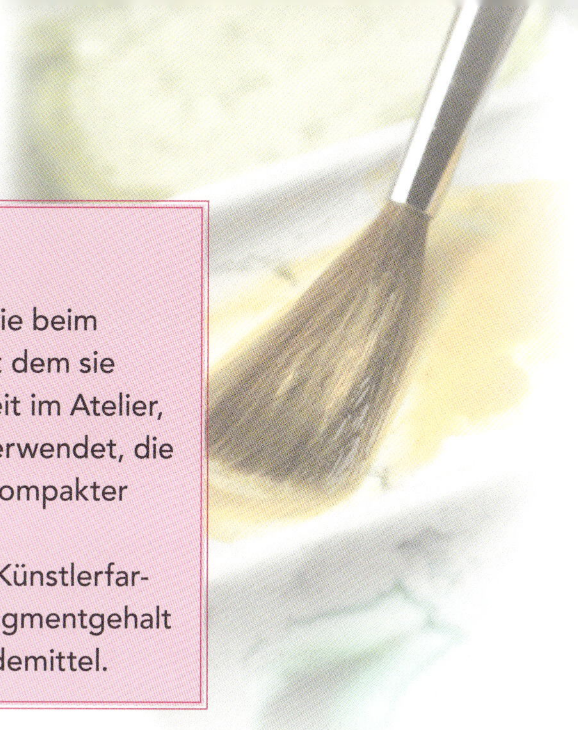

Farben

Aquarellfarben werden in Tuben und Näpfchen verkauft. Wie beim Papier bleiben die meisten Menschen bei dem Produkt, mit dem sie begonnen haben. Tubenfarben eignen sich gut für die Arbeit im Atelier, wo man oft in größerem Format malt und größere Pinsel verwendet, die nicht in die Näpfchen passen. Im Freien ist ein handlicher, kompakter Kasten mit Näpfchen praktischer.

Bei der Qualität unterscheidet man zwischen Studien- und Künstlerfarben. Ich empfehle Künstlerfarben, weil sie einen höheren Pigmentgehalt haben – mit anderen Worten, mehr Farbe und weniger Bindemittel.

10 DIE RICHTIGEN FARBEN

Für großflächige Lasuren empfehlen sich Tubenfarben in Künstlerqualität. Von Farben in Studienqualität braucht man große Mengen, um dieselbe Intensität zu erreichen. Wer billige Farben kauft, spart darum oft am falschen Ende.

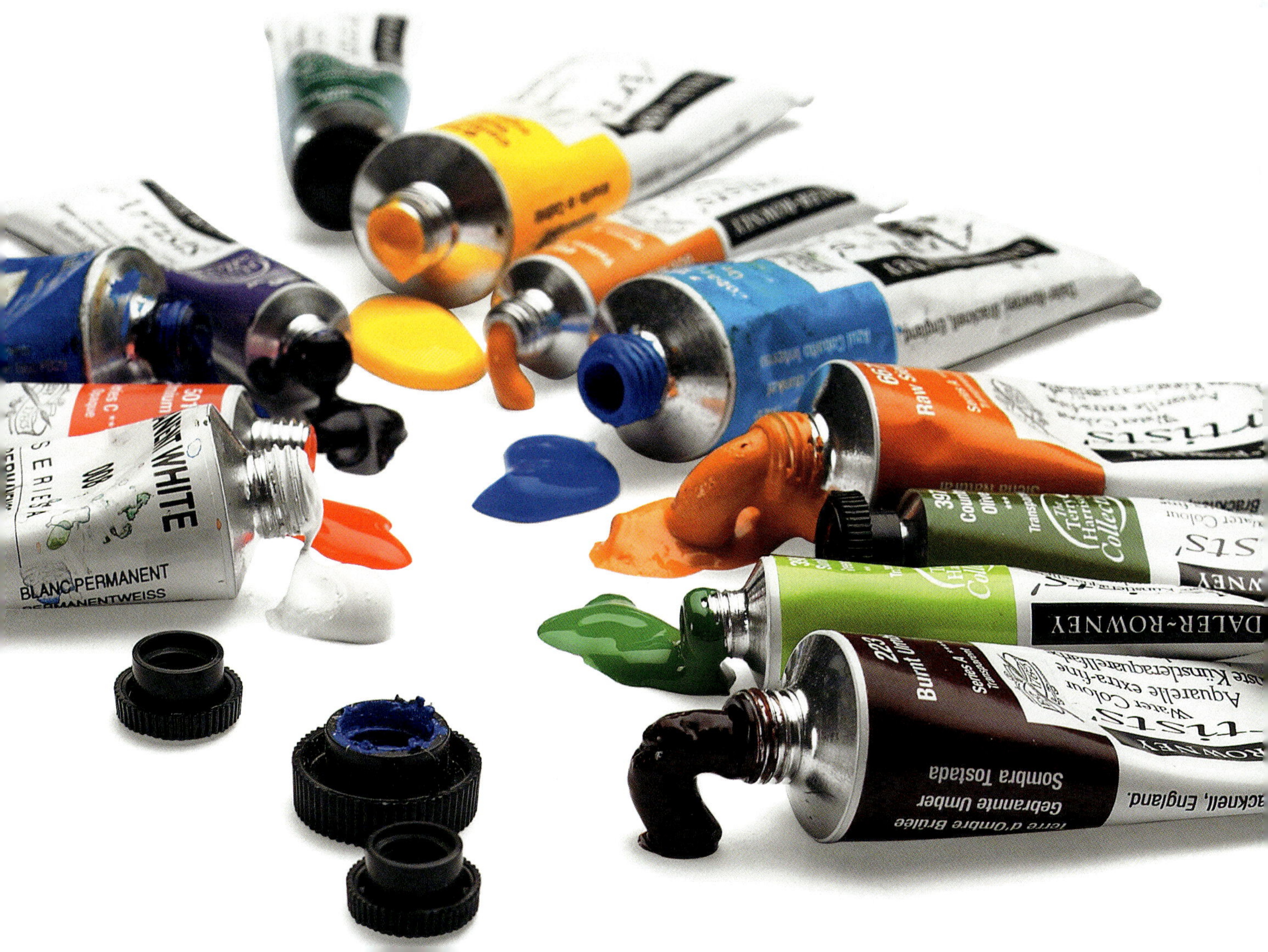

Nützliche Hilfsmittel

Für wirkliche gelungene Aquarelle und reizvolle Effekte braucht man neben Farben und Pinsel noch andere Hilfsmittel. Die folgenden sollten Sie sich anschaffen.

11 AUSZIEHFEDER

Diese Federn werden normalerweise für technische Zeichnungen verwendet, eignen sich aber auch gut für Maskierflüssigkeit, weil diese nicht am Metall haftet. Sie sind hilfreich, um Gräser oder – mit einem Lineal – lange gerade Linien abzudecken. Auch zum Auftragen von Farbe und Tusche kann man sie benutzen.

12 RADIERGUMMI

Eher zur weiteren Ausarbeitung als zum Korrigieren! Vor dem Malen sollten überschüssige Bleistiftstriche weitgehend entfernt werden. Ich bevorzuge einen harten Radiergummi. Mit einem Knet-Radiergummi werden Striche leicht verwischt und nicht restlos entfernt.

13 KÜCHENPAPIER

Zum Ausdrücken von überschüssigem Wasser aus Pinseln und zum Abtupfen von feuchter Farbe. Man kann damit auch Farbpfützen vom Papier entfernen und so Ausblühungen vermeiden. Unerlässlich zum Säubern der Palette.

14 SEIFE

Sie wird auf Pinsel aufgetragen, mit denen Malerkrepp aufgetragen werden soll. Seife ummantelt die Borsten und sorgt so dafür, dass sich der Pinsel anschließend wesentlich leichter reinigen lässt.

15 BLEISTIFT

Ich zeichne gern mit einem Bleistift 2B. Mit ihm lassen sich helle und dunkle Tonwerte gestalten, und er lässt sich leicht ausradieren.

16 MALERKREPP

Mit Malerkrepp wird Aquarellpapier auf dem Zeichenbrett befestigt – aber nur an der Oberkante, damit das Papier aufquellen kann, wenn es mit nasser Farbe in Berührung kommt. Wenn es feucht ist, kann auch seine Unterkante festgeklebt werden.

17 MASKIERFLÜSSIGKEIT

Dieses Flüssiglatex wird auch Rubbelkrepp genannt. Maskierflüssigkeit trocknet schnell und sorgt dafür, dass der abgedeckte Bereich beim Übermalen keine Farbe annimmt. Später wird sie einfach mit den Fingerspitzen abgerubbelt.

18 PLASTIKKARTE

Sehr praktisch zum Gestalten der Texturen von Baumstämmen, Steinen, Felsen oder Bergen.

19 ANSPITZER

Bleistifte müssen immer gut gespitzt sein!

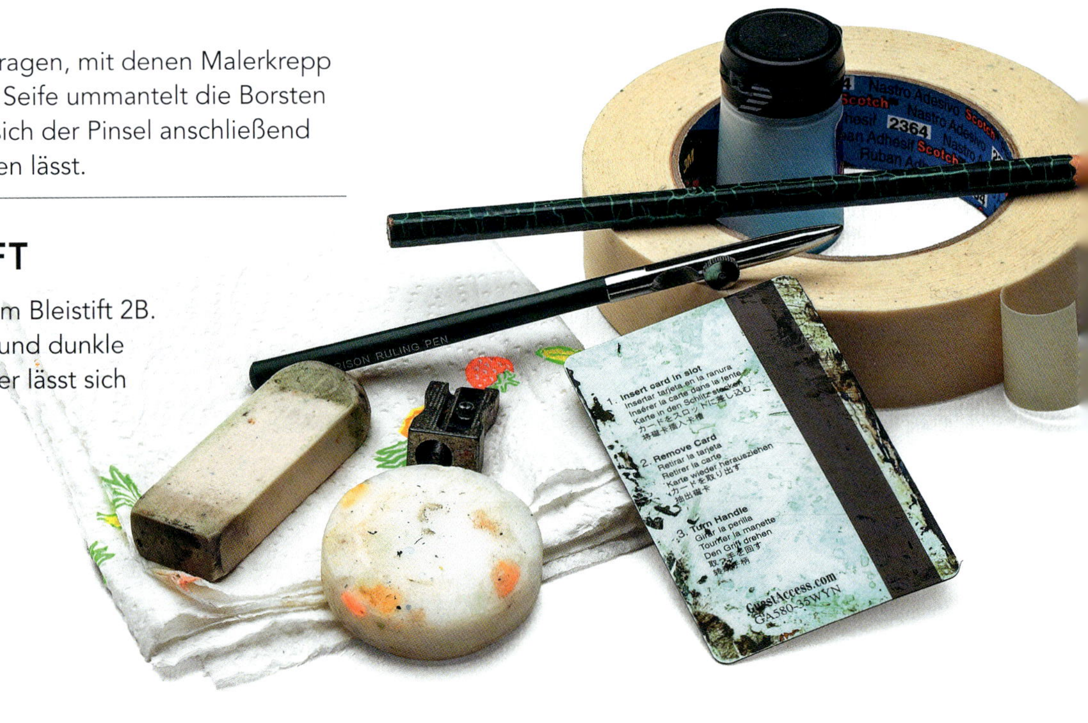

20 SCHWAMM

Mit einem Schwamm aufgetragene Maskierflüssigkeit ergibt reizvolle Struktureffekte. Mit einem feuchten Schwamm kann Farbe vom Bild abgenommen werden.

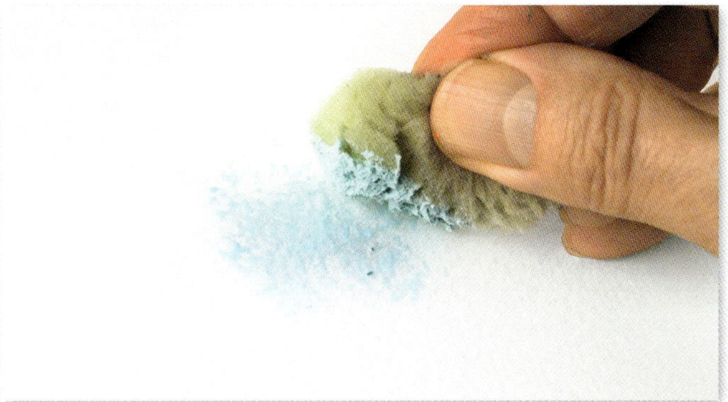

21 MATERIALIEN FÜR BESONDERE EFFEKTE

Salz, Kerzenwachs, Acryl-Strukturpaste, Aquarell-Grundierung oder Frischhaltefolie können für interessante Effekte benutzt werden.

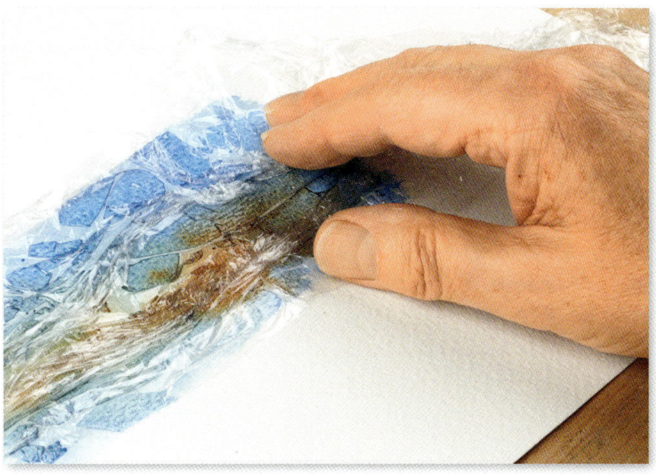

22 FÖHN

Sehr praktisch, um die Trockenzeit zu verkürzen, wenn nicht gerade nass in nass gearbeitet werden soll.

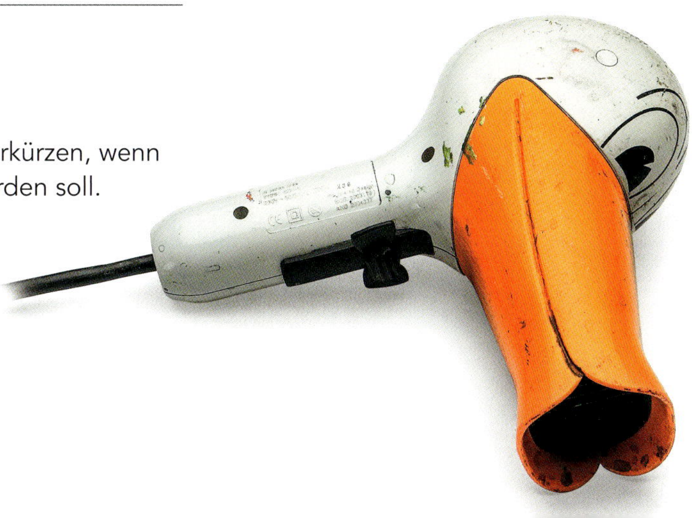

23 COLOUR SHAPER

Hilfreich zum Auftragen von Maskierflüssigkeit. Manche Modelle haben ein schmales und ein breites Ende für unterschiedliche Effekte.

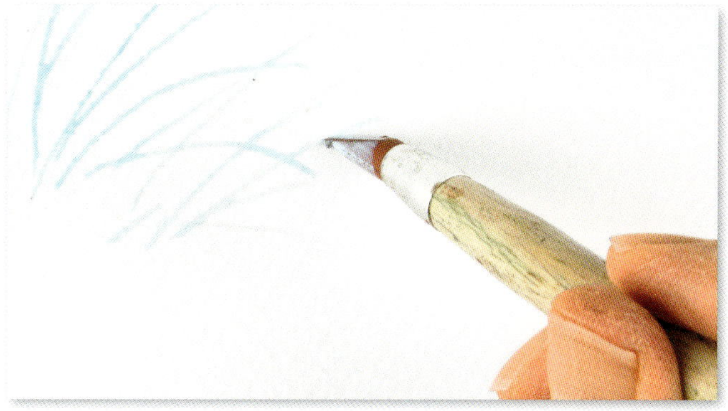

24 SCHMUTZRADIERER

Diese Schaumstoffblöcke sind mit einem Reinigungsprodukt imprägniert und im Putzmittelregal zu finden. Sie entfernen aber auch getrocknete Aquarellfarben und können für Korrekturen oder Effekte eingesetzt werden.

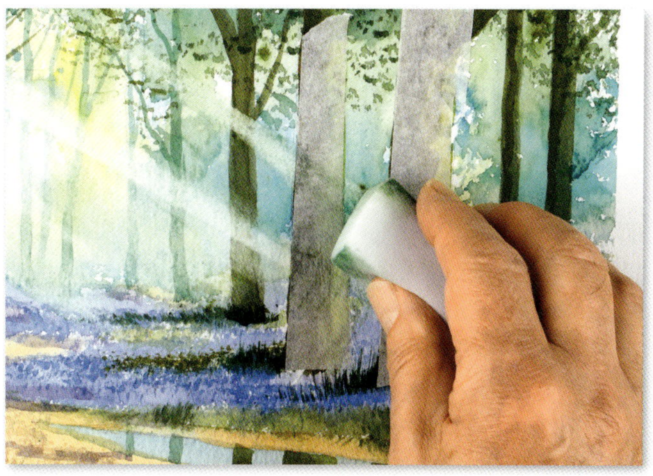

Malen nach Fotos

Es spricht nichts dagegen, Fotos als Vorlage zu verwenden – viele Künstler bedienen sich dieser Hilfe. Wichtig ist aber, das Bild nicht exakt zu kopieren, zumal sich die Perfektion eines Fotos kaum im Aquarell erreichen lässt. Verwenden Sie das Foto lieber als Ausgangspunkt, und verändern Sie das Motiv so, dass ein überzeugendes Gemälde entsteht.
Fotografieren Sie Ihr Motiv aus verschiedenen Blickwinkeln. Mit einem Computer oder Fotokopierer können Sie es nach Belieben vergrößern und dann direkt auf ihr Aquarellpapier übertragen.

Moonshine

Dieses Foto habe ich in meiner Sammlung von Schiffsbildern gefunden. Das Fischerboot wurde auf einen Kieselstrand gezogen. Für das Aquarell habe ich das links liegende Boot weggelassen und die Schuppen im Hintergrund stark vereinfacht.

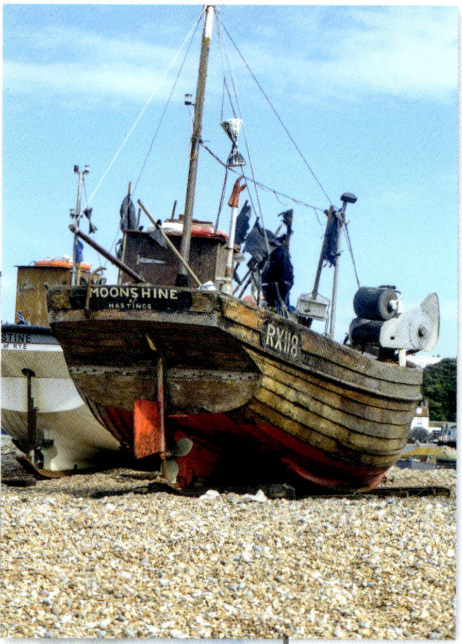

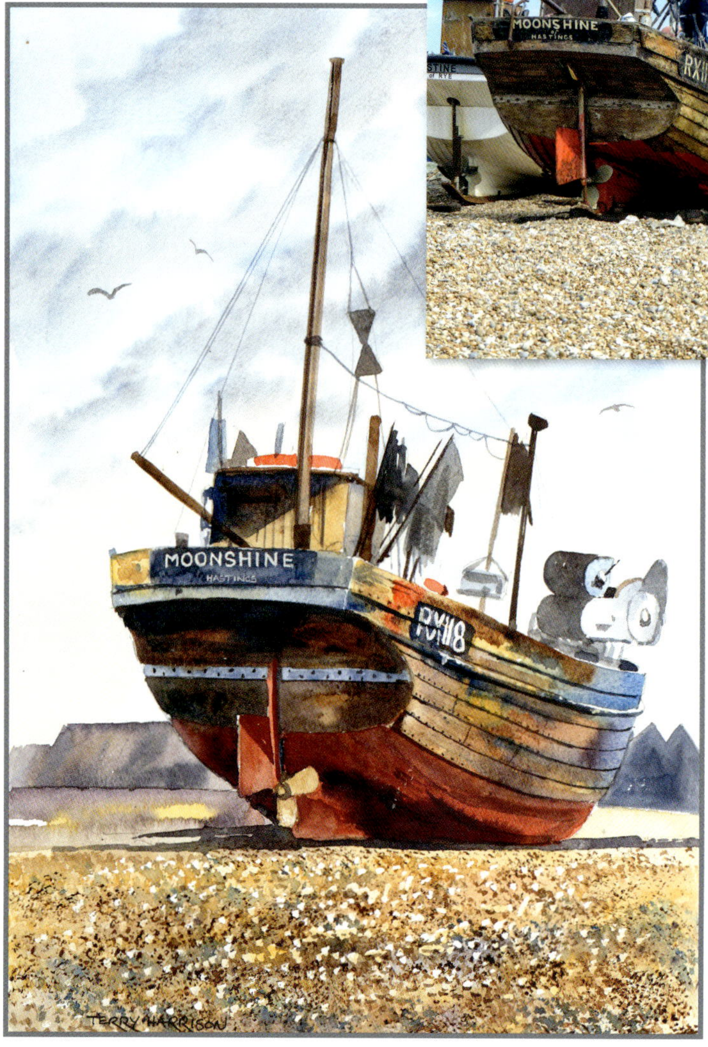

Alte Bootswerft

Diese Bootswerft sieht unordentlich aus, als ob sie nicht mehr genutzt würde. Für das Aquarell habe ich einige Veränderungen vorgenommen, um die Komposition zu verbessern. So wirkt das Motiv immer noch unaufgeräumt, aber durch die Leiter, die am Boot lehnt, und den Arbeiter im Hintergrund entsteht der Eindruck, dass hier noch Werftbetrieb herrscht.

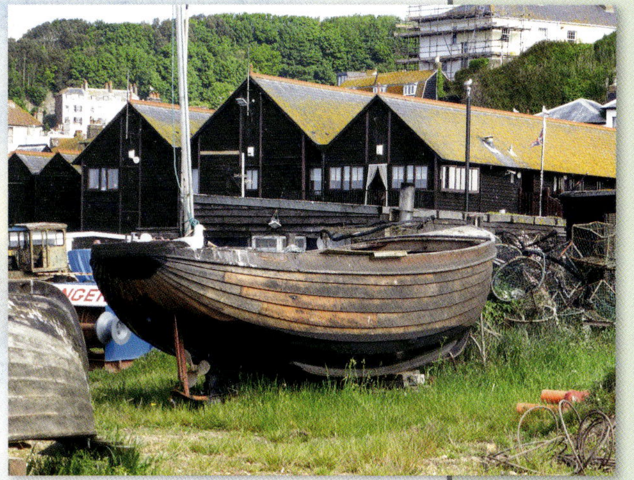

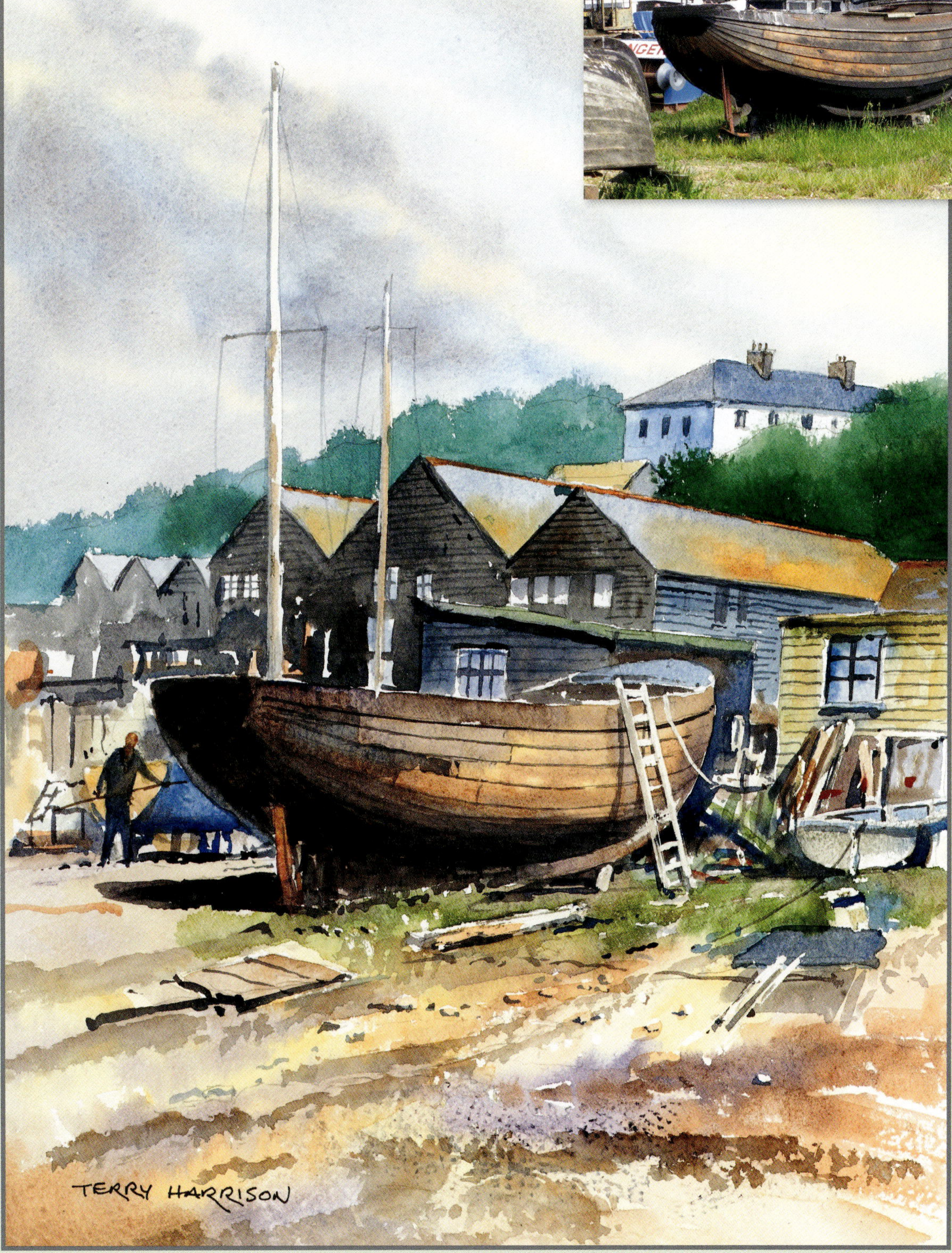

25 VORLAGEN SAMMELN

Im Lauf der Jahre habe ich zahllose Fotos zusammengetragen, die ich als Vorlagen verwende. Jedes Motiv fotografiere ich aus verschiedenen Blickwinkeln, Sehenswürdigkeiten ebenso wie Objekte, die ich einfach interessant finde. Am besten ist es, Digitalfotos in thematischen Ordnern zu speichern, beispielsweise Schiffe, Himmel, Flüsse, Frühlingswälder, Felder mit Zäunen – was immer Sie gern malen. So sparen Sie bei der Suche nach einem bestimmten Motiv viel Zeit.
Durch das Internet ist die Motivsuche einfach geworden, denn nun stehen Bilder aller Art per Mausklick zur Verfügung. Allerdings ist bei Fotos aus dem Internet das Urheberrecht zu beachten. Wer sie nur als Inspiration oder grobe Orientierung verwendet, geht kein Risiko einer Urheberrechtsverletzung ein. Sicherer ist aber, auf eigene Fotos zurückzugreifen.

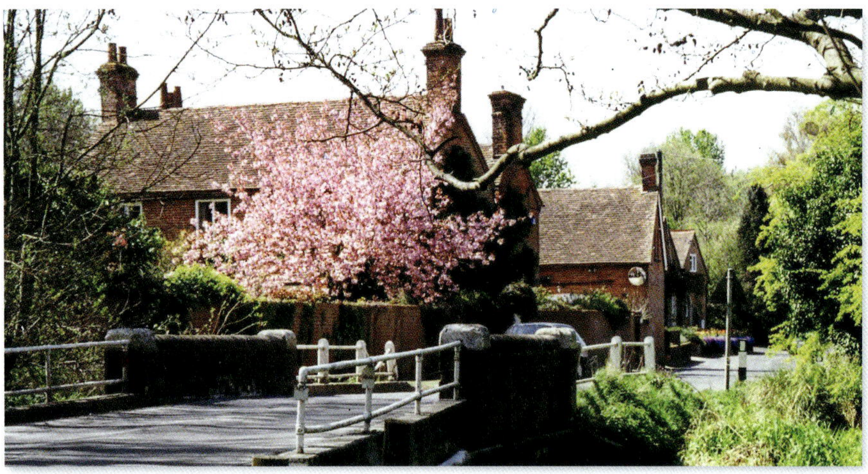

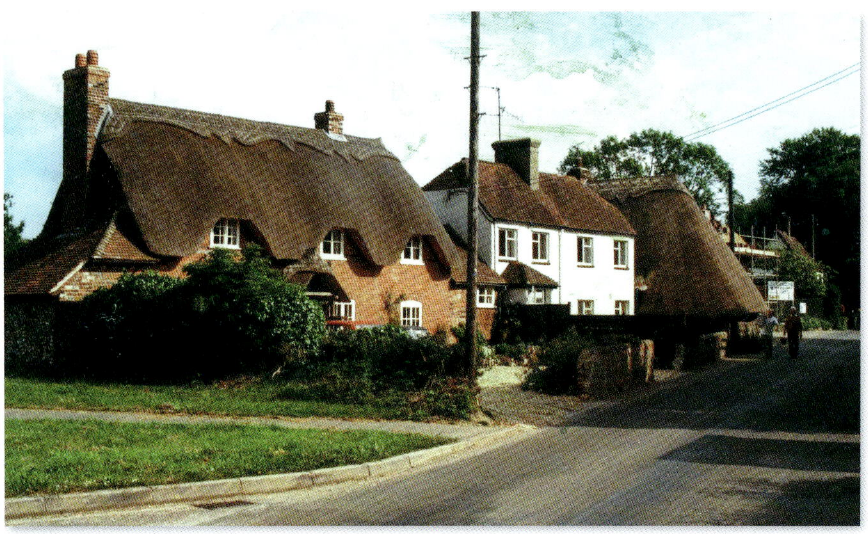

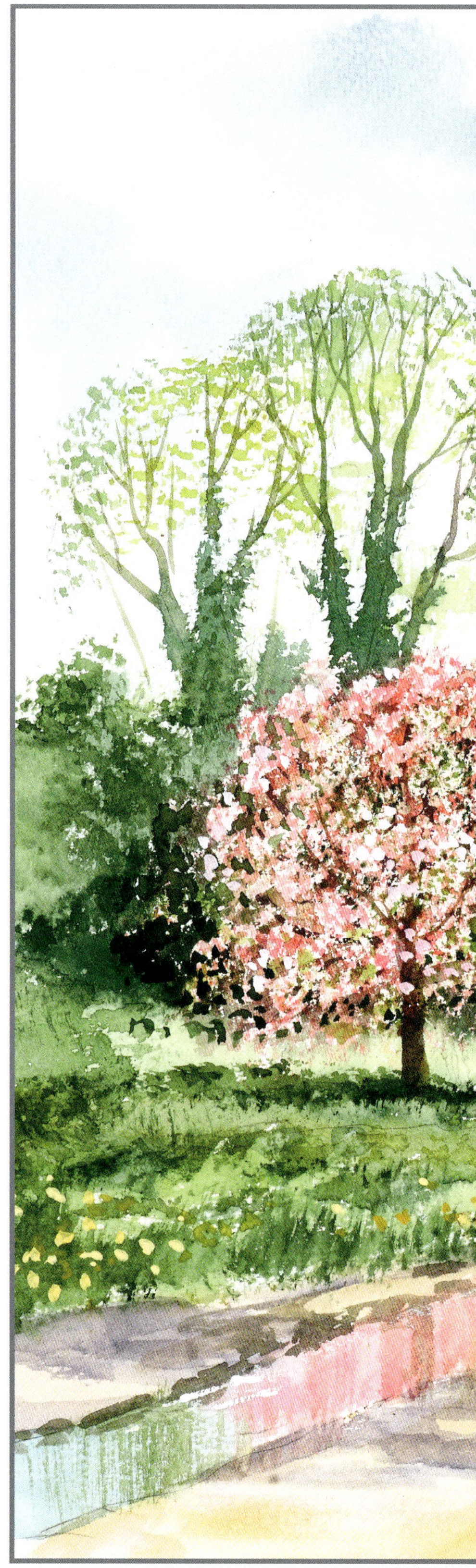

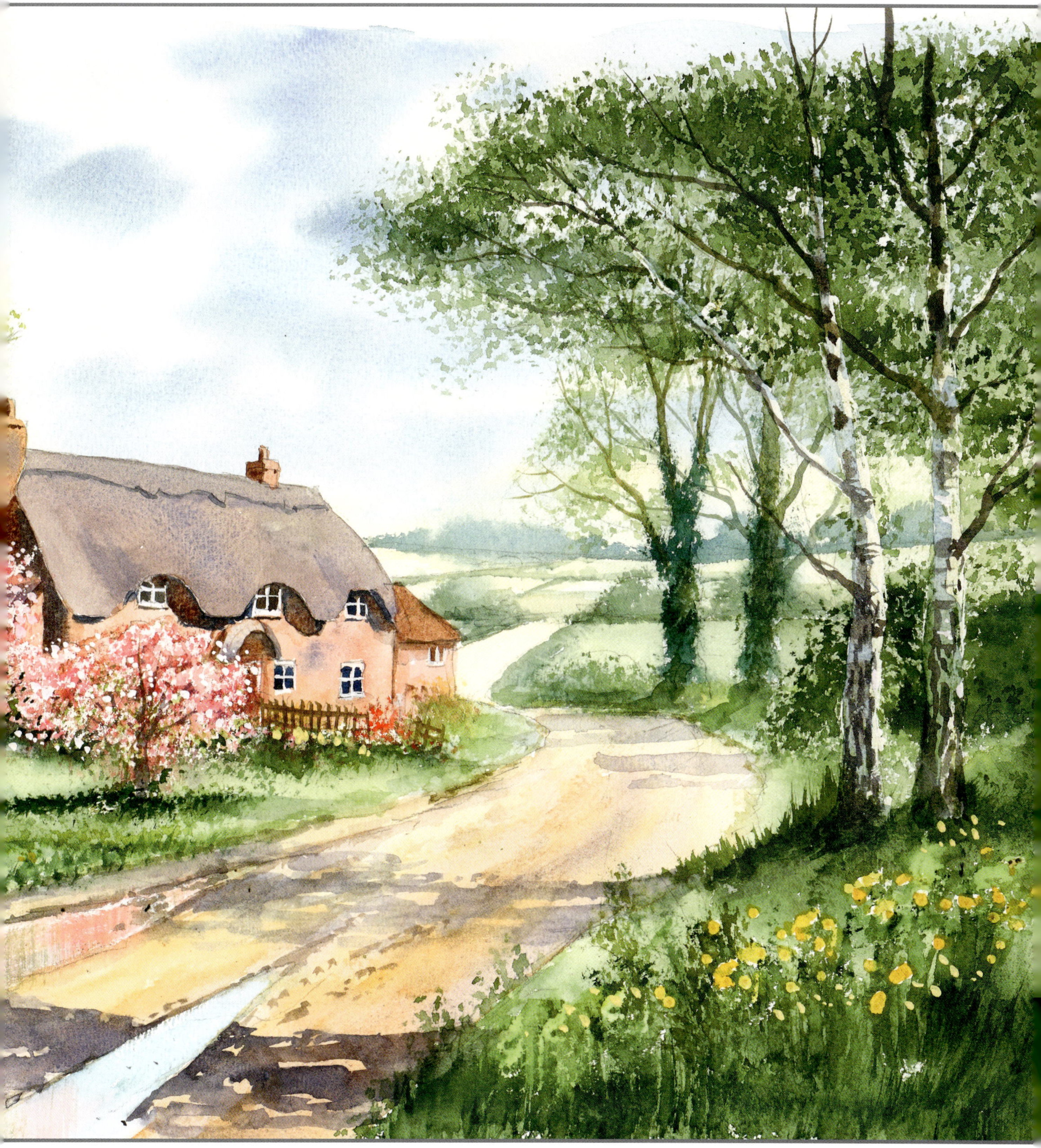

Obstblüte

Für dieses Bild habe ich das Reetdachhaus von einem Foto mit Bildern blühender Obstbäume aus meiner Baum-Sammlung kombiniert. Der Weg führt am Haus vorbei und lenkt den Blick in die Ferne.

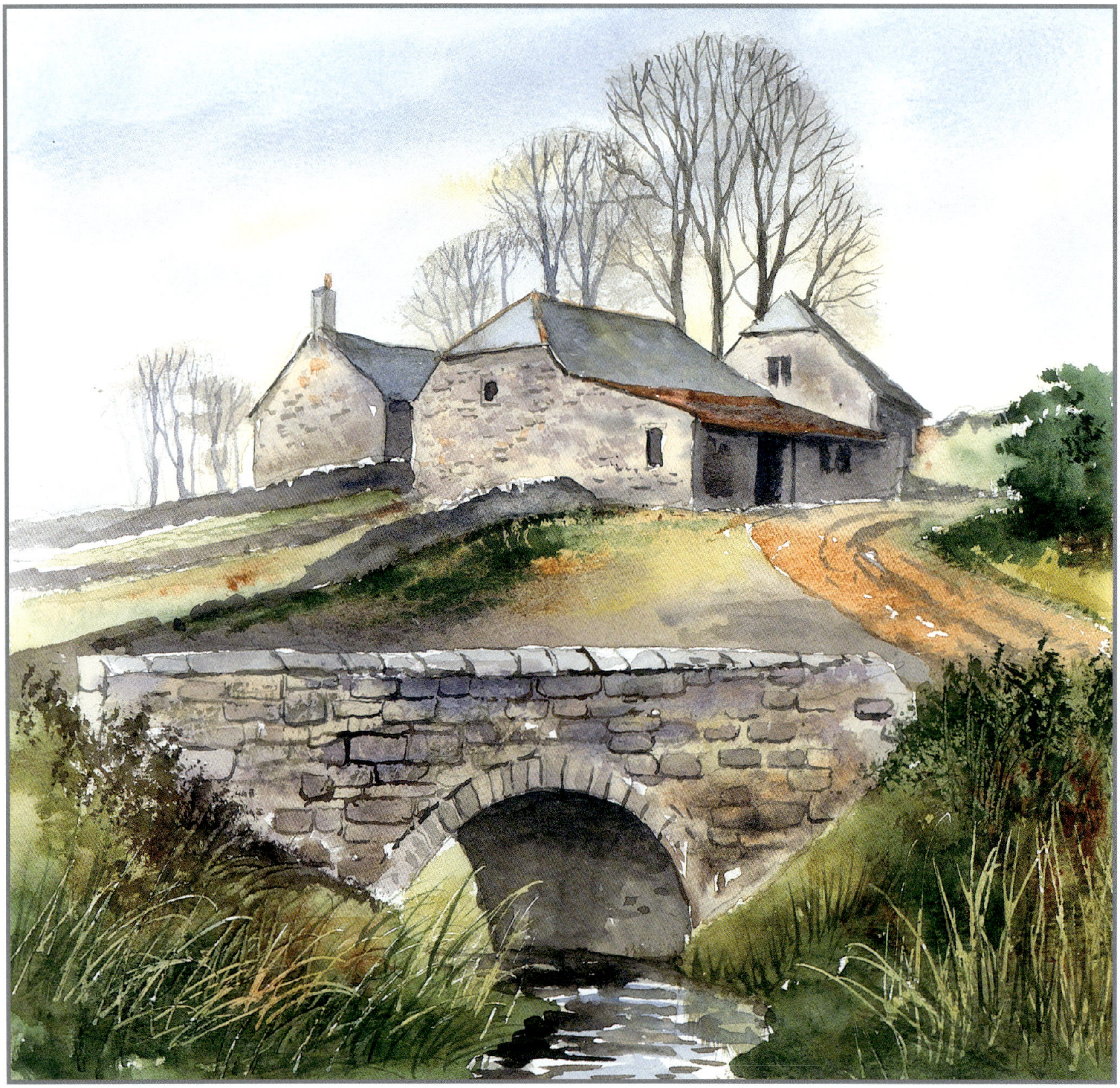

Alte Steinbrücke

Dieses Bild basiert auf zwei Fotos (rechts), die ich aus etwa 20 Aufnahmen desselben Motivs ausgewählt habe. Ein Foto diente dabei als Vorlage für die Brücke, ein anderes für die Gebäude. Durch die Kombination von Elementen aus verschiedenen Fotos können Bilder mit einer ansprechenden Komposition entstehen, wenngleich sie nicht mit der tatsächlichen Szenerie identisch sind.

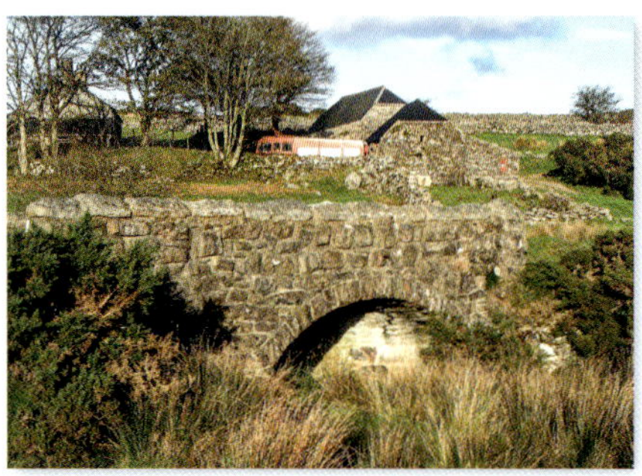

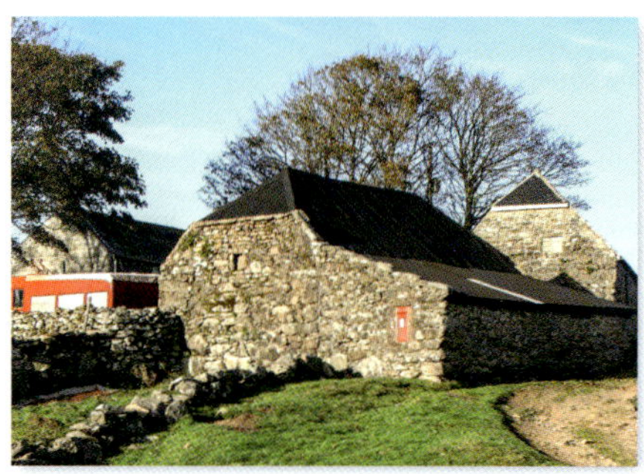

Feldarbeit

Auch dieses Bild basiert auf zwei Fotos. Der Traktor sollte das Hauptmotiv darstellen, die Scheune eher in den Hintergrund rücken. Beim Fotografieren habe ich gewartet, bis der Traktor in die richtige Richtung fuhr, und ihn dann mit der Kamera herangezoomt, um auch seine Details gut zu erfassen.

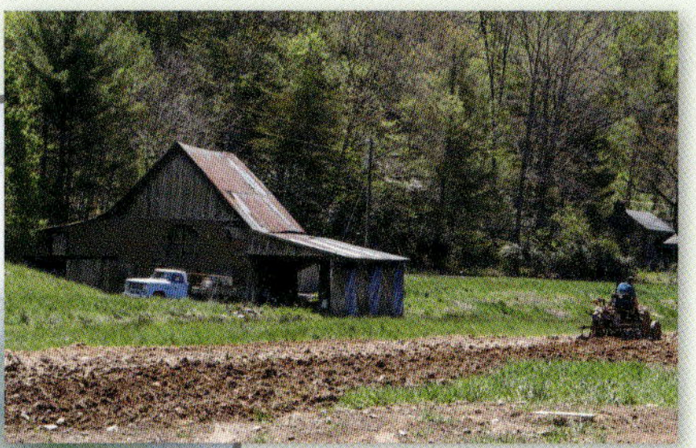

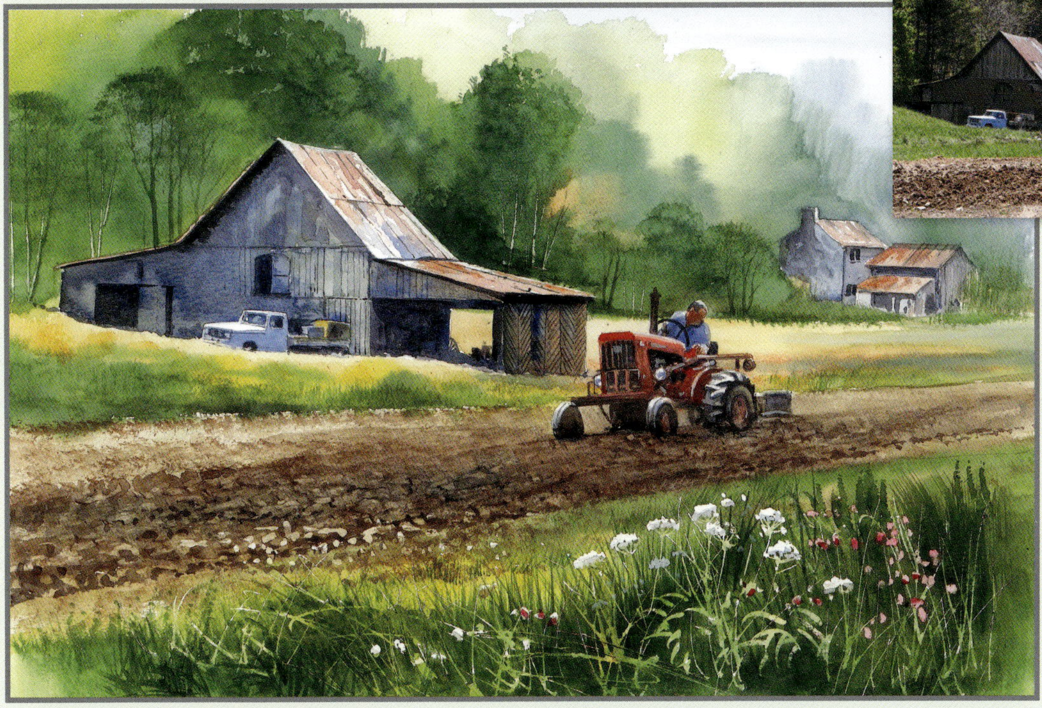

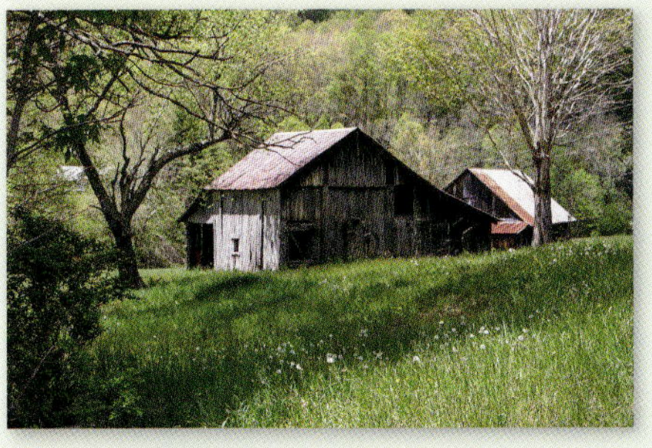

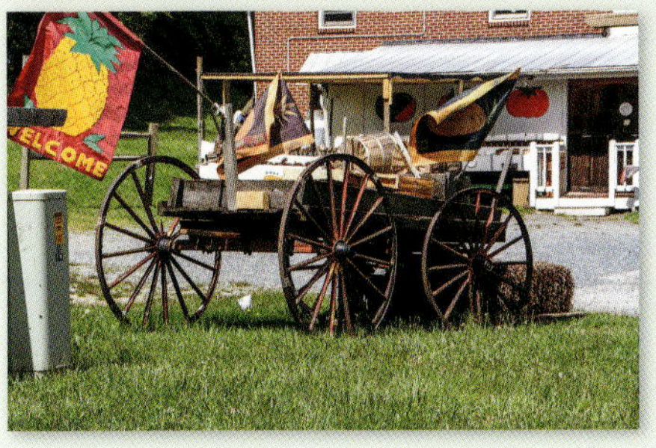

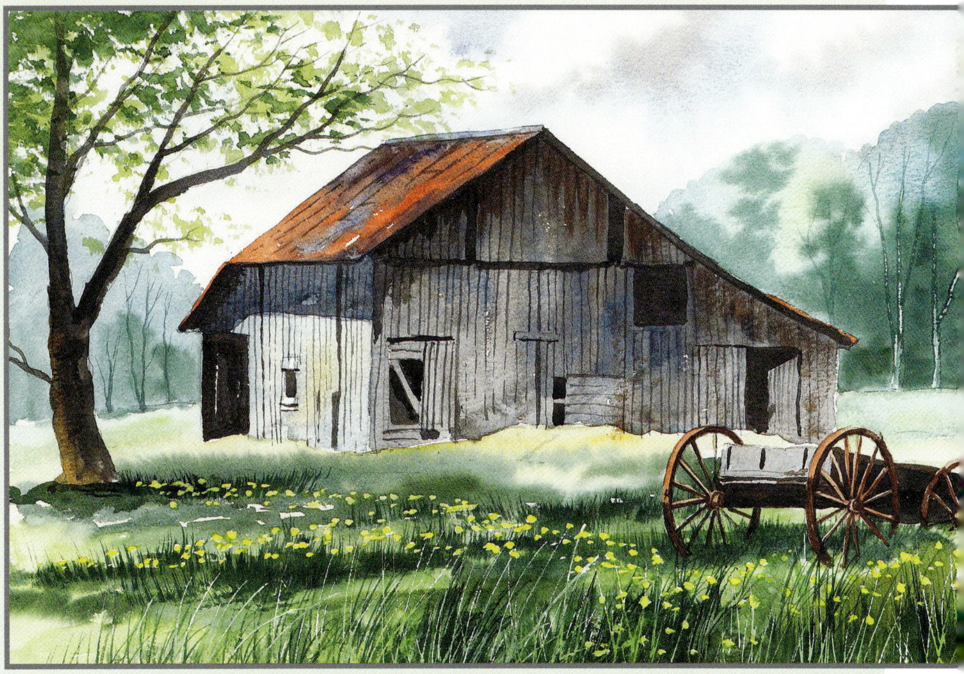

Alte Scheune

Von den beiden Vorlagen für dieses Bild gefiel mir das Foto der Scheune, aber die Komposition war etwas zu schlicht. Es fehlte ein interessantes Element im Vordergrund, das den Blick ins Bild hinein zieht. In meinem Ordner „Karren und Wagen" fand ich ein passendes Foto eines alten Ackerwagens, der die Lücke perfekt ausfüllte.

Farben

Viele Maler schwören darauf, mit einer kleinen Auswahl von Farben zu malen, und behaupten, dass sich daraus jeder gewünschte Farbton mischen lässt. Davon bin ich nicht überzeugt. Es spricht nichts dagegen, alle gewünschten Farben fertig zu kaufen. Allerdings sollte man bei der Qualität keine Kompromisse eingehen.

26 FARBEN AUSWÄHLEN

Hier sehen Sie die Farben, mit denen ich normalerweise arbeite. Im Lauf der Jahre habe ich festgestellt, dass ich aus diesen Farben die meisten anderen, die ich benötige, mischen kann. Neben dieser Basispalette verwende ich aber auch intensivere Farben wie Türkis, beispielsweise für Blumen.

Französisch Ultramarin

Kobaltblau

Maigrün

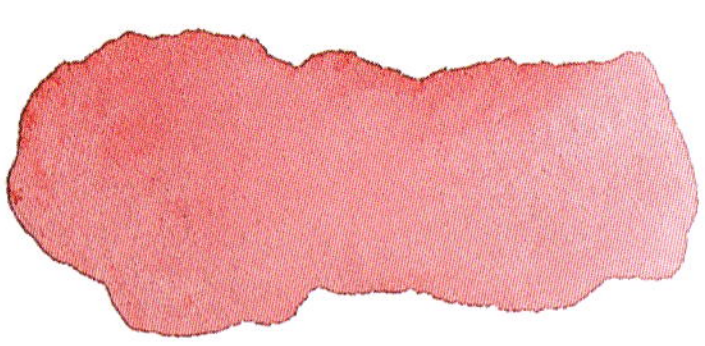

Permanentrosa

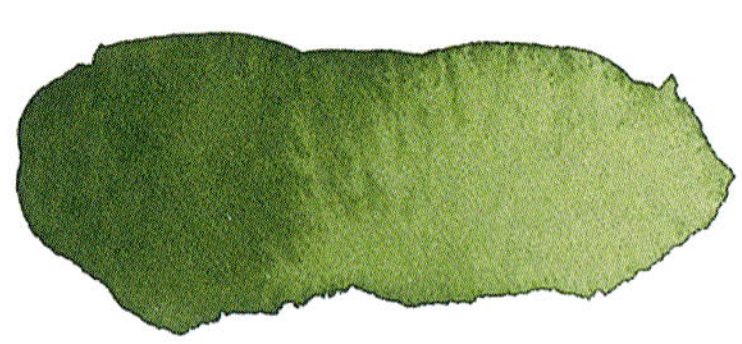

Olivgrün gelblich

Hookersgrün

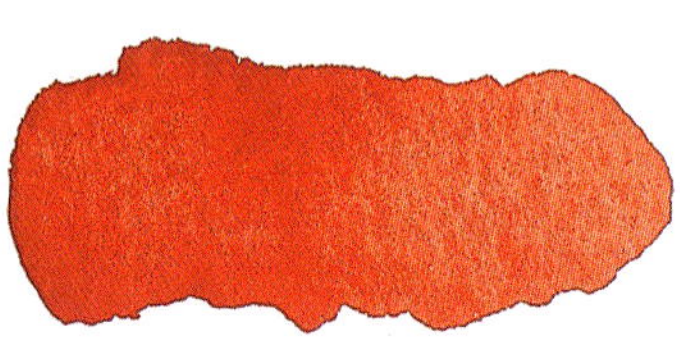

Kadmiumrot

Paynesgrau

Kadmiumgelb

Siena natur

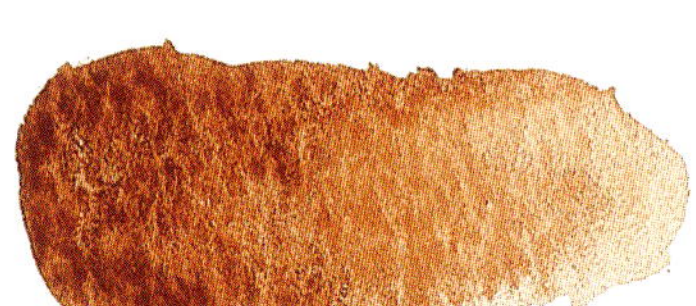

Siena gebrannt

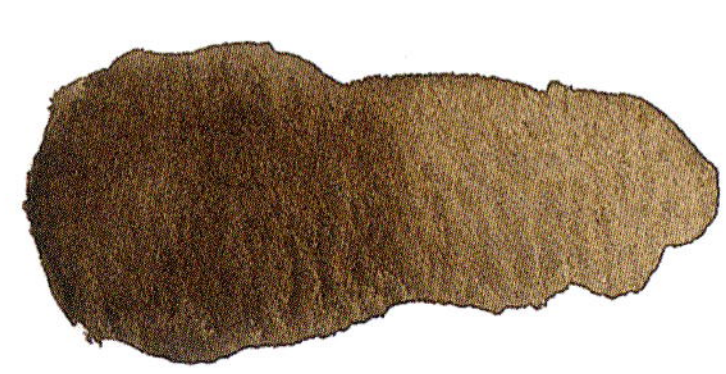

Umbra gebrannt

27 FARBEN AUF DER PALETTE

Ich ordne die Farben auf der Palette vorzugsweise in Gruppen an:
Grüntöne auf einer Seite, Erdfarben in der Mitte und Blautöne auf der anderen Seite.

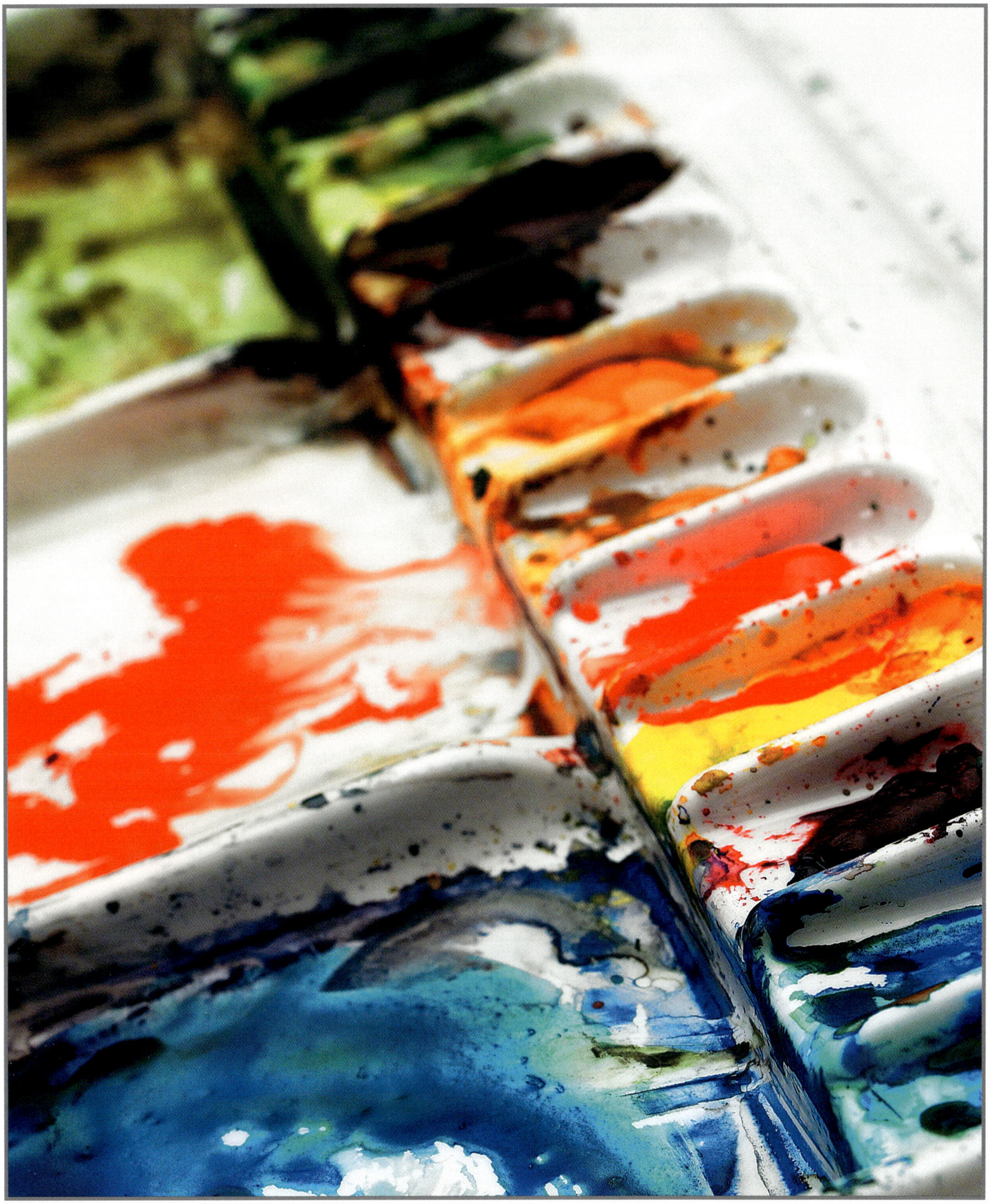

28 GRAUTÖNE MISCHEN

Aus der Grundpalette lassen sich viele verschiedene Grautöne mischen.

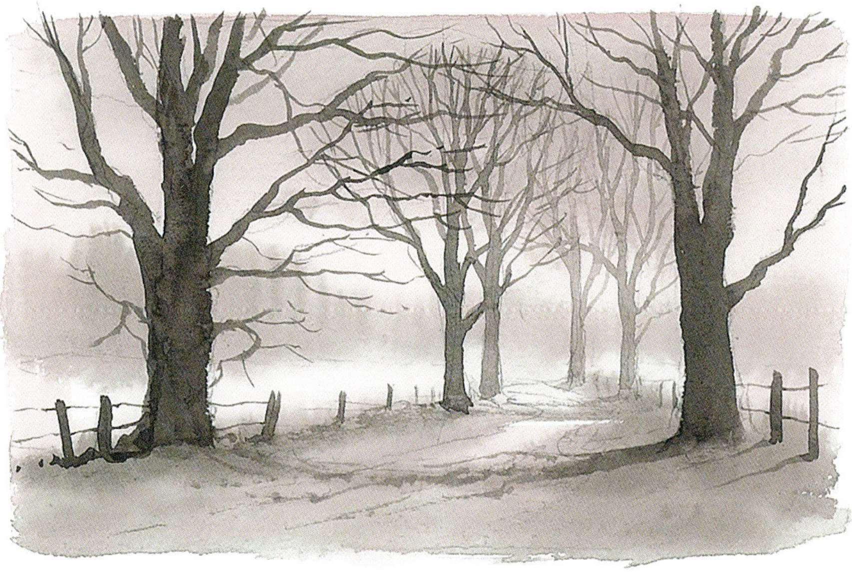

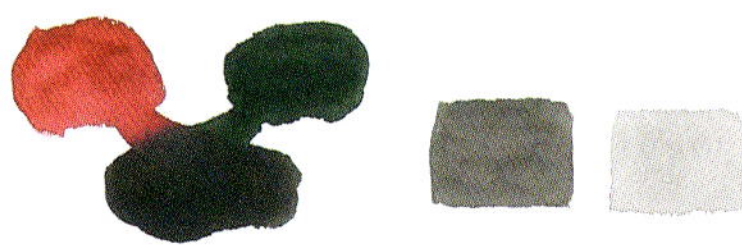

Studie mit zwei Farben

Für dieses einfache Motiv wurden nur zwei Farben verwendet: Permanentrosa und Hookersgrün.

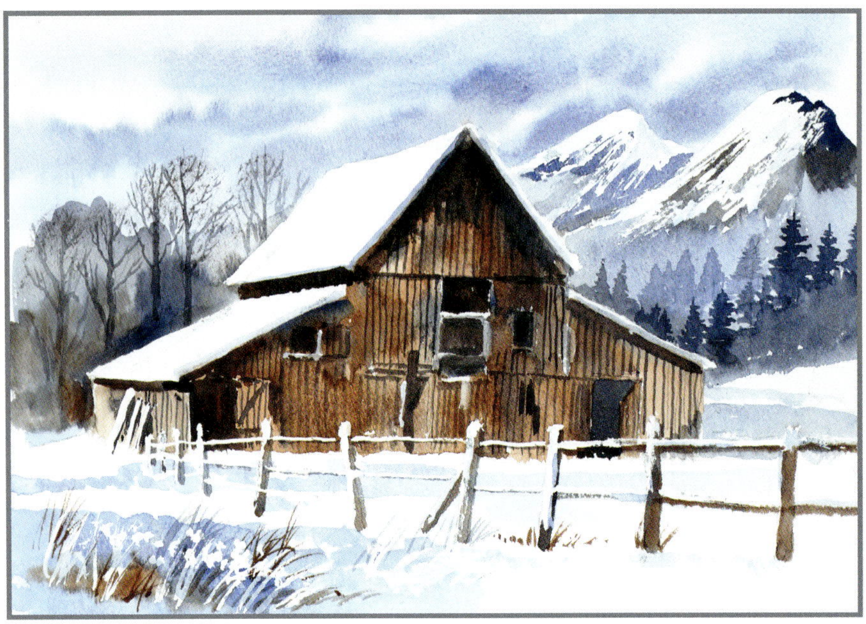

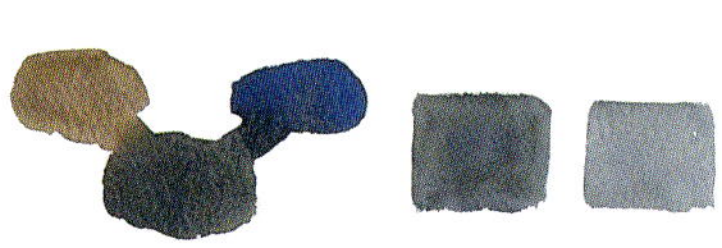

Scheune im Schnee

Dieses Bild wurde ausschließlich mit Französisch Ultramarin und Umbra gebrannt gemalt. Für die kühlen Blaugrau-Töne muss die Mischung einen höheren Anteil Französisch Ultramarin und nur wenig Umbra gebrannt enthalten. Für die warmen Töne ist der Anteil an Umbra gebrannt höher, und für die dunklen werden die Farben zu gleichen Teilen gemischt.

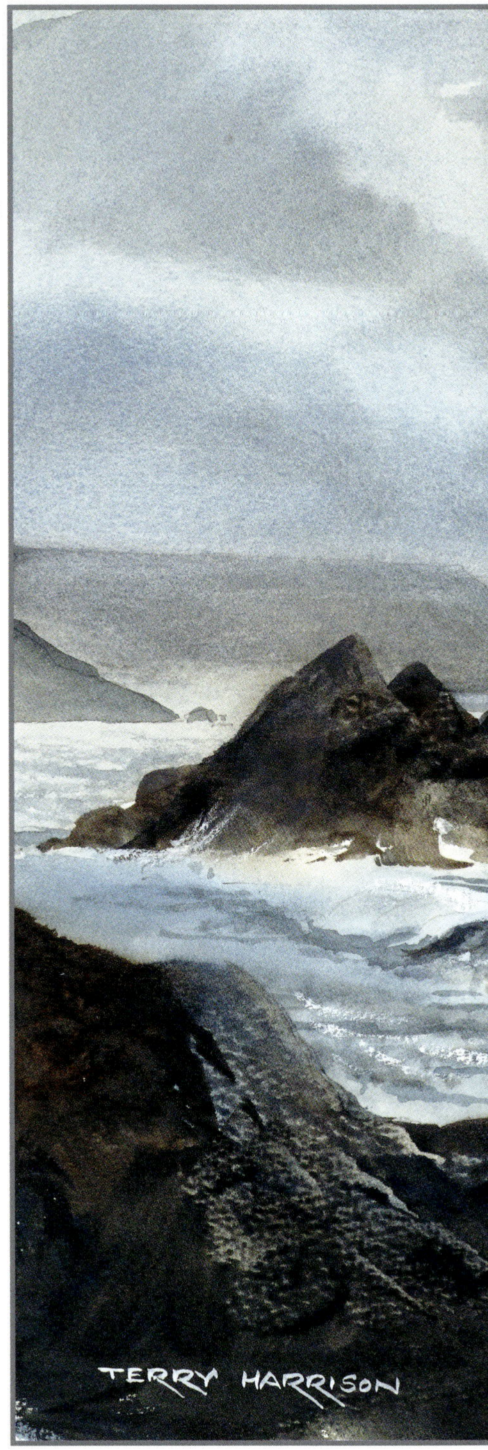

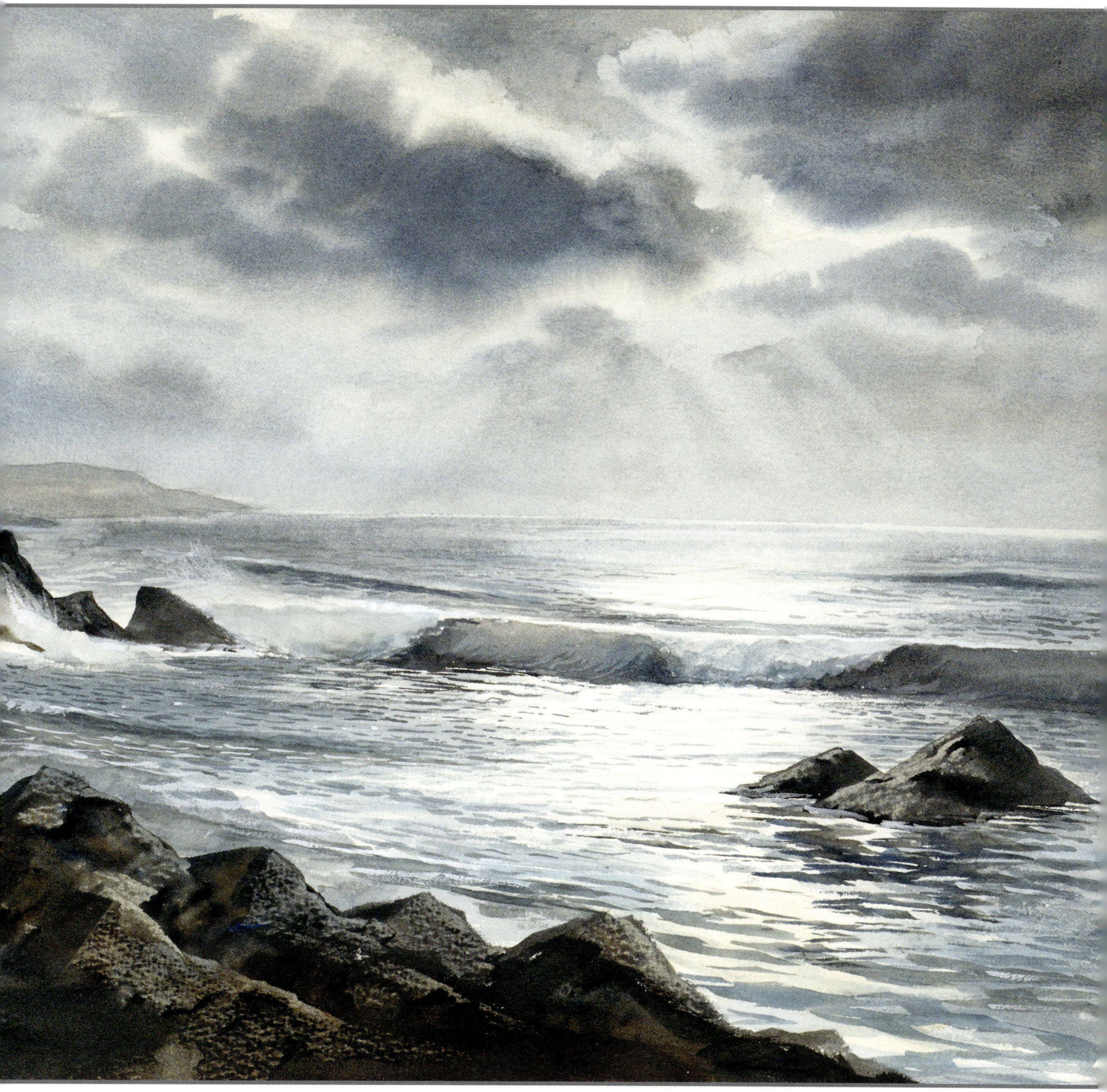

Bucht im Mondschein

Auch für dieses Motiv wurden nur Umbra gebrannt und Französisch Ultramarin verwendet, die als Mischung ein Grau ergeben. Für das dunkelste Grau wurden die beiden Farben mit sehr wenig Wasser gemischt, für hellere Grautöne wurde die Mischung stärker verdünnt. Um die raue Oberfläche der Felsen im Vordergrund anzudeuten, wurde die Farbe mit einer Plastikkarte abgeschabt (siehe Seite 104).

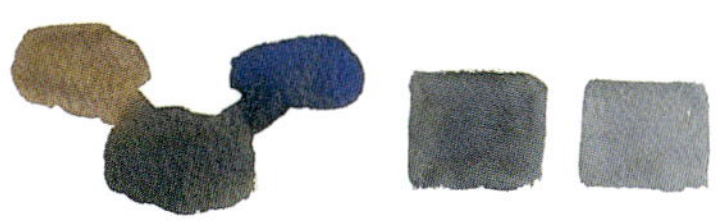

29 NIEMALS SCHWARZ VERWENDEN

Von der Verwendung schwarzer Farbe wird oft abgeraten. Schwarz wirkt leblos, und es kann ein Bild beherrschen. Besser ist es, aus den Farben der Grundpalette verschiedene sehr dunkle Farben zu mischen. Solche Nuancen sehen interessanter aus und wirken dabei sehr lebendig.

---

30 GEKAUFTE GRÜNTÖNE

Um schöne Grüntöne zu mischen, braucht man mindestens zwei oder drei verschiedene Ausgangsfarben. Mischt man allerdings drei oder mehr Aquarellfarben, wirken die Ergebnisse oft schmuddelig und undefiniert. Gekaufte Grüntöne wirken frischer, und man kann sie mit einer oder zwei anderen Farben mischen, ohne dass sie schmuddelig erscheinen oder ihre Leuchtkraft verlieren.

Für die beiden Bildbeispiele auf dieser Doppelseite wurden drei gekaufte Grüntöne verwendet: Hookersgrün, Olivgrün gelblich und Maigrün.

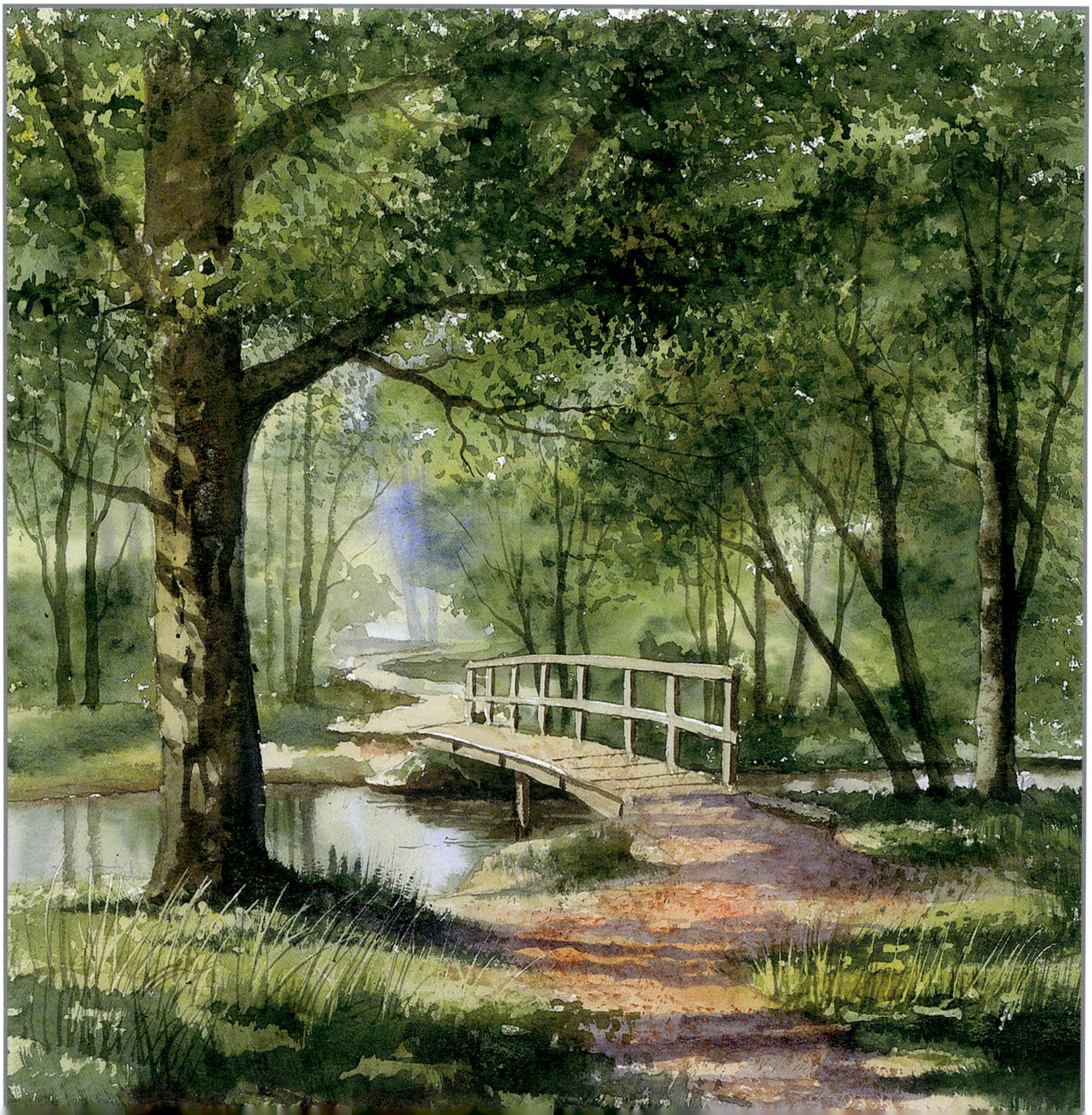

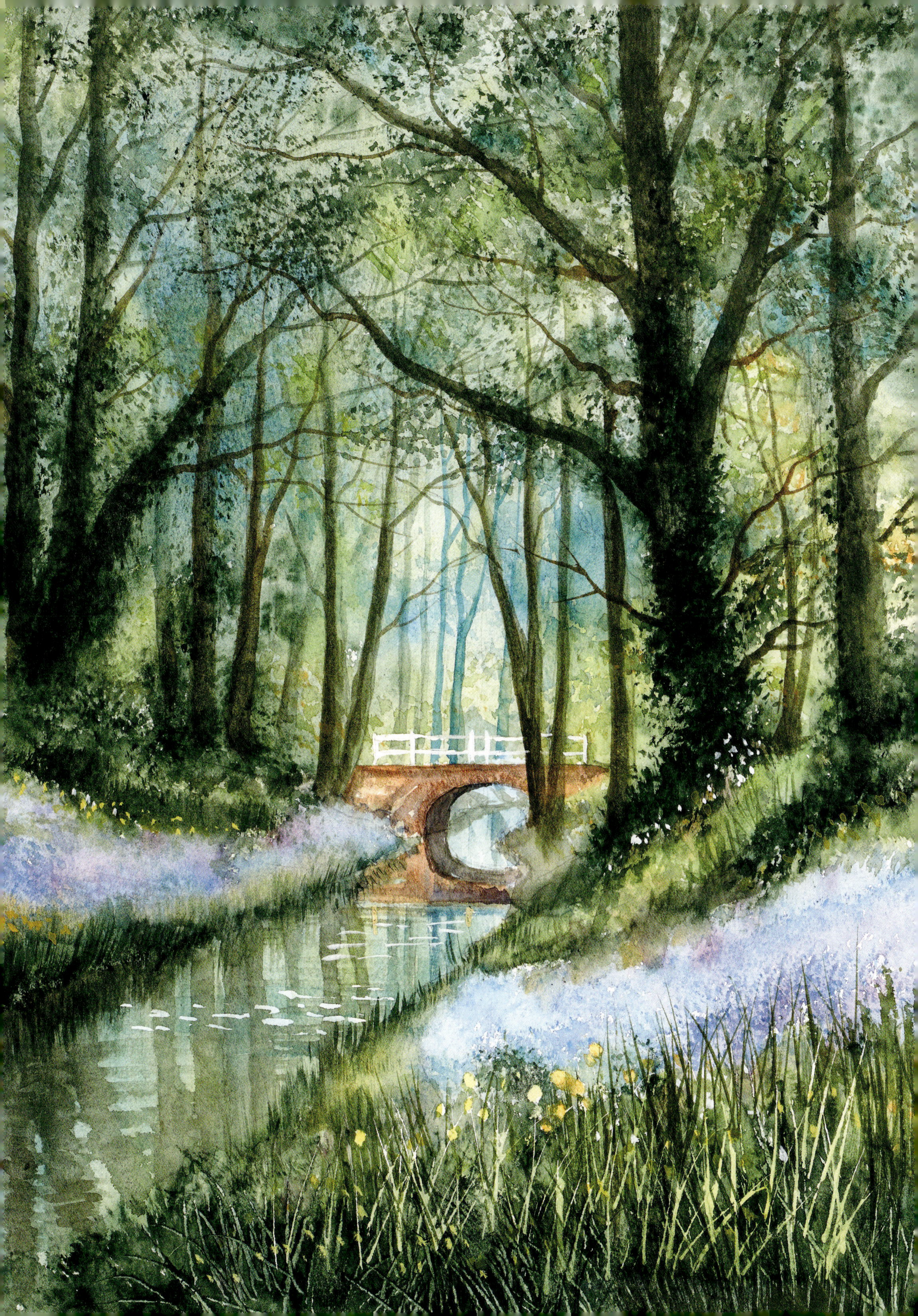

Aquarellfarben mischen

Anfänger tun sich oft schwer damit, die richtige Farbkonsistenz zu finden. Dafür gibt es keine Faustregel, aber mit der Zeit bekommt man ein Gefühl dafür. Nehmen Sie sich Zeit, mit verschiedenen Verdünnungsgraden zu experimentieren.

31 FARBE ZUM WASSER, NICHT WASSER ZUR FARBE

Gibt man Wasser zur Farbe auf der Palette, kann eine sehr wässrige Mischung entstehen. Wenn dabei die Mischung zu stark verdünnt wird, muss man möglicherweise von vorn beginnen. Besser ist es, umgekehrt vorzugehen:

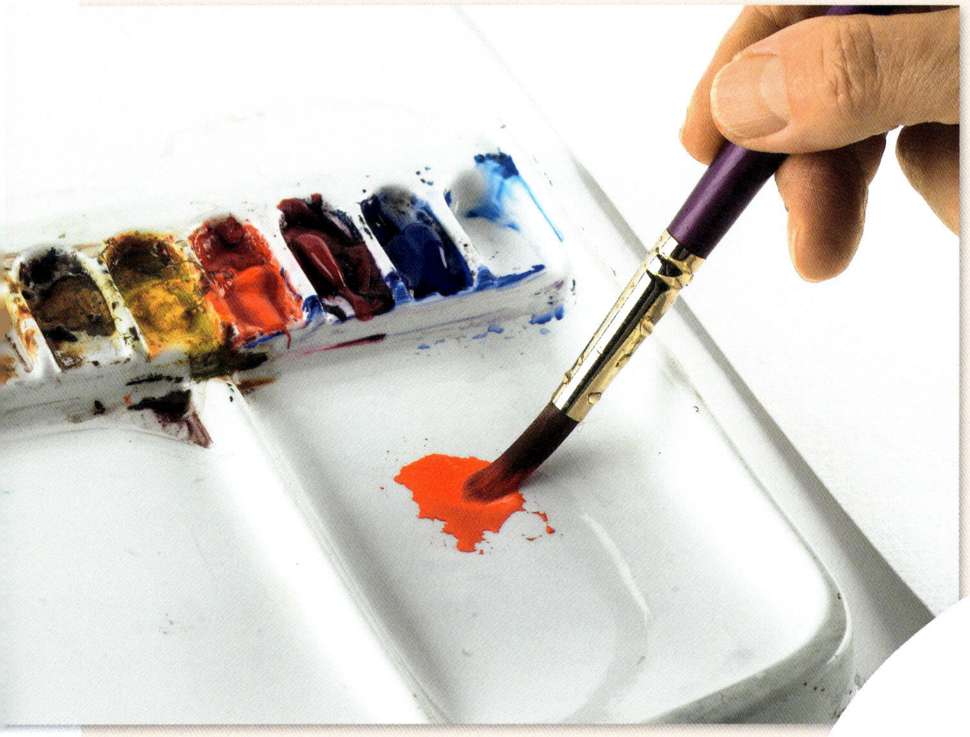

1 Nehmen Sie mit einem feuchten Pinsel etwas unverdünnte Farbe auf und geben sie auf die Palette.

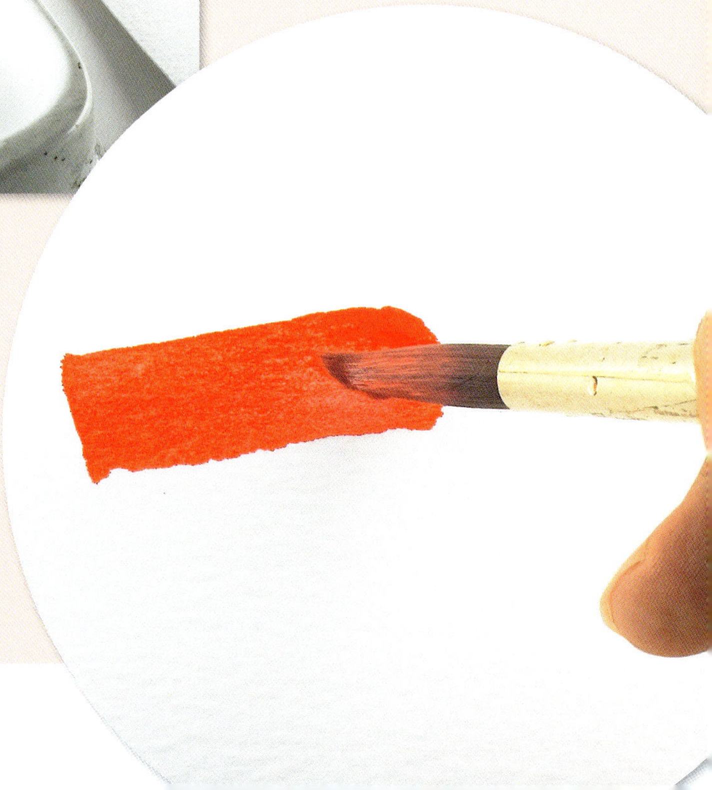

2 Sie ergibt einen kräftigen, meist deckenden Pinselstrich.

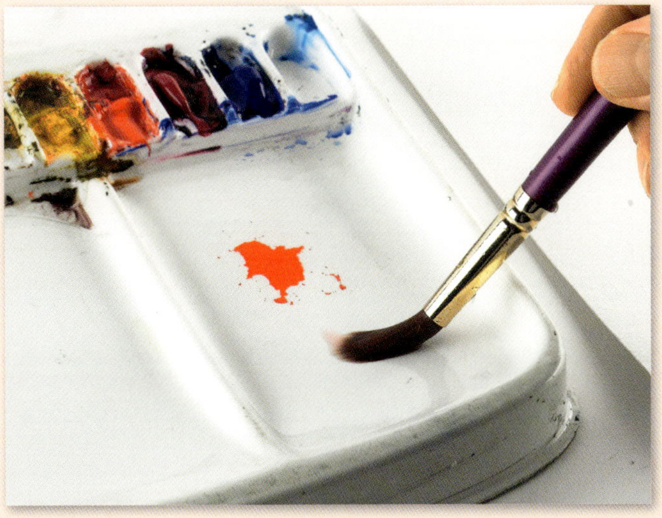

3 Waschen Sie den Pinsel aus und tupfen etwas klares Wasser auf einen sauberen Bereich der Palette.

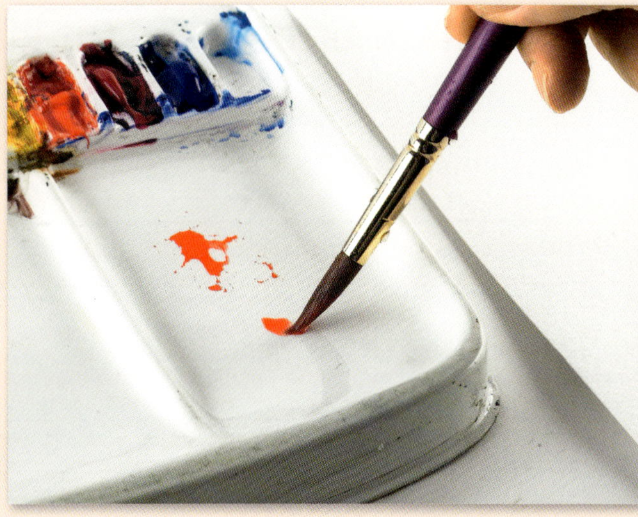

4 Nehmen Sie etwas unverdünnte Farbe auf und geben sie ins Wasser, um eine verdünnte Mischung zu erhalten.

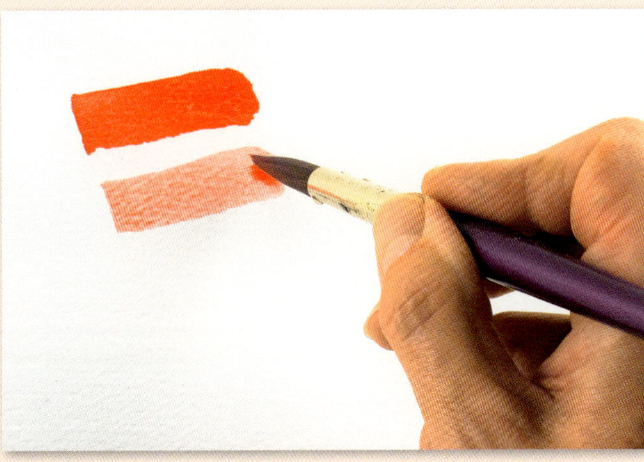

5 So ergibt sich ein hellerer Strich.

6 Sie können diesen Vorgang mehrmals wiederholen. Dabei entstehen auf der Palette mehrere Farbtöne – von der unverdünnten Farbe bis zu verschiedenen helleren Nuancen.

32 MISCHUNGEN AUSPROBIEREN

Bevor Sie gemischte Farben in einem Bild einsetzen, probieren Sie unbedingt auf einem Papierrest oder auf dem Rand Ihres Aquarells aus, wie die Mischungen sich auf dem Papier darstellen.

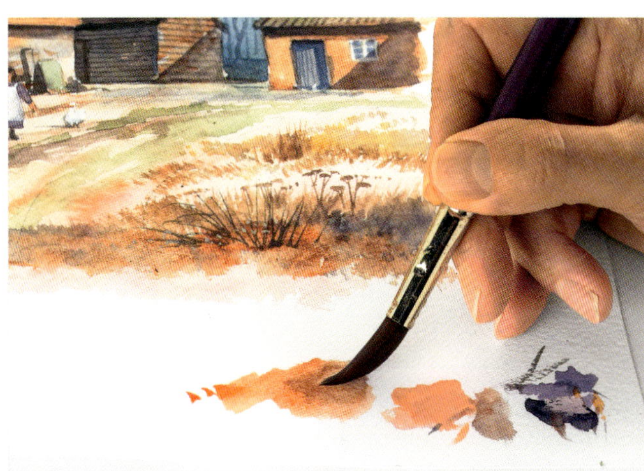

33 PINSEL ABTROCKNEN MIT KÜCHENPAPIER

Es kommt vor, dass Farben auf der Palette gut aussehen, aber auf dem Papier nicht den gewünschten Effekt ergeben, weil sie zu nass sind. Das liegt oft daran, dass mit dem Pinsel zu viel Farbe aufgenommen wurde.

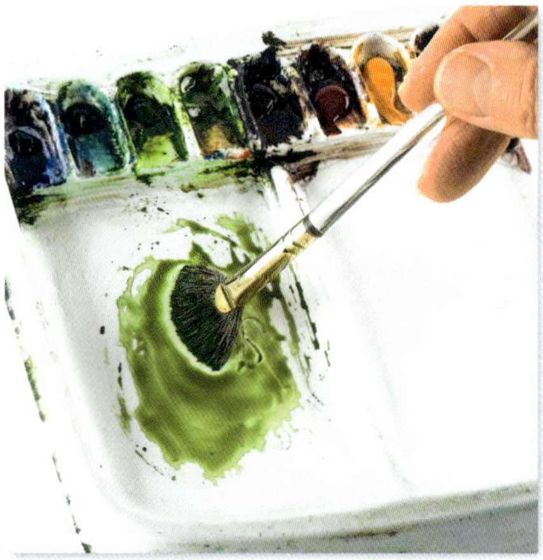

1 Hier wird auf der Palette ein kräftiges Grün gemischt, um mit einem dicken Fächerpinsel Gräser zu malen.

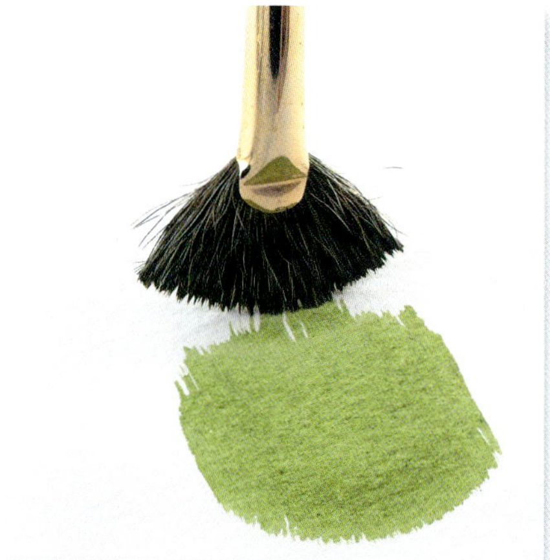

2 Beim Test auf einem Papierrest entsteht ein flächiger Strich anstelle dünner Einzelstriche. Die Farbe ist zu nass.

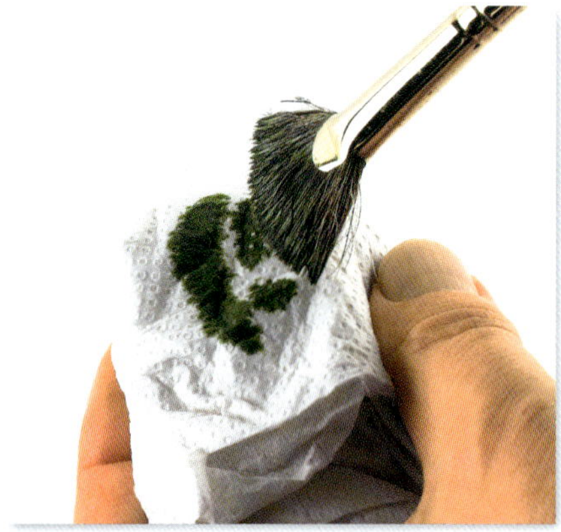

3 Um überschüssige Farbe zu entfernen, wird der Pinsel einfach mit einem Stück Küchenpapier abgetupft.

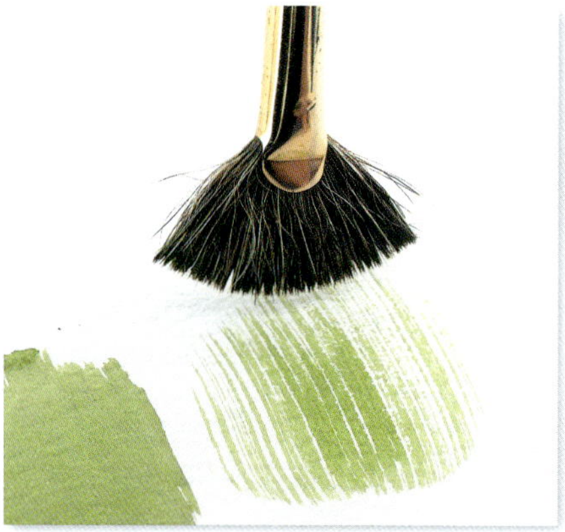

4 Mit dem trockeneren Pinsel gelingen die Grashalme überzeugend.

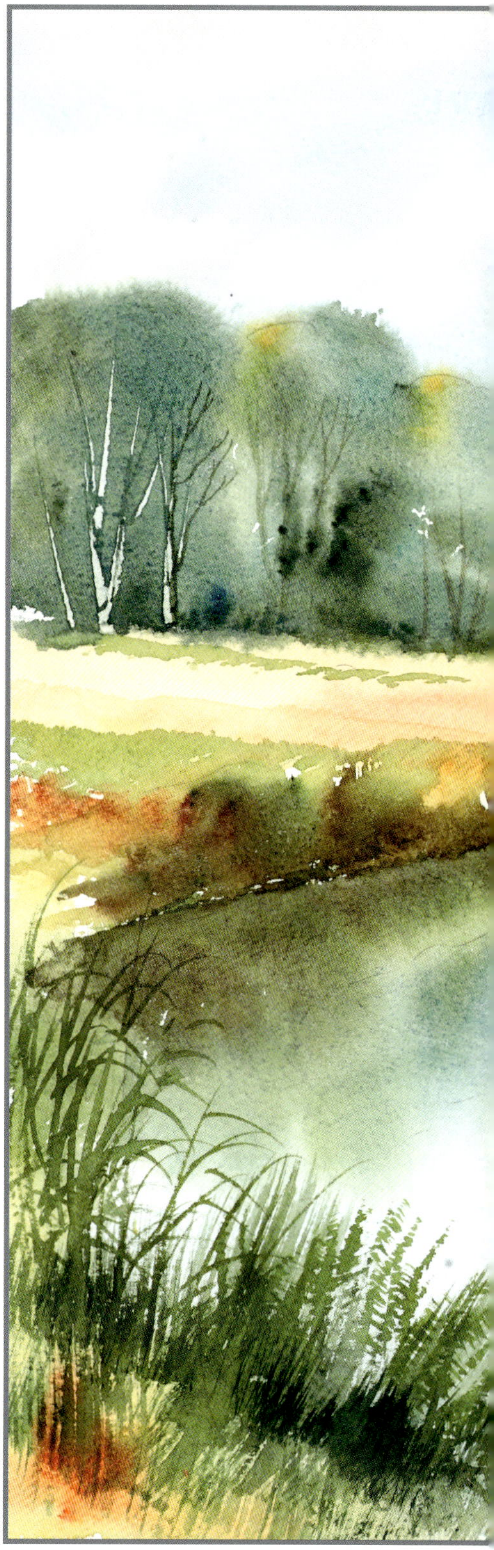

› Flussufer mit Gräsern

Wenn nur wenig Farbe mit dem Pinsel aufgenommen wird, verlaufen die Striche nicht ineinander. Je weniger Farbe im Pinsel, desto feiner erscheinen die Grashalme.

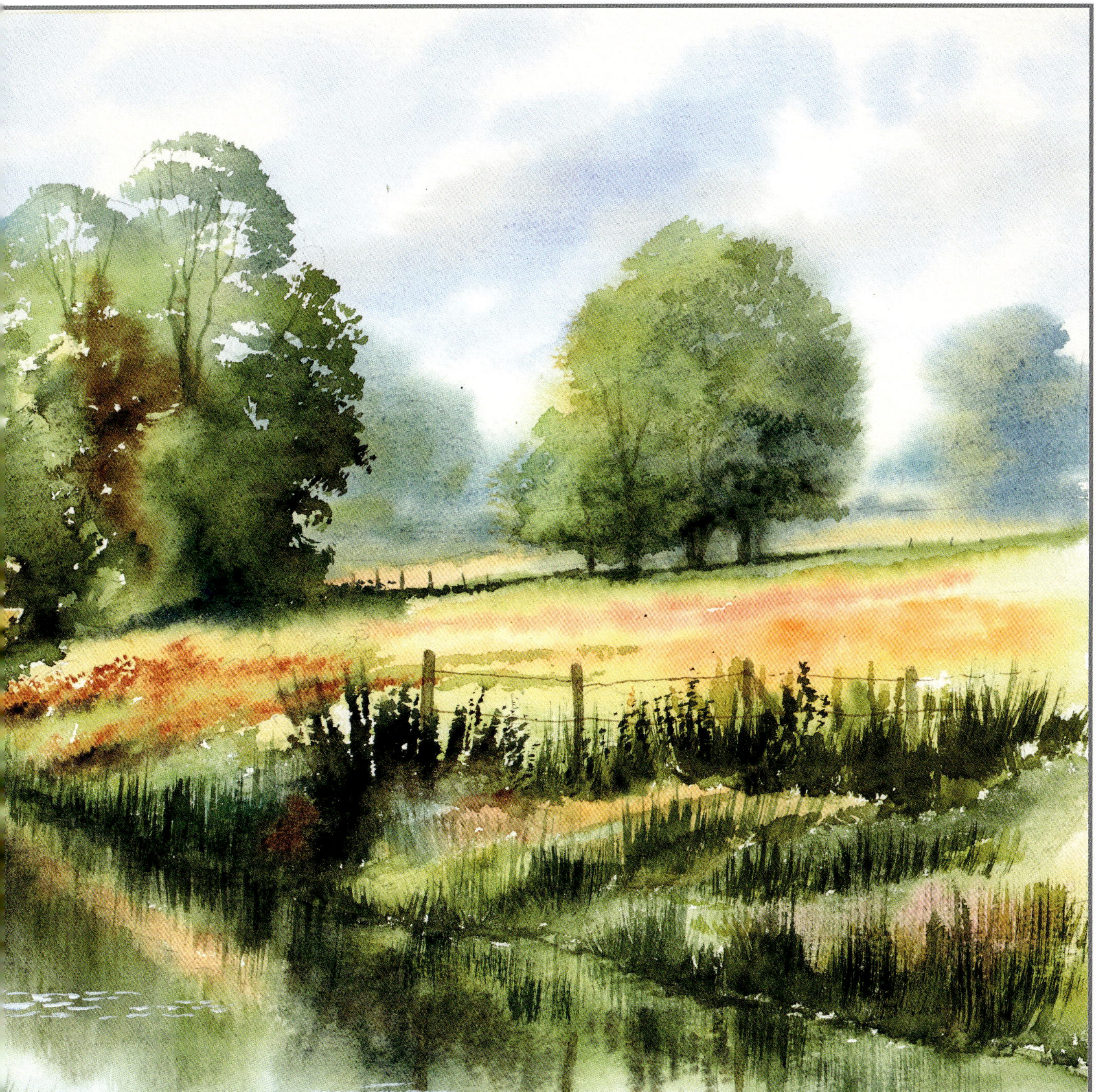

Techniken

Manche Menschen halten Aquarellfarben für ein schwieriges Medium. Letztlich kommt es aber nur darauf an, die richtigen Techniken im Umgang mit Farben und Pinseln zu lernen. Hier verrate ich Tricks aus meinem Erfahrungsschatz und zeige Techniken, mit denen Ihnen Landschaftsaquarelle leicht und sicher gelingen werden.

Lasuren

Für eine flächige Lasur braucht man nur eine Farbe und einen dicken Pinsel. Trotzdem kann einiges schief gehen, wenn die Farbkonsistenz nicht stimmt oder ein ungeeigneter Pinsel benutzt wird.

34 EINFARBIGE LASUR

Mischen Sie vor dem Malen immer eine ausreichende Farbmenge, denn eine einfarbige Lasur muss zügig und gleichmäßig aufgetragen werden. Stellen Sie das Zeichenbrett dabei schräg, damit die Farbe abwärts fließt und sich am unteren Rand des jeweils letzten Strichs sammelt.

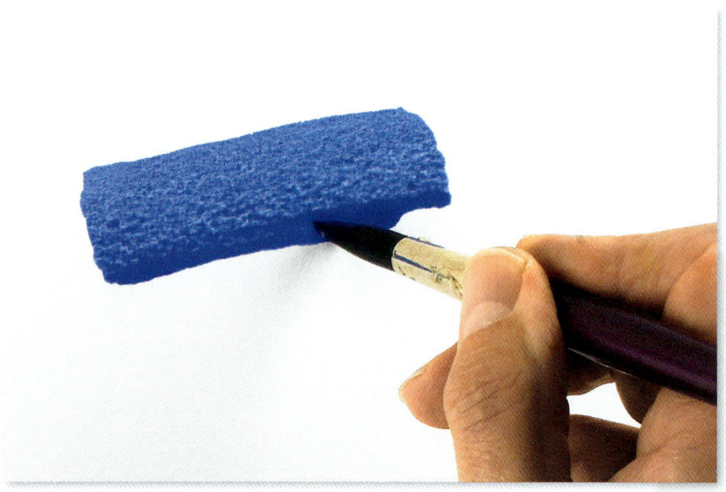

1 Verwenden Sie einen dicken Pinsel, beispielsweise einen Rundpinsel, der viel Farbe aufnimmt. Nehmen Sie immer die Farbe, die sich am unteren Rand des letzten Strichs gesammelt hat, mit dem Pinselstrich auf, um sie auf dem Papier zu verteilen.

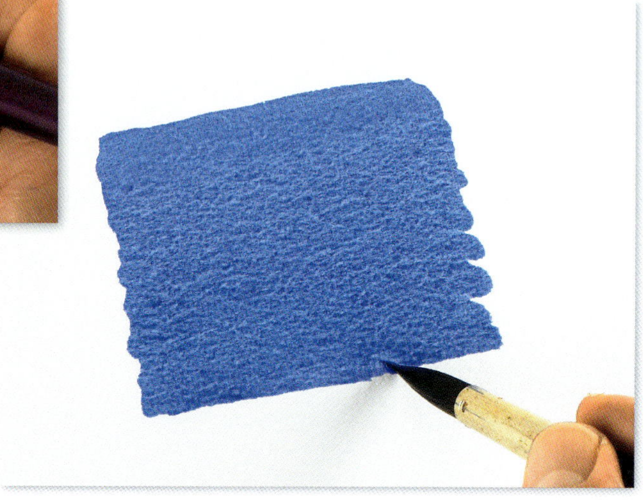

2 Tragen Sie die Farbe Strich für Strich von oben nach unten auf und nehmen bei Bedarf etwas von der Mischung auf der Palette auf. Am unteren Rand der Fläche wird die Farbe, die sich gesammelt hat, mit dem Pinsel vom Papier entfernt.

35 VERLAUFSLASUR

Eine Verlaufslasur beginnt mit einem kräftigen Farbton und wird allmählich immer heller, indem man die Farbe zunehmend verdünnt. Auch bei dieser Technik wird das Zeichenbrett schräg gestellt.

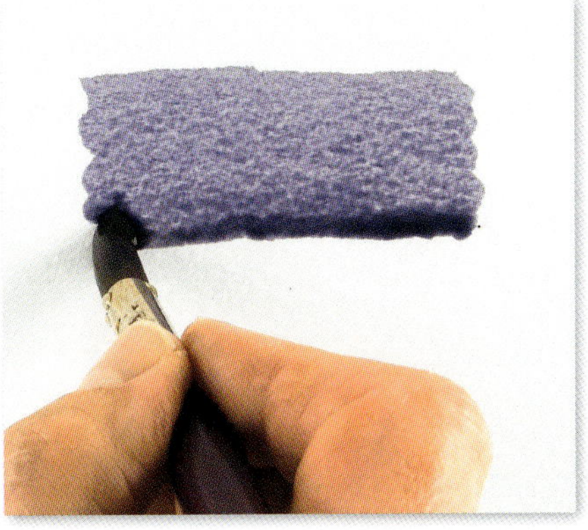

1 Mit einem dicken Lasurpinsel nehmen Sie etwas Farbmischung von der Palette auf und malen mit waagerechten Strichen von oben nach unten. Am unteren Rand des letzten Strichs sammelt sich Farbe.

2 Die Mischung auf der Palette wird mit etwas klarem Wasser verdünnt. Fahren Sie mit dieser Mischung fort und nehmen dabei die gesammelte Farbe am Rand des letzten Strichs auf und verteilen sie.

3 Verdünnen Sie die Mischung weiter und entfernen zuletzt die gesammelte Farbe am Rand des letzten Strichs.

36 LASUR MIT FARBWECHSEL

In diesem Fall beginnt die Lasur mit einer Farbe und geht fließend in eine andere über. Das Zeichenbrett sollte auch beim Trocknen schräg stehen, weil dann die Farben besser ineinander verlaufen.

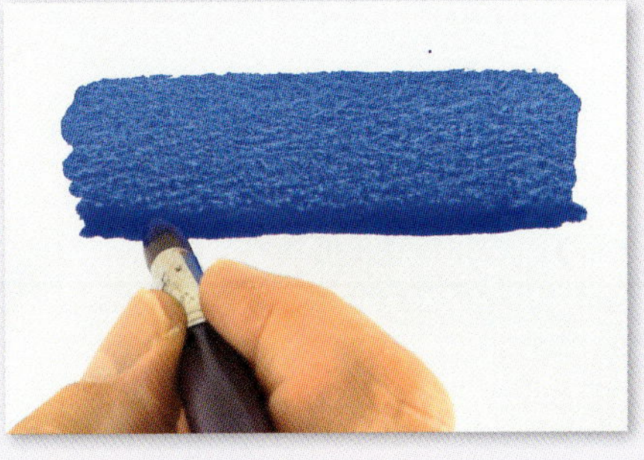

1 Beginnen Sie mit einer Farbe. Sie sammelt sich am unteren Rand des Strichs.

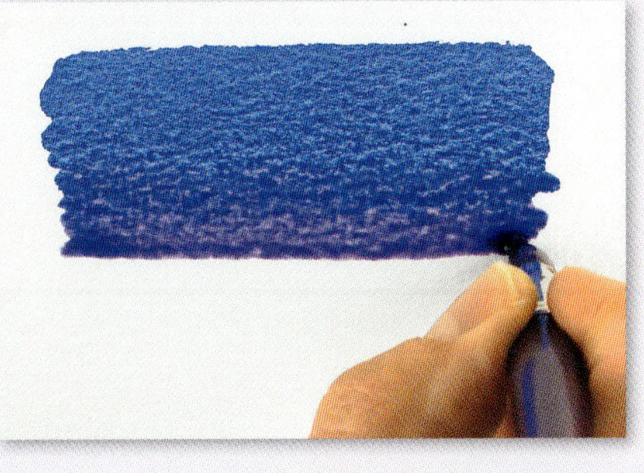

2 Waschen Sie den Pinsel aus und nehmen die zweite Farbe auf. Mit dem nächsten Strich wird auch die gesammelte Farbe am unteren Rand des letzten Strichs verteilt. Dabei mischen sich die Farben und es entsteht ein fließender Übergang.

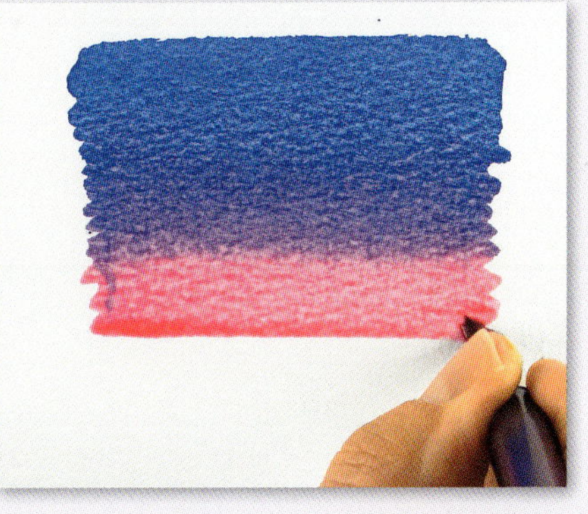

3 Waschen Sie den Pinsel wieder aus und nehmen erneut die zweite Farbe auf, sodass diese im unteren Bereich der lasierten Fläche ungemischt erscheint.

Nass in nass

Für diese Technik müssen beide Farben nass sein. Gibt man nasse Farbe auf einen halbgetrockneten Untergrund, verläuft die zweite Farbe nicht gleichmäßig. Stattdessen können unerwünschte Ausblühungen entstehen (siehe Seite 62).

37 DIE ZWEITE FARBE EINFÜGEN

Auch wenn es selbstverständlich klingt: Gehen Sie sicher, dass die erste Farbe auf dem Papier noch nass ist, wenn Sie die zweite einfügen.

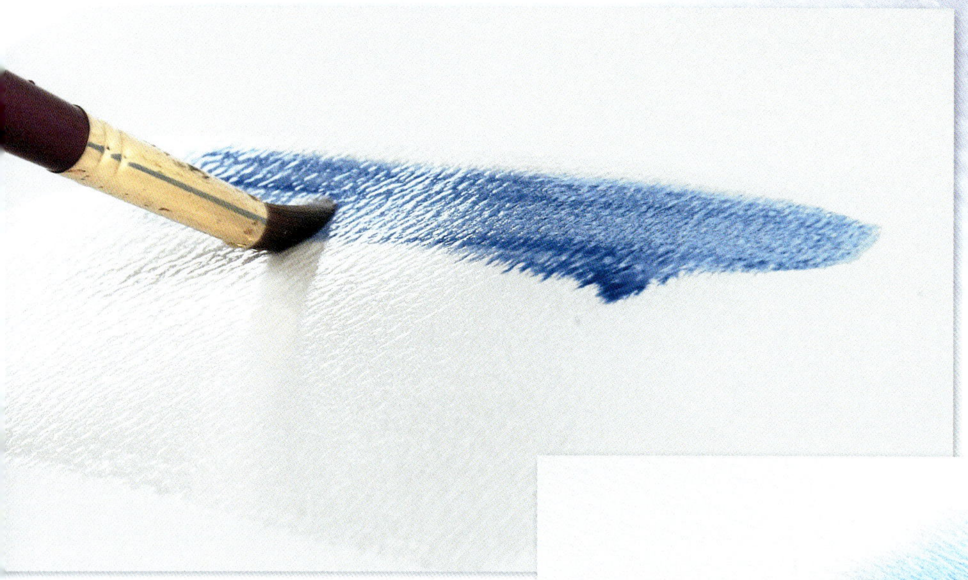

1 Zuerst wird das Papier gut angefeuchtet. Dadurch verlangsamt sich die Trocknung der ersten Farbe und Sie gewinnen Zeit, um am Bild zu arbeiten. Beginnen Sie mit der ersten Farbe – hier ein Himmelblau.

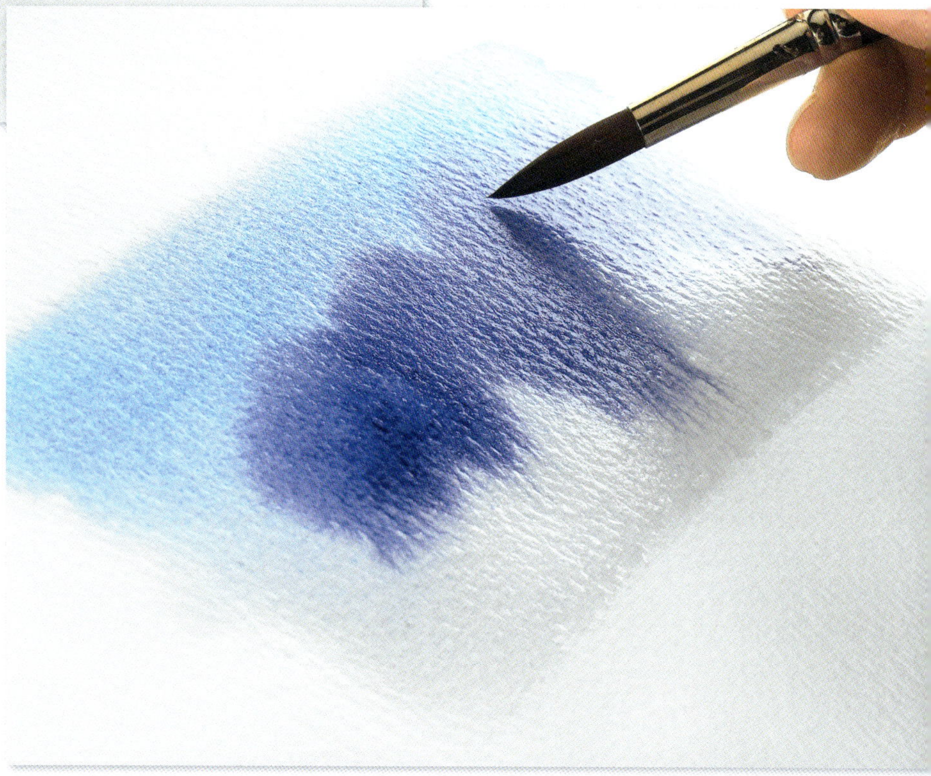

2 Nehmen Sie nun die zweite Farbe auf und tupfen sie in die erste nasse Farbe. Die zweite Farbe verläuft stark und es bildet sich ein weicher, wolkiger Effekt.

38 GEBÄUDE NASS IN NASS

Gebäude sehen rustikal aus, wenn man die Farben auf dem Papier ineinander verlaufen lässt, statt sie auf der Palette zu mischen. Die Farben werden nass in nass verarbeitet. Nach der Trocknung ergibt sich ein ungleichmäßig-scheckiger Effekt.

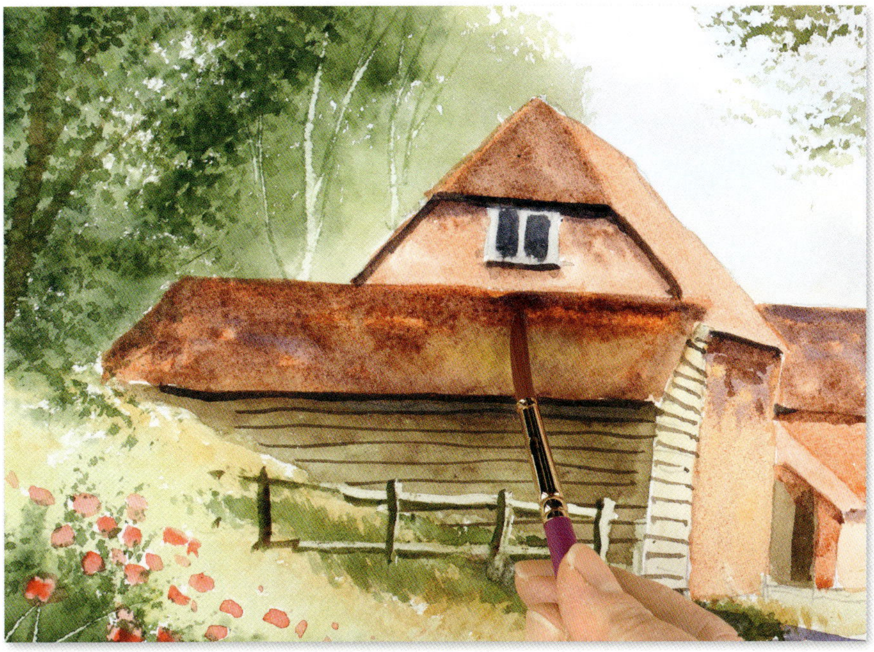

1 Nach dem Trocknen des Dachs wird der Bereich mit klarem Wasser angefeuchtet. Dann werden mit einem mittleren Rundpinsel am Dachfirst Paynesgrau und Siena gebrannt aufgetragen.

2 Solange das Dach noch nass ist, tragen Sie im unteren Bereich Maigrün auf, um das Moos anzudeuten.

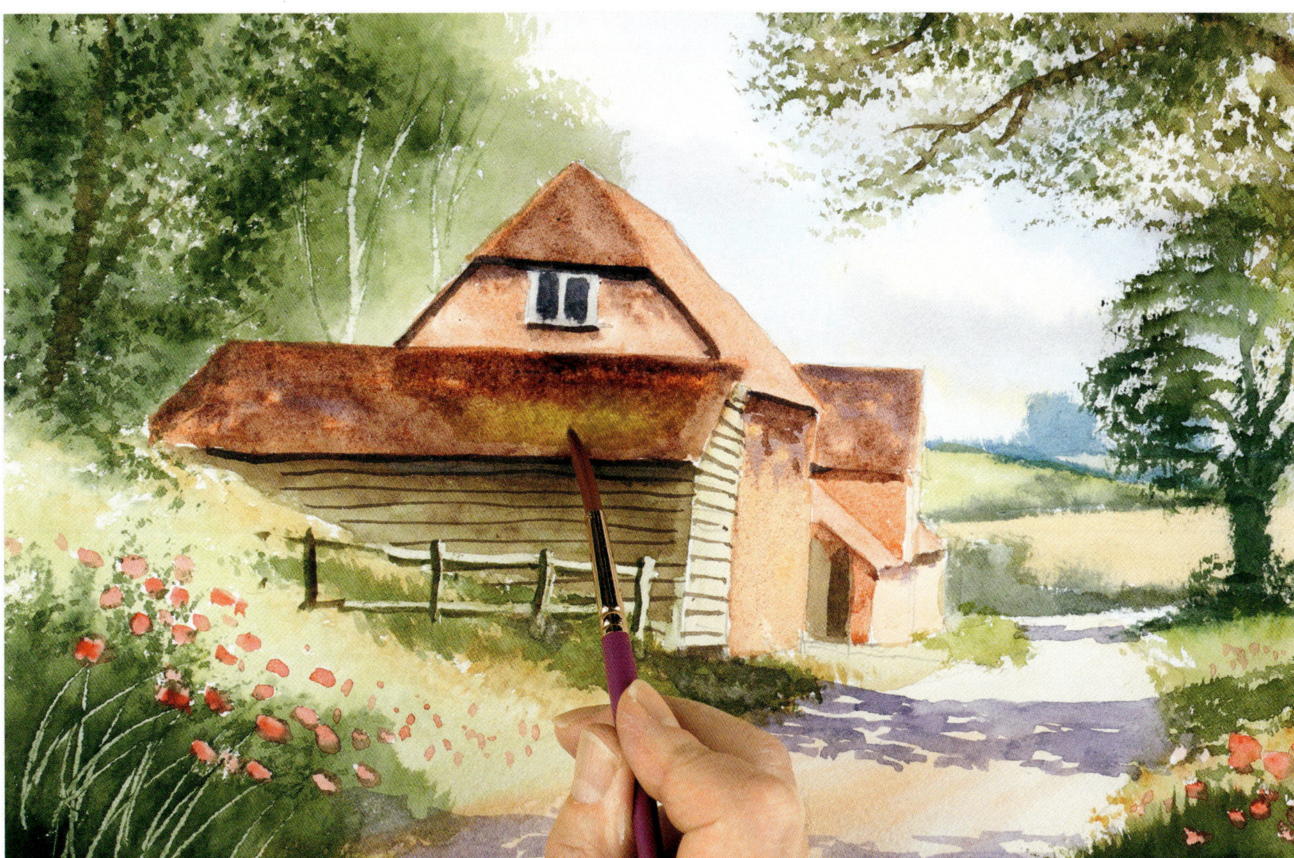

39 REGENWOLKEN NASS IN NASS

Die Nass-in-nass-Malerei eignet sich wegen der weich verlaufenden Ränder gut für Wolken, vor allem für dicke, düstere Regenwolken kurz vor einem Schauer.

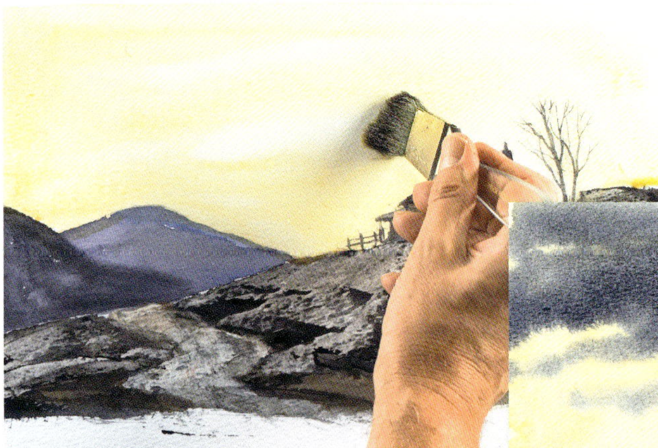

1 Zuerst wird mit einem breiten Flachpinsel auf den ganzen Himmel eine stark verdünnte Lasur aus Siena natur aufgetragen.

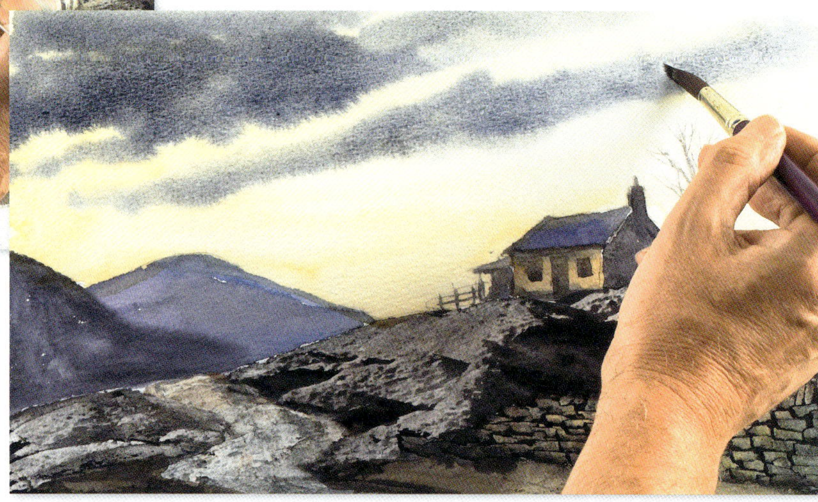

2 Für die Wolken mischen Sie Französisch Ultramarin und Umbra gebrannt und malen damit mit dem dicken Rundpinsel schräge Striche auf die nasse Lasur.

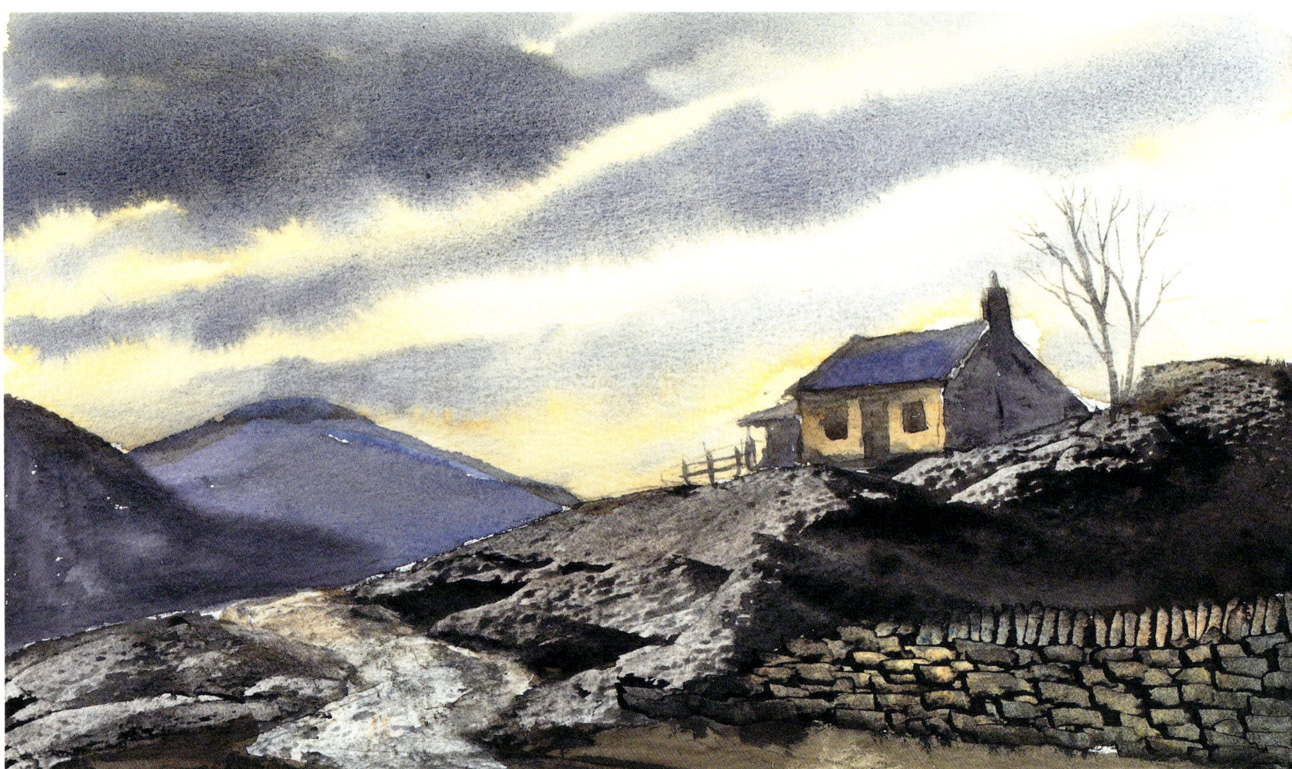

3 Lassen Sie den Farbauftrag trocknen. Dabei verlaufen die Ränder der grauen Striche und es entstehen weiche Übergänge zur Hintergrundlasur.

Nass auf trocken

Diese Technik wird vor allem für kleinere Details benötigt. Malt man Feinheiten auf einer feuchten Untergrundfarbe, verlaufen die Striche und die gewünschte Klarheit geht verloren.

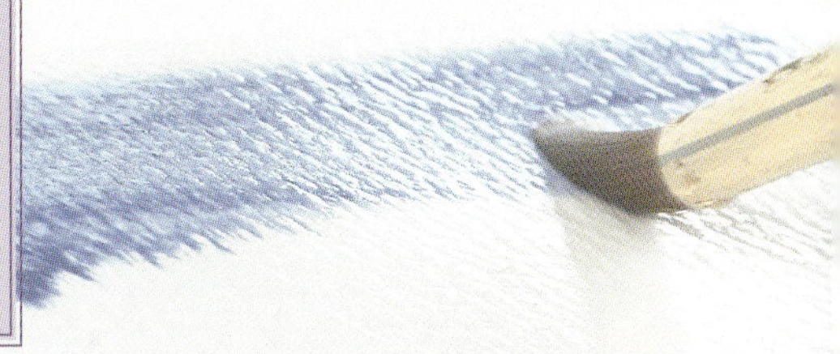

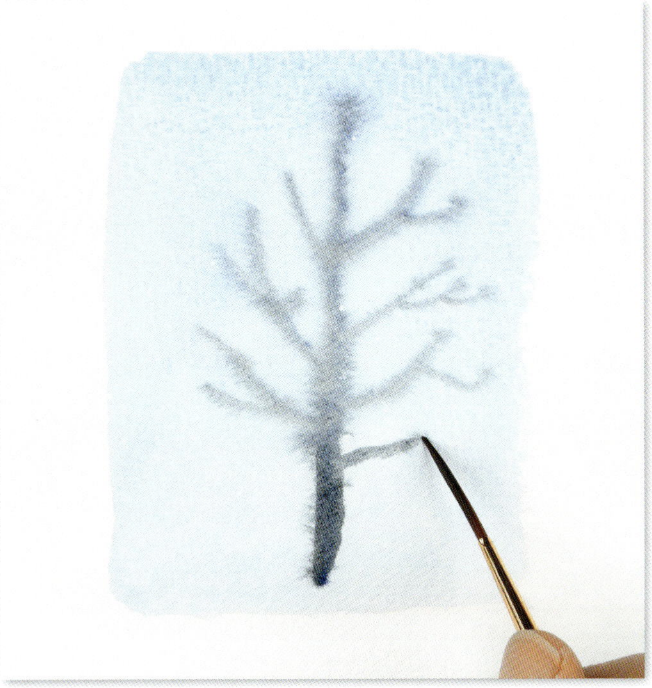

Dieser Baum ist auf nassem Untergrund gemalt. Die Striche verlaufen, darum fehlt ihnen die Konturschärfe.

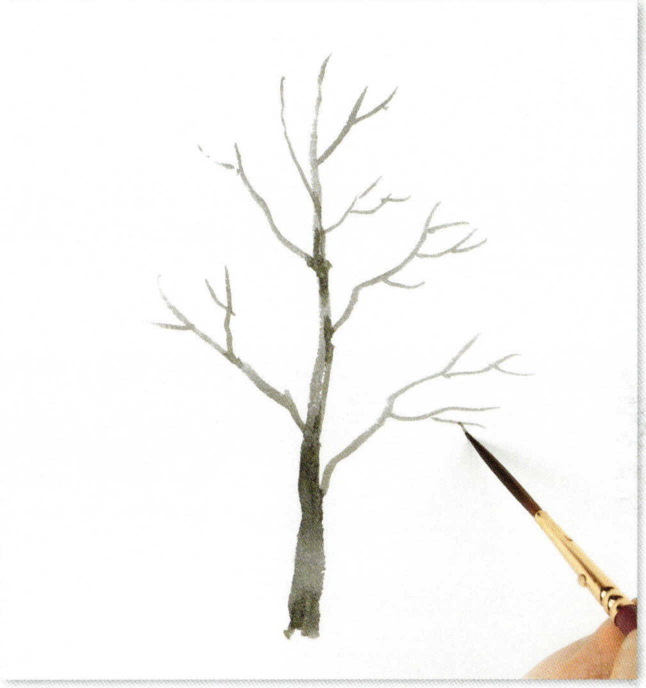

Dieser Baum wird, wie der vorige, mit einem Linierpinsel gemalt – jedoch auf trockenem Untergrund. So erscheint er wesentlich klarer.

40 MALEN AUF GETROCKNETER FARBE

Lässt man eine Hintergrundfarbe gut durchtrocknen, bevor eine zweite Farbe aufgetragen wird, verläuft die neue Farbe nicht. Stattdessen entstehen klare, saubere Pinselstriche mit guter Konturschärfe.

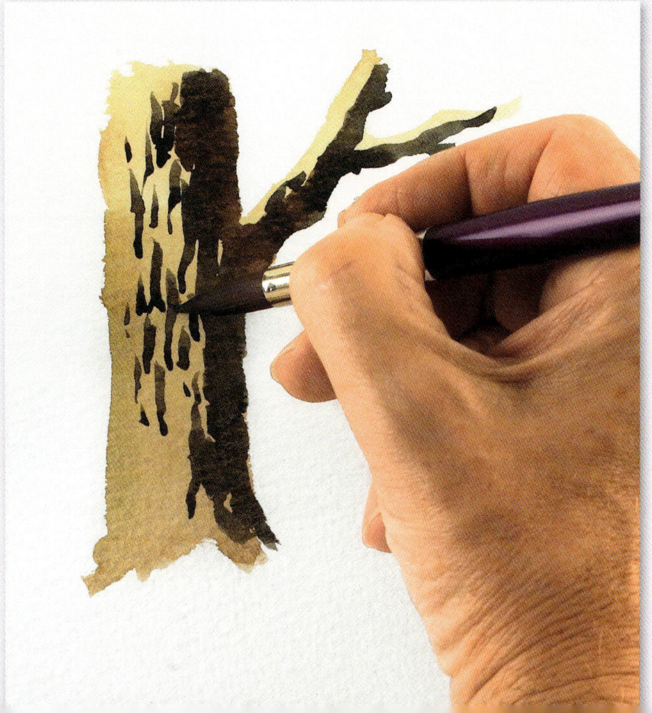

Trockenpinseltechnik

Diese Technik eignet sich zum Gestalten interessanter Texturen. Mit einem Pinsel, der nur leicht feucht (keinesfalls nass) ist, wird nur wenig Farbe aufgenommen. Streicht man nun mit dem Pinsel über das Papier, gibt er die Farbe ungleichmäßig ab. Um überschüssige Feuchtigkeit aus dem Pinsel zu entfernen, wird er zwischendurch regelmäßig mit Küchenpapier abgetupft.

41 RAUE BAUMRINDE

Dieses Beispiel zeigt, wie gut sich die Trockenpinseltechnik für Baumstämme eignet. Für die raue Oberfläche darf der Pinsel nur ganz leicht feucht sein. Wichtig ist, dass die Bildoberfläche vorher gut durchgetrocknet ist.

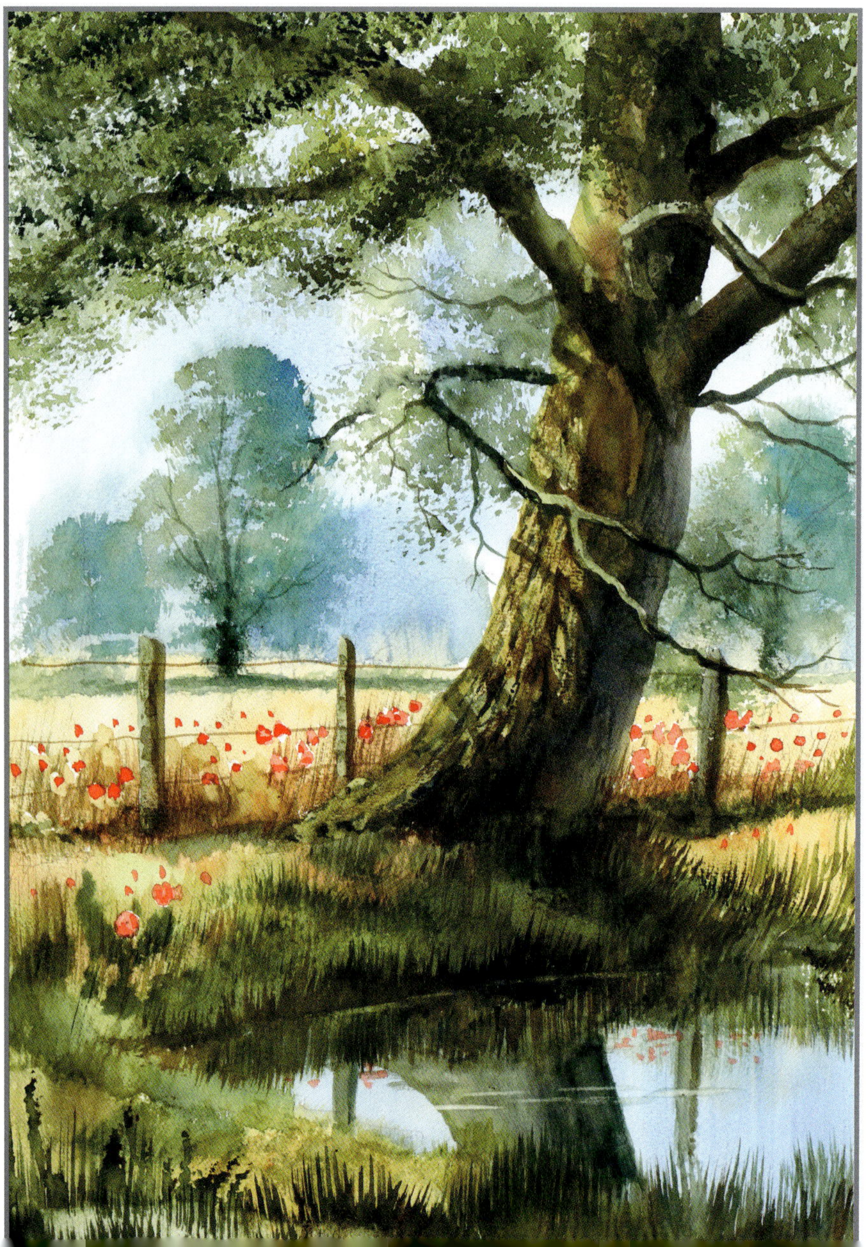

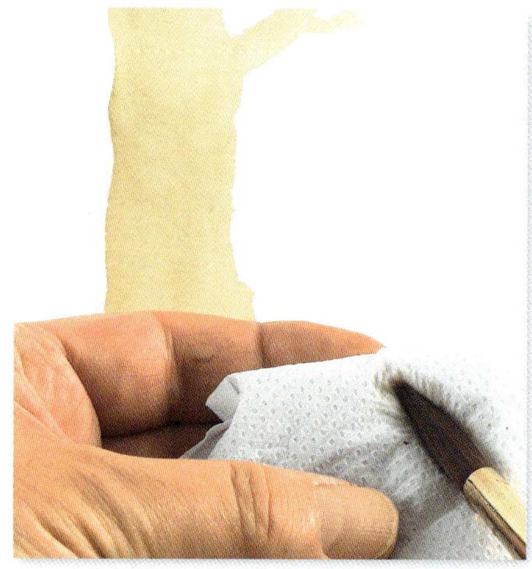

1 Malen Sie den Baumstamm mit seiner Hauptfarbe und lassen ihn trocknen. Waschen Sie den Pinsel mit klarem Wasser aus und trocknen ihn mit Küchenpapier gut ab.

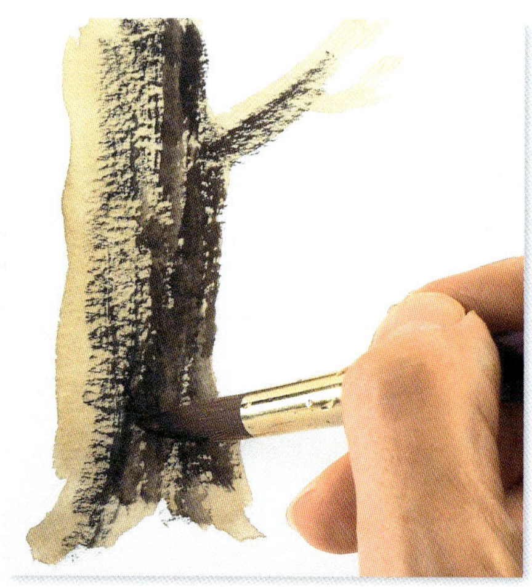

2 Dann nehmen Sie die zweite Farbe auf und tragen sie mit wenig Druck auf die trockene Hauptfarbe auf, sodass ein scheckiger Effekt entsteht. Danach wird die Schattenseite noch etwas abgedunkelt.

Spaziergang im Sommer

Für die Sonnenlicht-Flecken wurden Teile des Baumstamms mit Maskierflüssigkeit abgedeckt. Das Laub des Baums im Vordergrund wurde mit einem breiten Flachpinsel getupft, danach wurden einzelne Blätter mit einem dicken Rundpinsel gemalt. Für die raue Oberfläche des Zaunübertritts kam die Trockenpinseltechnik zum Einsatz.

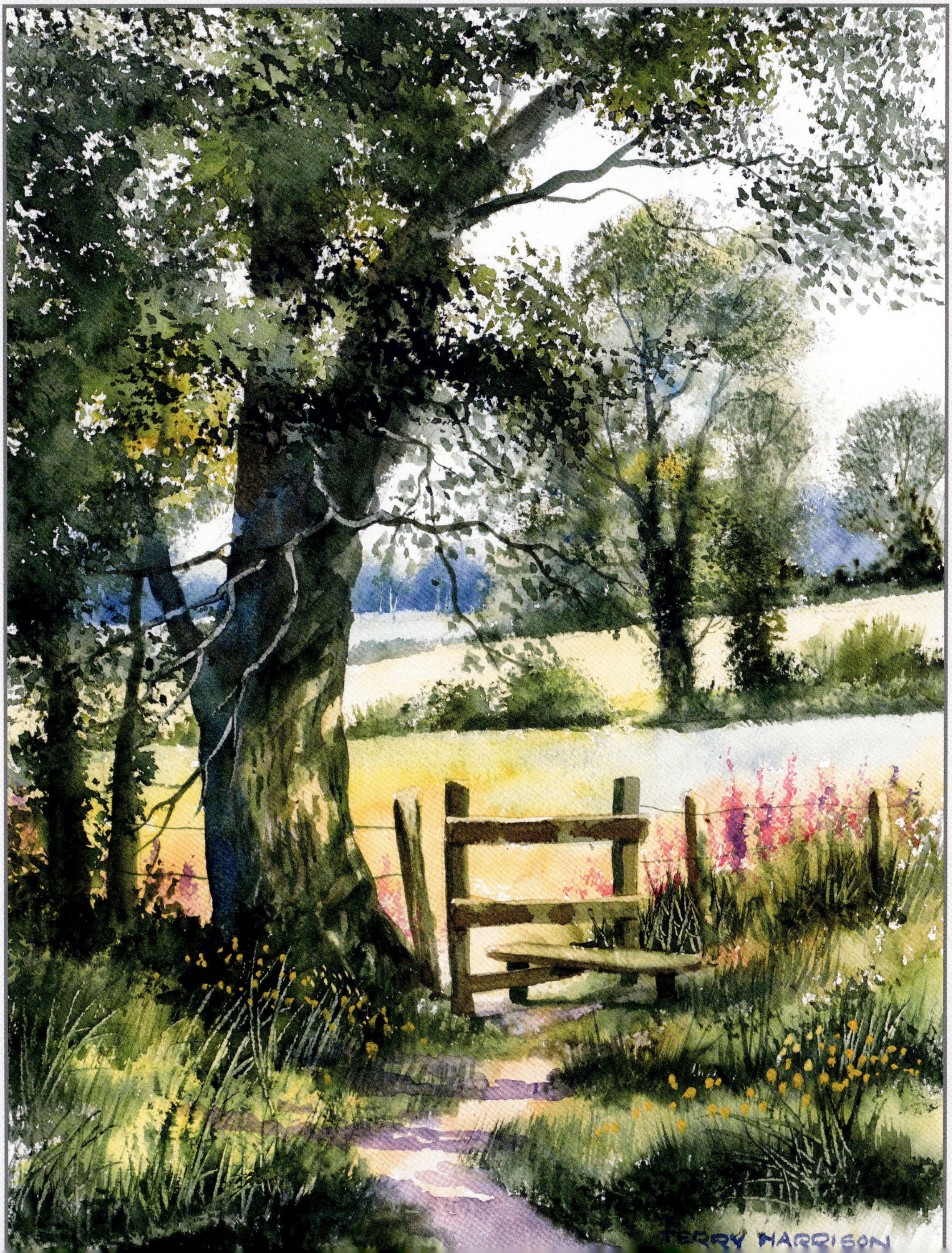

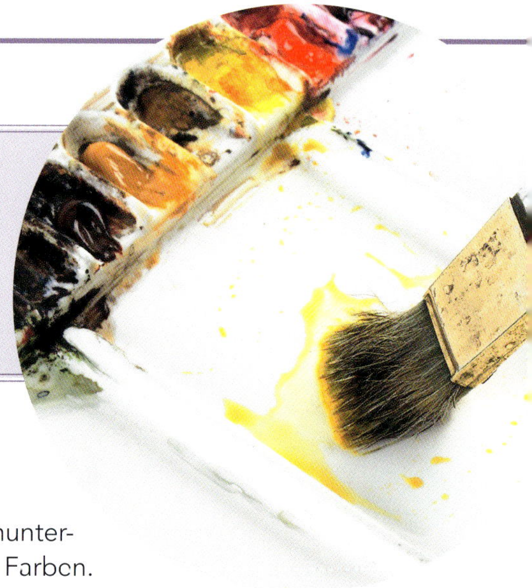

Überlasieren

Lasuren können auch über größeren Bildbereichen aufgetragen werden, nachdem diese getrocknet sind. Die Lasur muss so stark verdünnt sein, dass sie transparent ist.

42 ABENDSTIMMUNG DURCH LASUR

Diese Waldlandschaft wurde in Grau- und Brauntönen gemalt. Die Sonnenuntergangsstimmung entstand erst im zweiten Schritt durch Lasuren in warmen Farben.

Das ursprüngliche Bild.

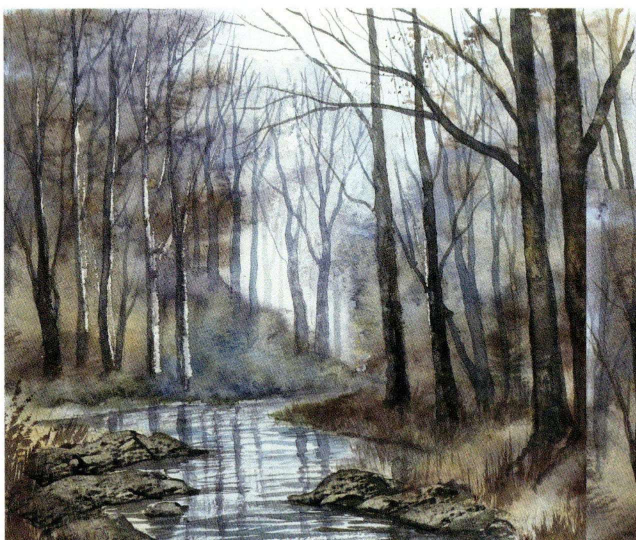

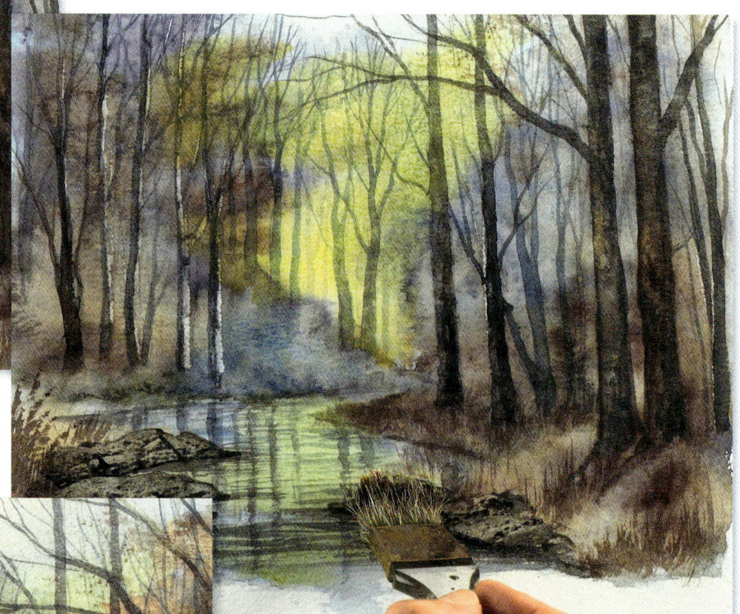

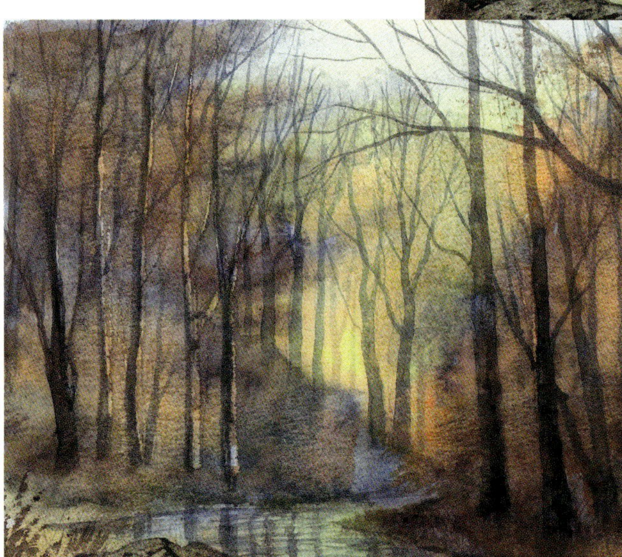

1 Feuchten Sie das ganze Bild mit klarem Wasser an. Dann tragen Sie mit einem breiten Flachpinsel verdünntes Kadmiumgelb im Himmel und – als Spiegelung – auf dem Wasser auf.

2 Nun werden nass in nass Lasuren in Permanentrosa und Kadmiumgelb hinzugefügt.

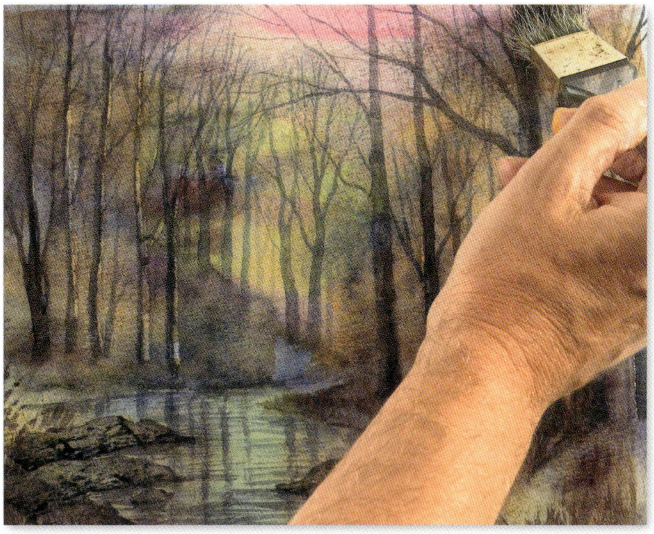

3 Im oberen Himmel und auf dem Wasser wird verdünntes Permanentrosa ergänzt.

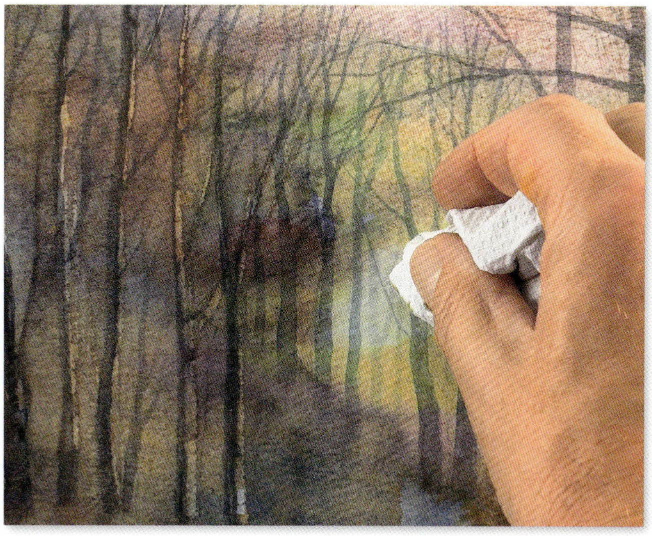

4 Zuletzt nehmen Sie für den hellen Fleck am Himmel mit Küchenpapier Farbe vom Papier ab.

Das überlasierte Bild.

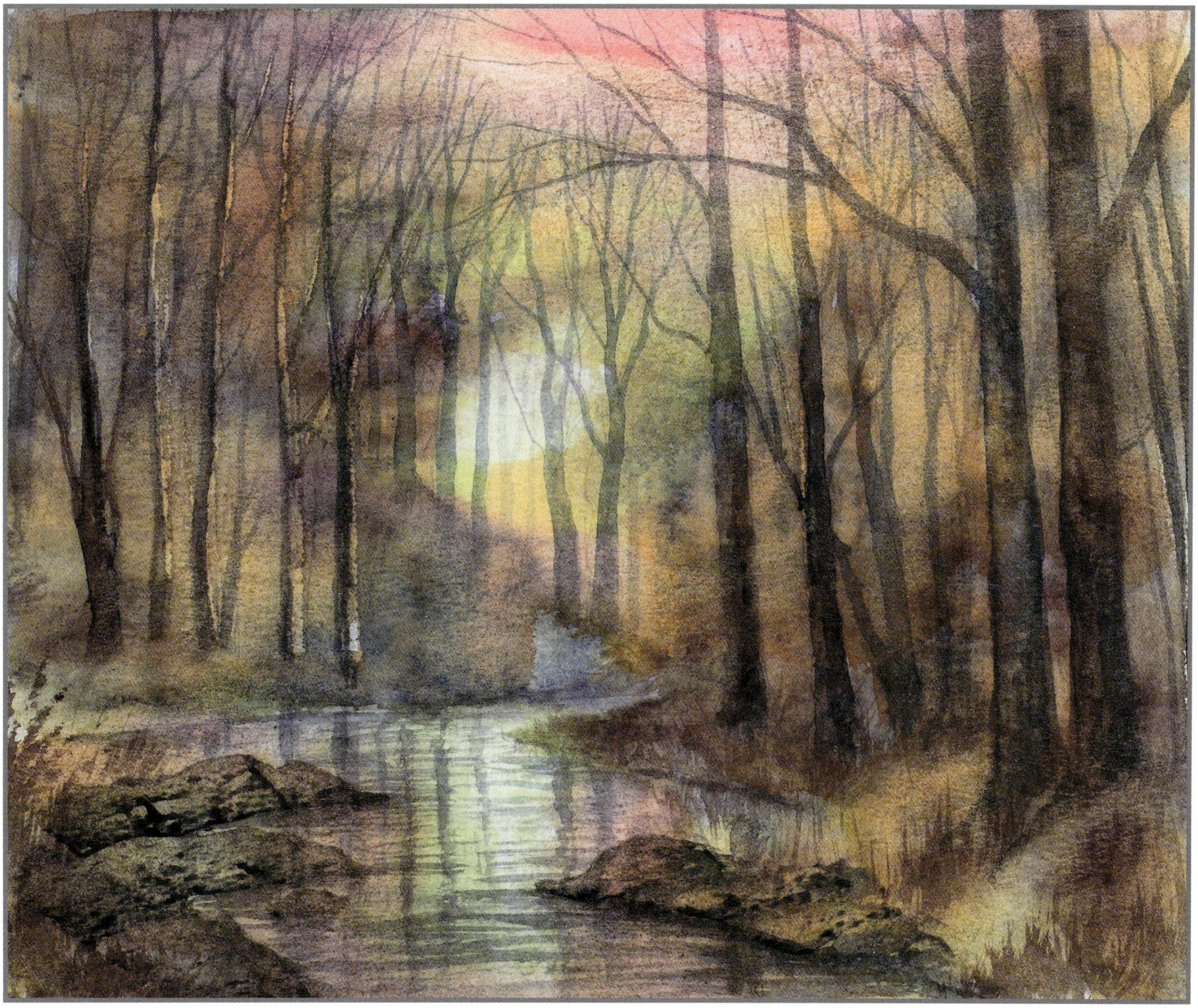

Abdecken

Abdeckungen sorgen dafür, dass bestimmte Bereiche keine Farbe annehmen, sodass man sie problemlos übermalen kann. Maskierflüssigkeit darf niemals auf feuchtes Papier aufgetragen werden, denn wenn sie in das Papier eindringt und trocknet, lässt sie sich nicht mehr entfernen. Maskierflüssigkeit sollte nicht länger als zwei bis drei Tage auf dem Papier bleiben, und sie darf keinesfalls mit dem Föhn getrocknet werden. Sonst kann es beim Versuch, sie zu entfernen, zu Schäden an der Papieroberfläche kommen.

43 PINSEL SCHÜTZEN

Maskierflüssigkeit kann gute Pinsel ruinieren. Um das zu vermeiden, streicht man mit dem feuchten Pinsel über ein Stück Seife, ehe man ihn in die Maskierflüssigkeit taucht. Dann lässt sich das Abdeckmittel nach der Arbeit leichter auswaschen. Lassen Sie Maskierflüssigkeit niemals in Pinseln antrocknen, sonst verkleben die Haare oder Borsten und der Pinsel ist unbrauchbar.

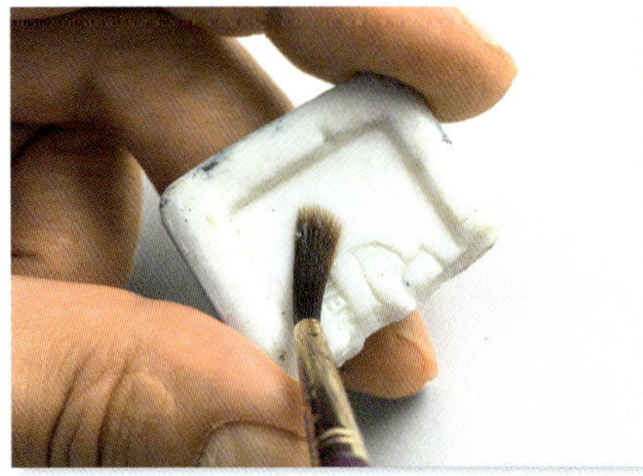

44 MASKIERFLÜSSIGKEIT MIT EINEM PINSEL AUFTRAGEN

1 Tragen Sie Maskierflüssigkeit dort auf, wo das Papier weiß bleiben soll.

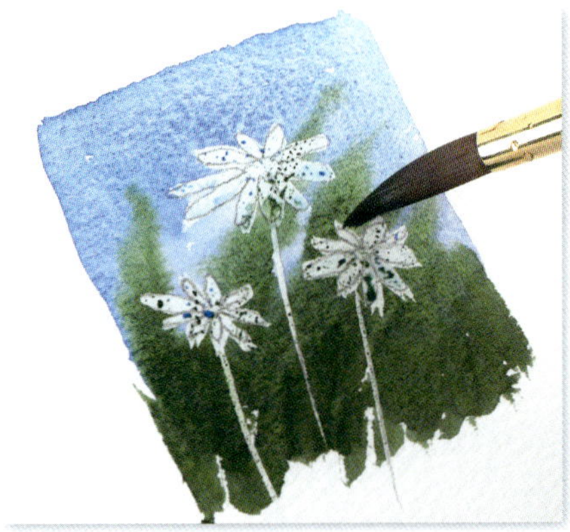

2 Lassen Sie sie an der Luft trocknen, dann kann sie übermalt werden.

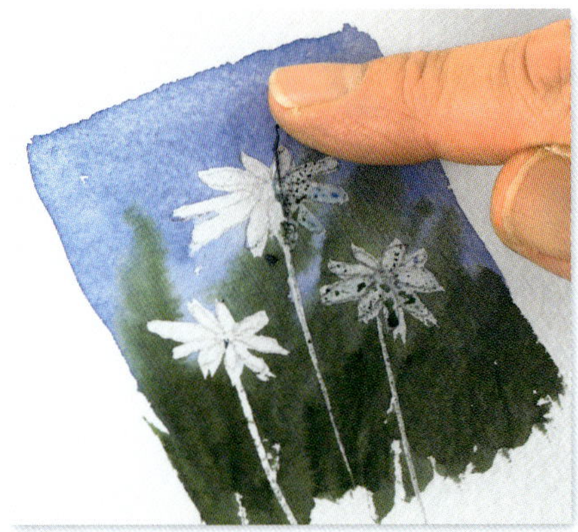

3 Wenn die Farben durchgetrocknet sind, rubbeln Sie die Maskierflüssigkeit mit sauberen Fingern ab.

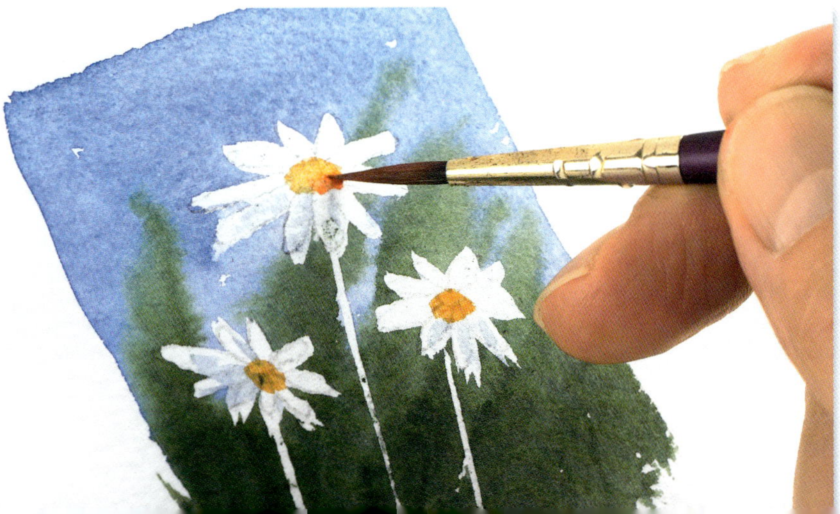

4 Nun können die weißen Bereiche mit anderen Farben bemalt werden. Diese Margeriten haben blasse Schatten in Französisch Ultramarin und Blütenzentren in Kadmiumgelb bekommen.

45 VERSCHNEITE ÄSTE

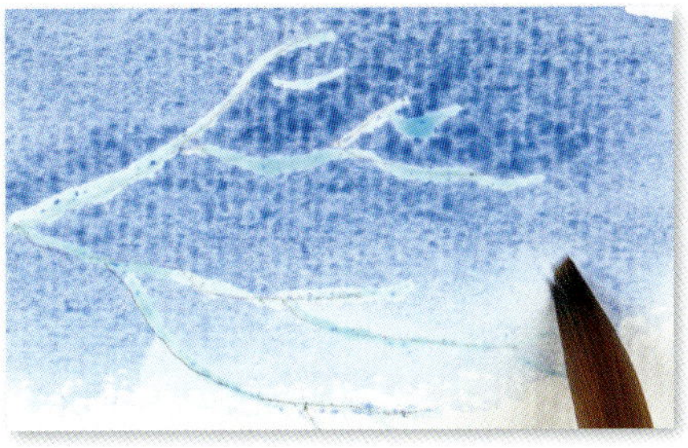

1 Mit einem Pinsel wird Maskierflüssigkeit auf den Ast aufgetragen. Nach dem Trocknen übermalen Sie sie mit dem dicken Rundpinsel und verdünntem Französisch Ultramarin.

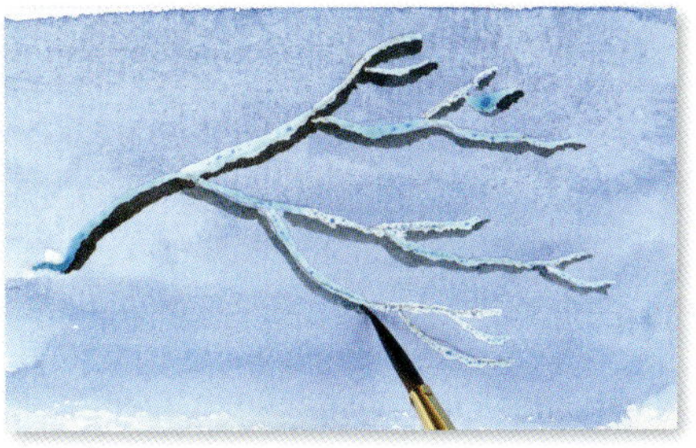

2 Tragen Sie eine Mischung aus Französisch Ultramarin und Umbra gebrannt mit dem dünnen Rundpinsel an den Unterseiten der Äste auf. Auf ihren Oberseiten liegt Schnee. Lassen Sie alles trocknen und entfernen die Maskierflüssigkeit.

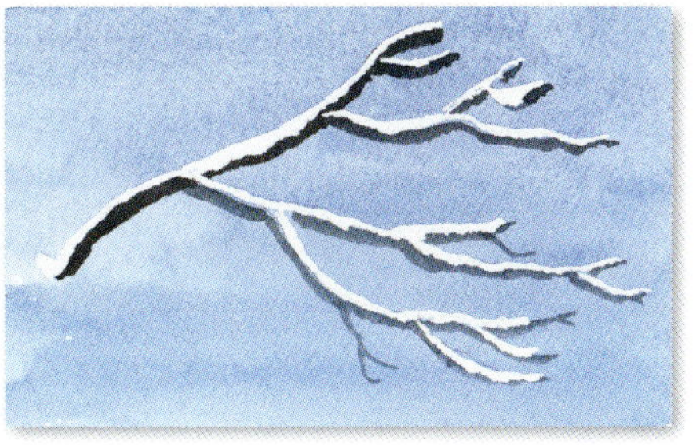

Der fertige Ast.

46 MASKIERFLÜSSIGKEIT MIT EINER AUSZIEHFEDER AUFTRAGEN

Der Spalt in der Feder darf nicht zu groß sein, sonst fließt die Maskierflüssigkeit nicht gleichmäßig, sondern kann tropfen.

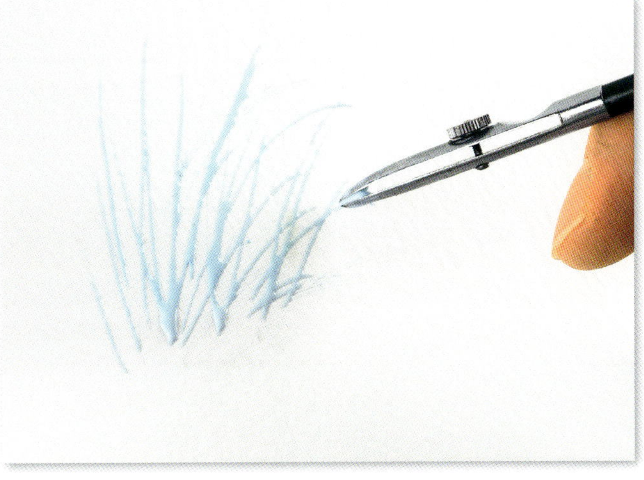

1 Nun wird die Feder in die Maskierflüssigkeit getaucht. Nehmen Sie aber nicht zu viel davon auf, sonst drohen Kleckse. Zeichnen Sie damit die Gräser.

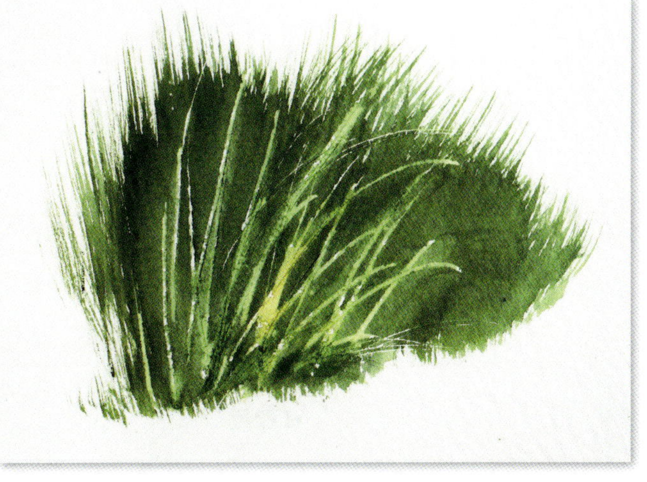

2 Wenn die Maskierflüssigkeit trocken ist, malen Sie die Gräser mit dunklerem Grün. Lassen Sie alles trocknen und reiben dann die Maskierflüssigkeit ab. Jetzt können die weißen Striche mit hellerem Grün und etwas Gelb übermalt werden.

47 MASKIERFLÜSSIGKEIT MIT EINER KARTE AUFTRAGEN

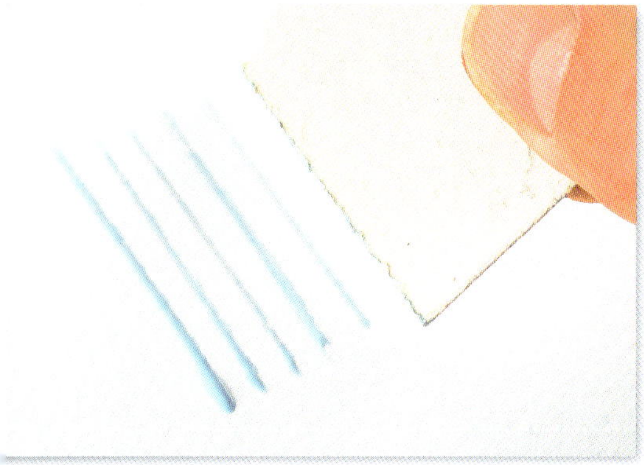

1 Geben Sie Maskierflüssigkeit auf eine Untertasse und tauchen die Kante einer Plastikkarte ein. Drücken Sie die Kante auf das Papier, z. B. für Zaunlatten.

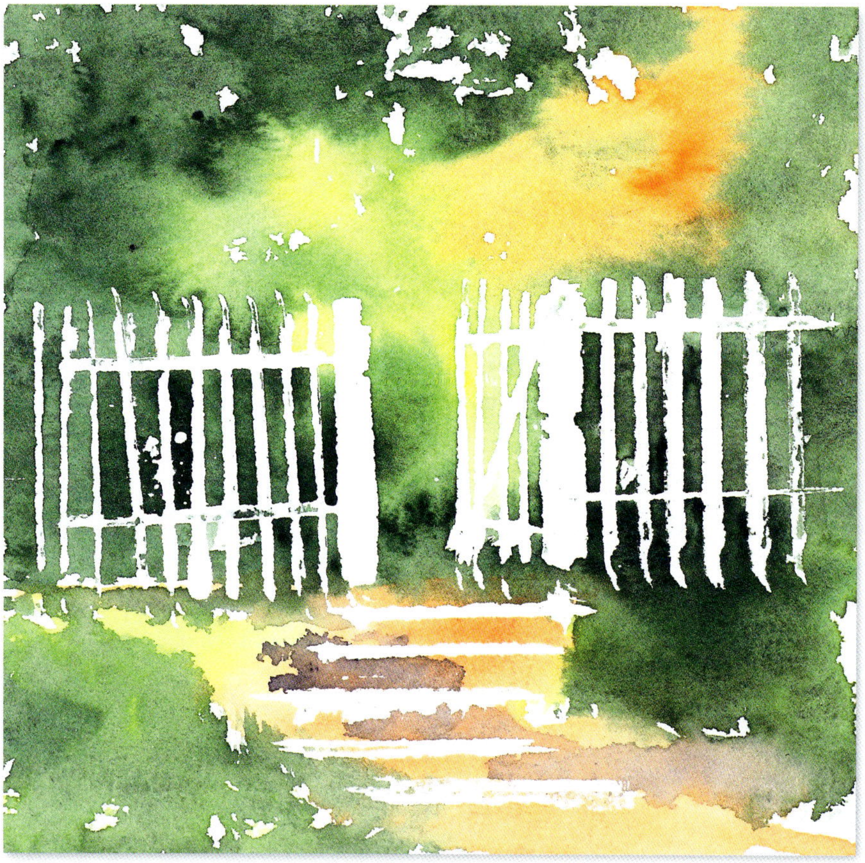

2 Lassen Sie die Maskierflüssigkeit trocknen und fahren dann mit dem Bild fort. Nach dem Trocknen wird die Maskierflüssigkeit entfernt. Die weißen Bereiche können nun farbig ausgemalt werden.

48 MASKIERFLÜSSIGKEIT SPRENKELN

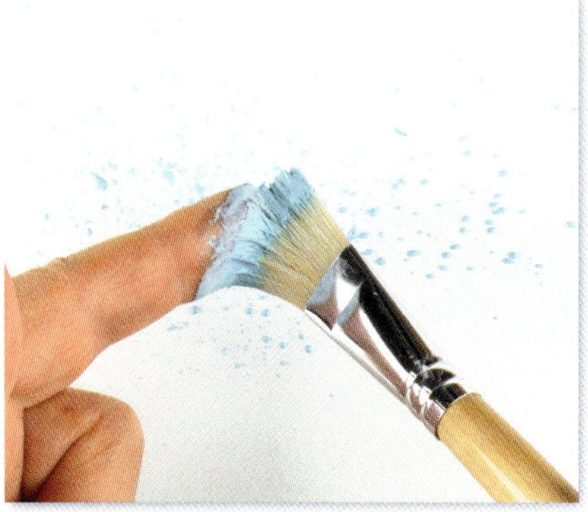

1 Verwenden Sie hierfür einen alten oder billigen Pinsel. Geben Sie Maskierflüssigkeit auf eine Untertasse und tauchen den Pinsel ein. Streichen Sie mit den Fingern über die Borsten, sodass das Maskiermittel auf das Papier spritzt.

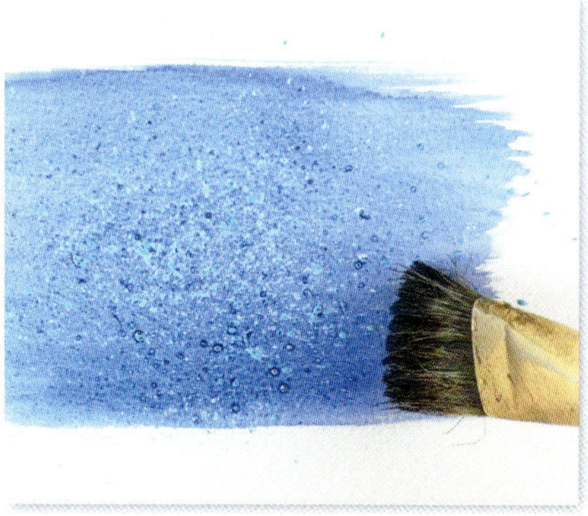

2 Lassen Sie nun die Maskierflüssigkeit trocknen. Dann können Sie sie übermalen.

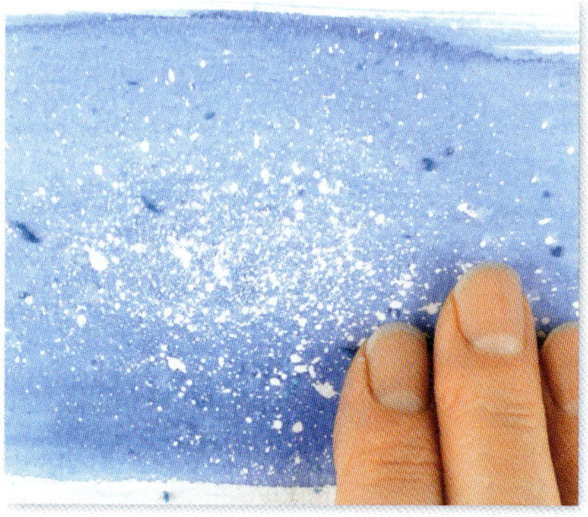

3 Wenn die Farbe getrocknet ist, wird die Maskierflüssigkeit entfernt. Es kommen helle Sprenkel zum Vorschein.

49 MASKIERFLÜSSIGKEIT MIT EINEM COLOUR SHAPER AUFTRAGEN

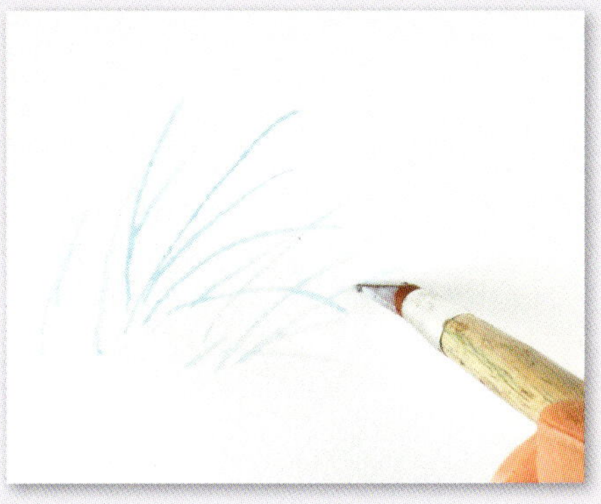

1 Mit dem breiteren Ende des Colour Shapers werden die Gräser und Stiele mit Maskierflüssigkeit auf das Papier gemalt.

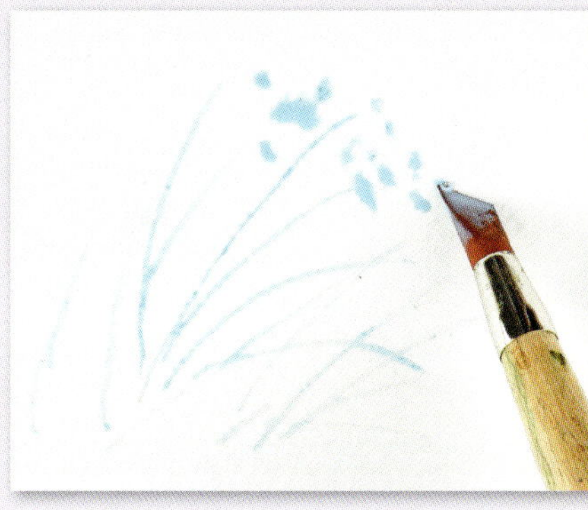

2 Die Blüten werden ebenfalls mit dem breiten Ende des Colour Shapers aufgetupft.

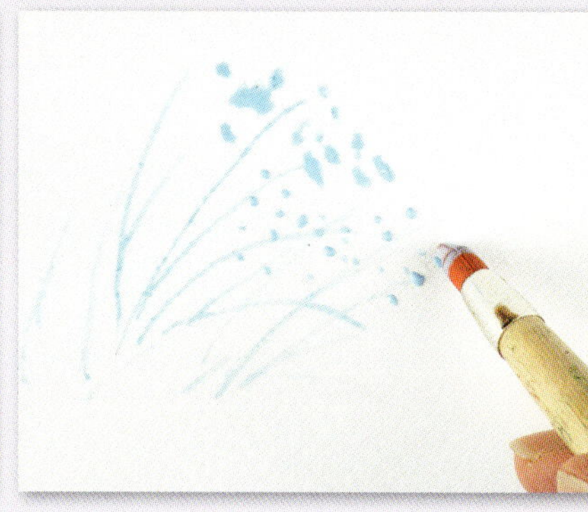

3 Für die kleineren Blüten verwenden Sie das schmale Ende des Colour Shapers. Lassen Sie die Maskierflüssigkeit trocknen.

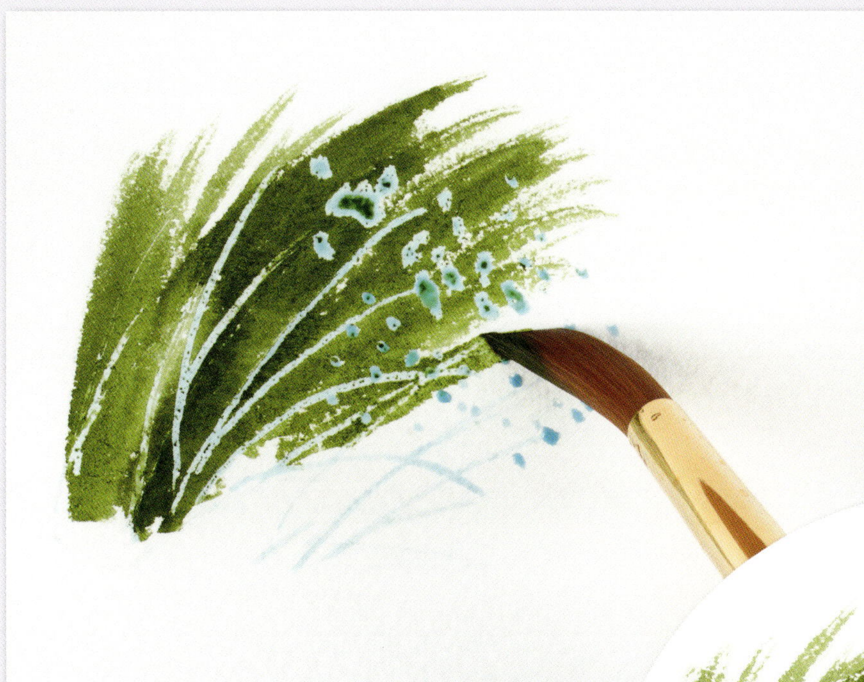

4 Die getrocknete Maskierflüssigkeit wird nun mit einem dicken Rundpinsel und Olivgrün gelblich übermalt. Dann lassen Sie den Auftrag trocknen.

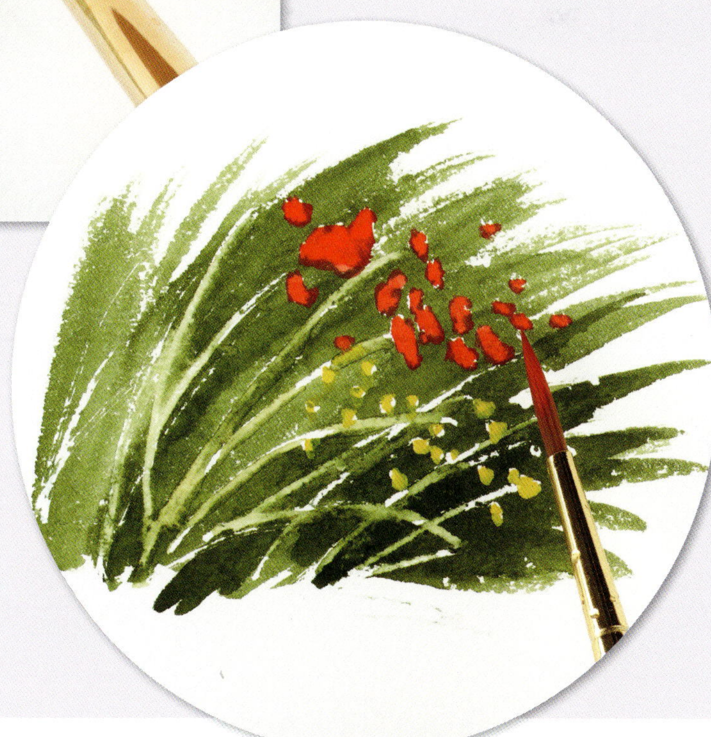

5 Reiben Sie nun die Maskierflüssigkeit mit sauberen Fingern ab. Dann können Sie die Gräser und Stiele mit dem dünnen Rundpinsel und Maigrün ausmalen. Die Blüten entstehen mit Kadmiumrot und Kadmiumgelb.

50 MASKIERFLÜSSIGKEIT MIT EINEM SCHWAMM AUFTRAGEN

Synthetikschwämme sind preiswert, aber oft zu feinporig. Schönere Texturen gelingen mit einem kleinen Naturschwamm.

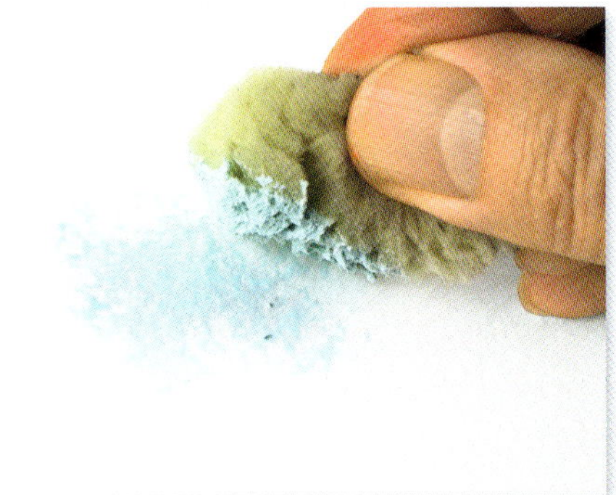

1 Geben Sie etwas Maskierflüssigkeit auf eine Untertasse. Feuchten Sie einen Schwamm an und drücken ihn sehr gut aus. Dann tunken Sie ihn in die Maskierflüssigkeit und betupfen damit das Papier.

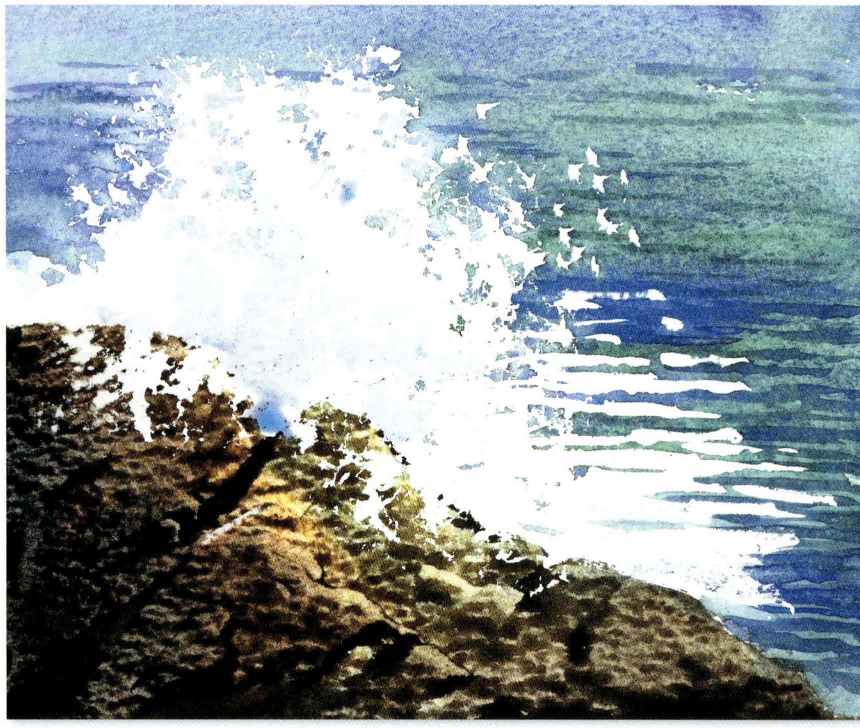

2 Lassen Sie alles trocknen und malen dann Meer und Felsen. Nach dem Trocknen der Farbe rubbeln Sie die Maskierflüssigkeit ab. Die weiße Gischt kann nun mit etwas verdünntem Kobaltblau schattiert werden.

51 FELDRÄNDER ABDECKEN MIT PAPIER

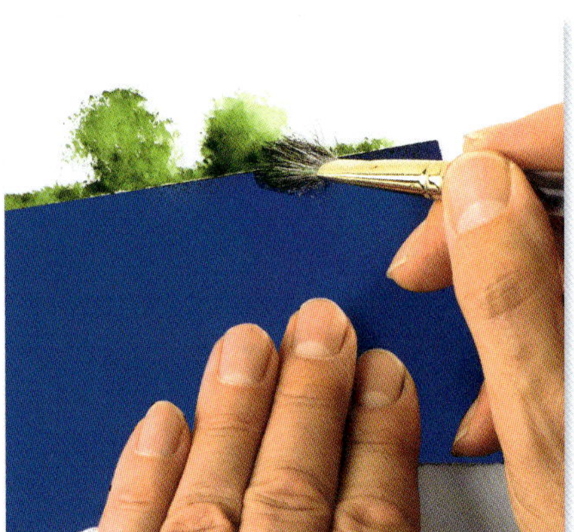

1 Legen Sie ein Stück glänzendes, beschichtetes Papier (z. B. von einer Zeitschrift) auf das Bild und halten es gut fest. Entlang der geraden Kante tupfen Sie Sträucher und Bäume auf.

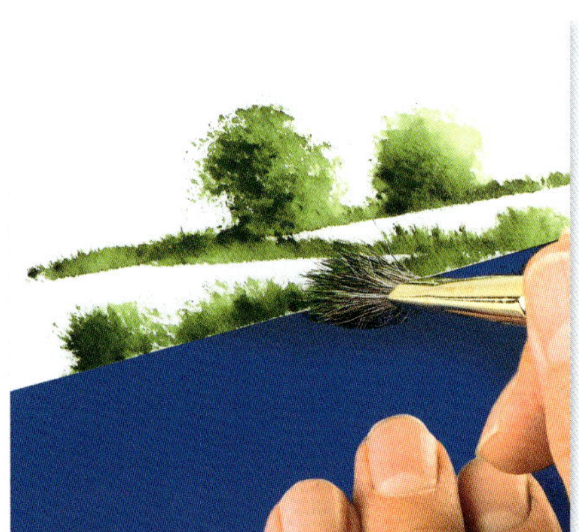

2 Verschieben Sie das Abdeckpapier vorsichtig und verändern seinen Winkel. Dann tupfen Sie den Bewuchs am nächsten Feldrand ebenso. Beim Wiederholen werden die Sträucher zum Vordergrund hin etwas größer.

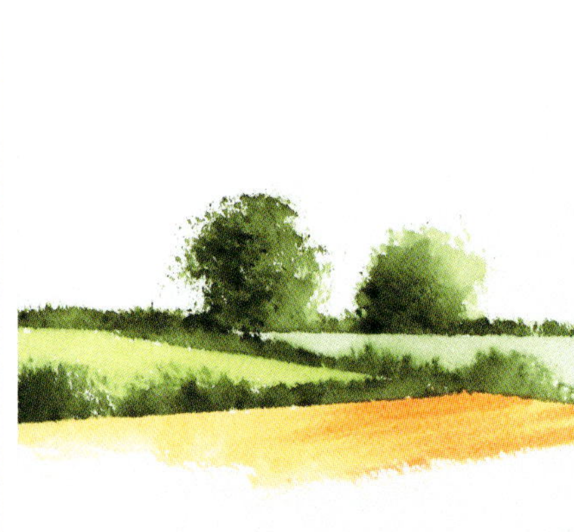

3 Füllen Sie die Flächen der Felder mit verschiedenen Farben aus. Zum Vordergrund hin sollten die Farbtöne allmählich wärmer werden, um die räumliche Wirkung zu verstärken.

52 MASKIERFLÜSSIGKEIT MIT KÜCHENPAPIER AUFTRAGEN

Für die verschneiten Bäume wird hier die Maskierflüssigkeit mit einem Stück zerknüllten Küchenpapier aufgetragen.

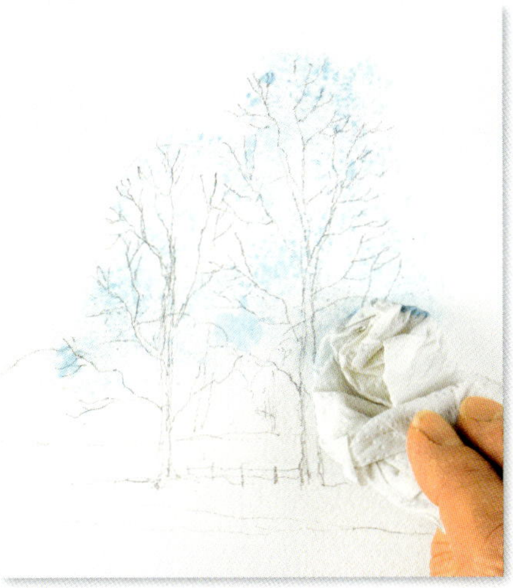

1 Zeichnen Sie das Motiv vor. Tauchen Sie ein zerknülltes Stück Küchenpapier in Maskierflüssigkeit und betupfen die Baumkronen mit leichter Hand.

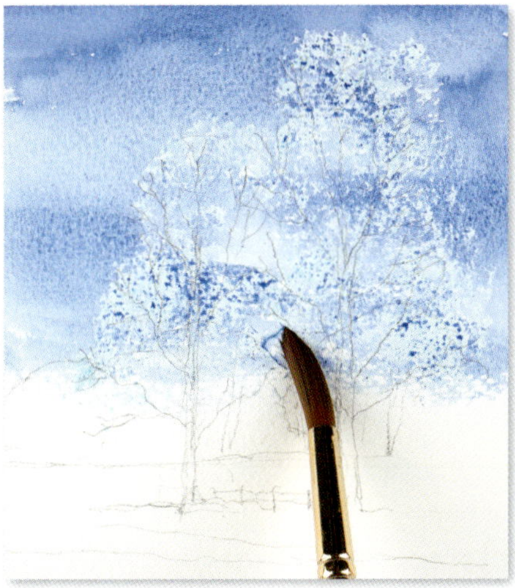

2 Nach dem Trocknen malen Sie mit einem dicken Rundpinsel den Himmel mit Französisch Ultramarin. Dabei übermalen Sie die Maskierflüssigkeit.

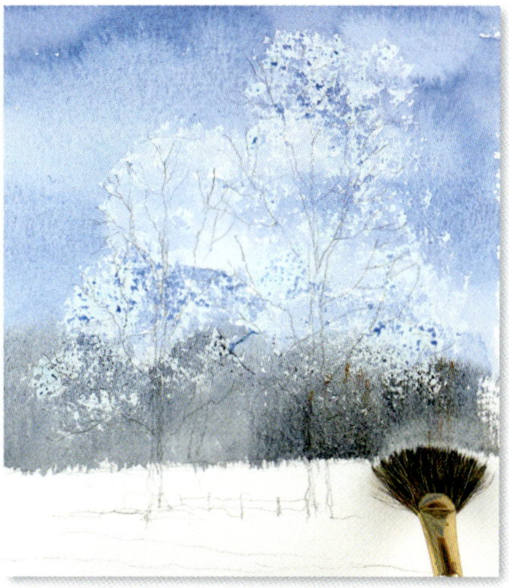

3 Solange der Himmel noch nass ist, tragen Sie mit einem dicken Fächerpinsel im unteren Bereich eine graue Mischung aus Französisch Ultramarin und Umbra gebrannt auf.

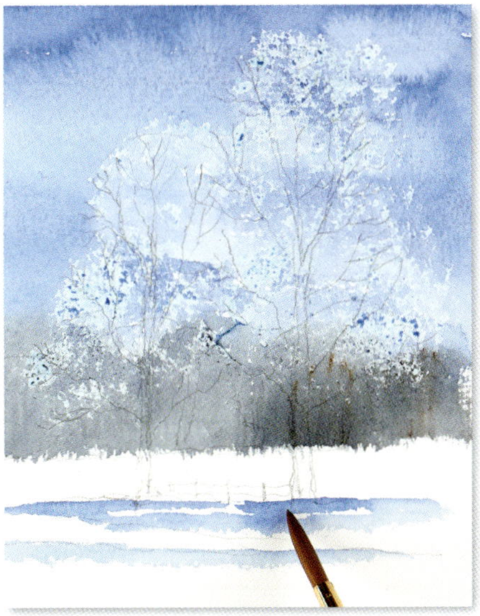

4 Nun werden die Schatten auf dem Schnee im Vordergrund mit einem dicken Rundpinsel und Französisch Ultramarin angedeutet. Lassen Sie den Farbauftrag trocknen.

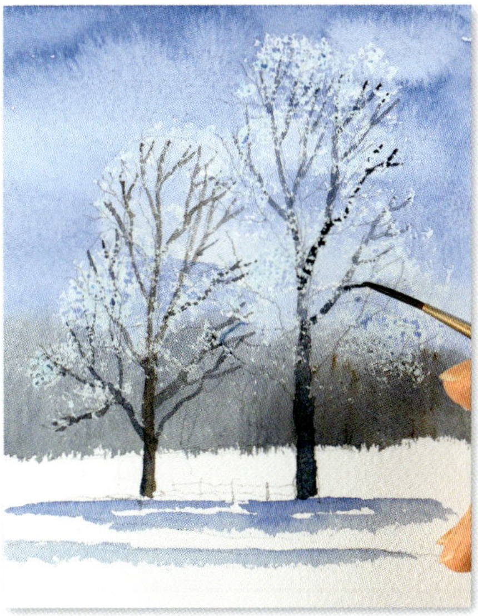

5 Stämme und Äste entstehen mit einem Linierpinsel und einer dunklen Mischung aus Umbra gebrannt und Französisch Ultramarin. Nach dem Trocknen wird die Maskierflüssigkeit entfernt.

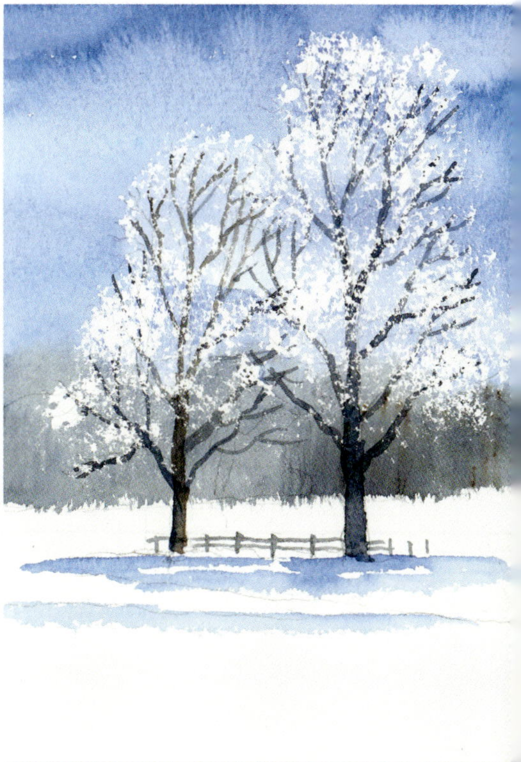

Das fertige Bild.

Farbe abnehmen

Weil Aquarellfarben wasserlöslich sind, kann man sie auf dem Papier wieder anfeuchten und mit verschiedenen Hilfsmitteln entfernen, beispielsweise mit einem Schwamm, einem feuchten Pinsel oder Küchenpapier. Einige Farben dringen aber tief in die Papierfasern ein und lassen sich schlechter entfernen als andere. Probieren Sie die Technik immer erst auf einem separaten Stück Papier aus.

53 MIT PINSEL UND PAPIER-ABDECKUNG

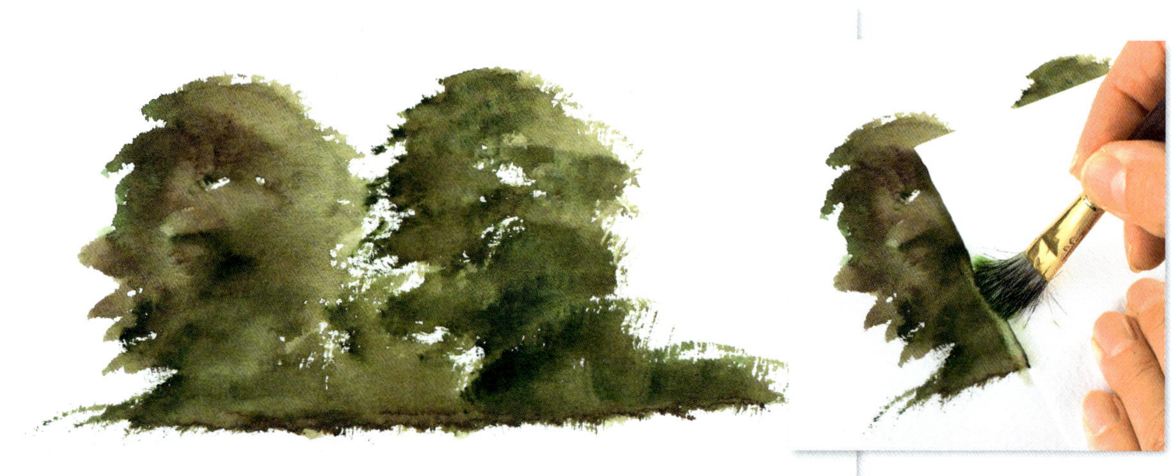

1 Malen Sie die Baumformen bis zum Boden und lassen sie trocknen. Feuchten Sie einen steifen Borstenpinsel an und tupfen ihn auf Küchenpapier ab. Streichen Sie nun an einem Papierstreifen entlang, um die Baumstämme aufzuhellen.

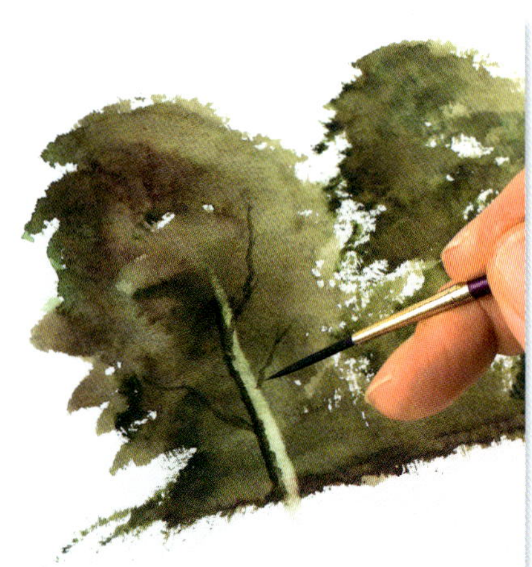

2 Tragen Sie auf der Schattenseite des Stamms und der dickeren Äste mit einem dünnen Pinsel oder Linierpinsel Paynesgrau auf.

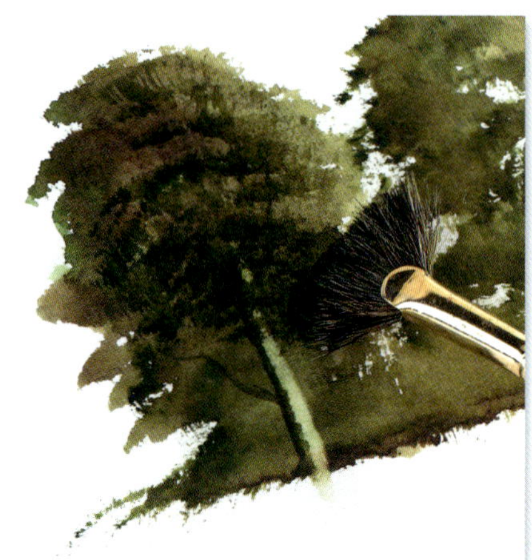

3 Die Textur des Laubs wird mit einem Fächerpinsel und dunklerem Grün angedeutet.

54 MIT EINEM FEUCHTEN PINSEL

Nach dem Trocknen feuchten Sie einen Flachpinsel an und tupfen ihn auf Küchenpapier ab. Mit der geraden Kante des Pinsels werden Stamm und Äste nachgezogen, um dort Farbe zu entfernen. So werden sie heller als der Hintergrund. Danach können die Schattenseiten abgedunkelt werden.

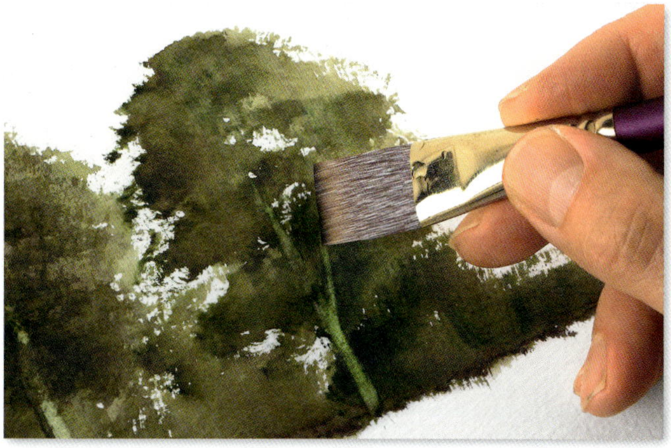

55 MIT KÜCHENPAPIER

Manchmal wird ein Bildelement zu dunkel gemalt. Dadurch kann beispielsweise ein Baum zu dominant wirken oder zu weit in den Vordergrund treten. Um diesen Fehler zu beheben, lassen Sie den Stamm trocknen, feuchten ihn mit klarem Wasser an und tupfen die gelöste Farbe mit Küchenpapier ab, um sie aufzuhellen.

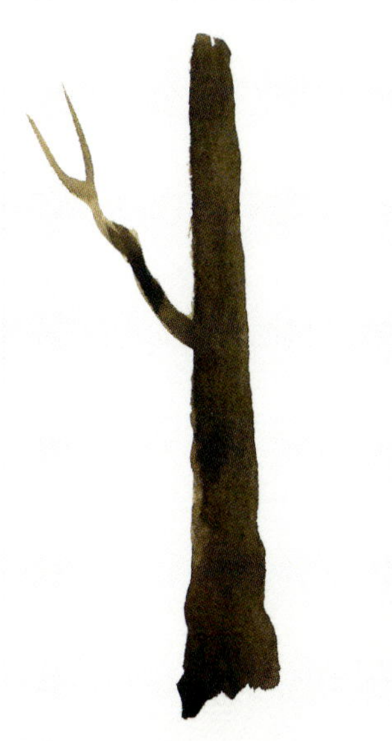

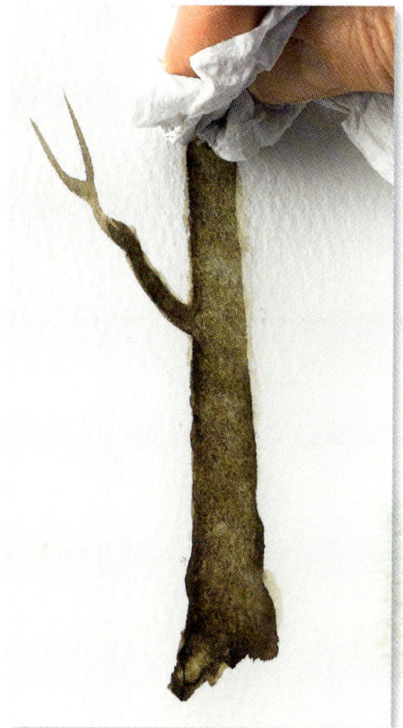

56 MIT EINEM SCHMUTZRADIERGUMMI

Vor einigen Jahren habe ich während eines Aufenthalts in den USA ein großartiges Mittel zum Entfernen unerwünschter Aquarellfarbe kennengelernt: Einen Schmutzradiergummi, wie man ihn in jedem Drogeriemarkt im Putzmittelregal findet. Genau genommen handelt es sich um sehr feinporige Kunststoffschwämme. Feuchtet man sie leicht an und streicht damit über das Papier, wird die Aquarellfarbe wie von Zauberhand entfernt. Wenn das Papier trocken ist, kann es wieder bemalt werden.
Besonders gut eignet sich so ein Radierer, um weiche Bildränder zu gestalten (siehe rechts). Fahren Sie die Bildränder zuerst mit dem Schmutzradierer nach und tupfen dann die Farbe mit Küchenpapier ab.

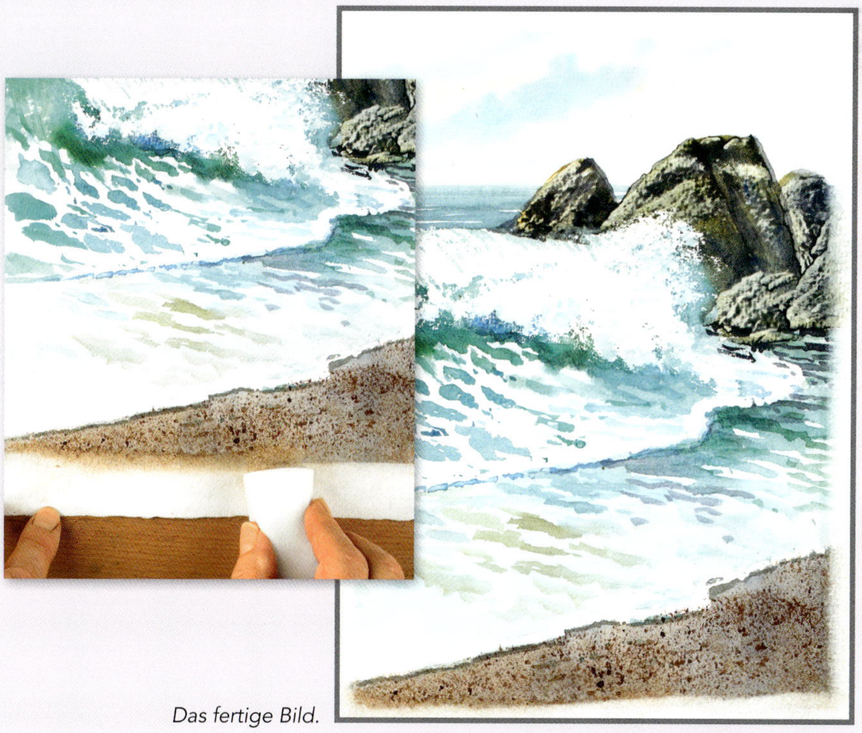

Das fertige Bild.

57 SONNE MIT DEM SCHMUTZRADIERGUMMI

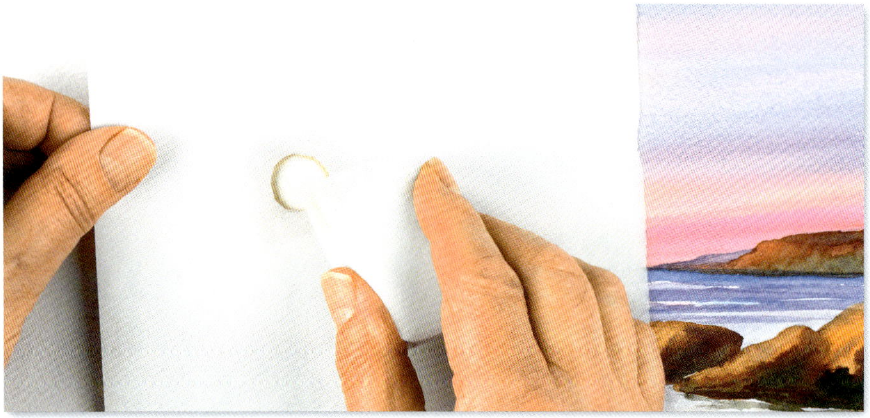

In eine Papier-Abdeckung wird ein kreisrundes Loch von der Größe der Sonne geschnitten. Feuchten Sie das Schmutzradiergummi an, legen die Abdeckung auf und radieren nur im Bereich des Lochs. Mit Küchenpapier kann weitere Farbe abgenommen werden.

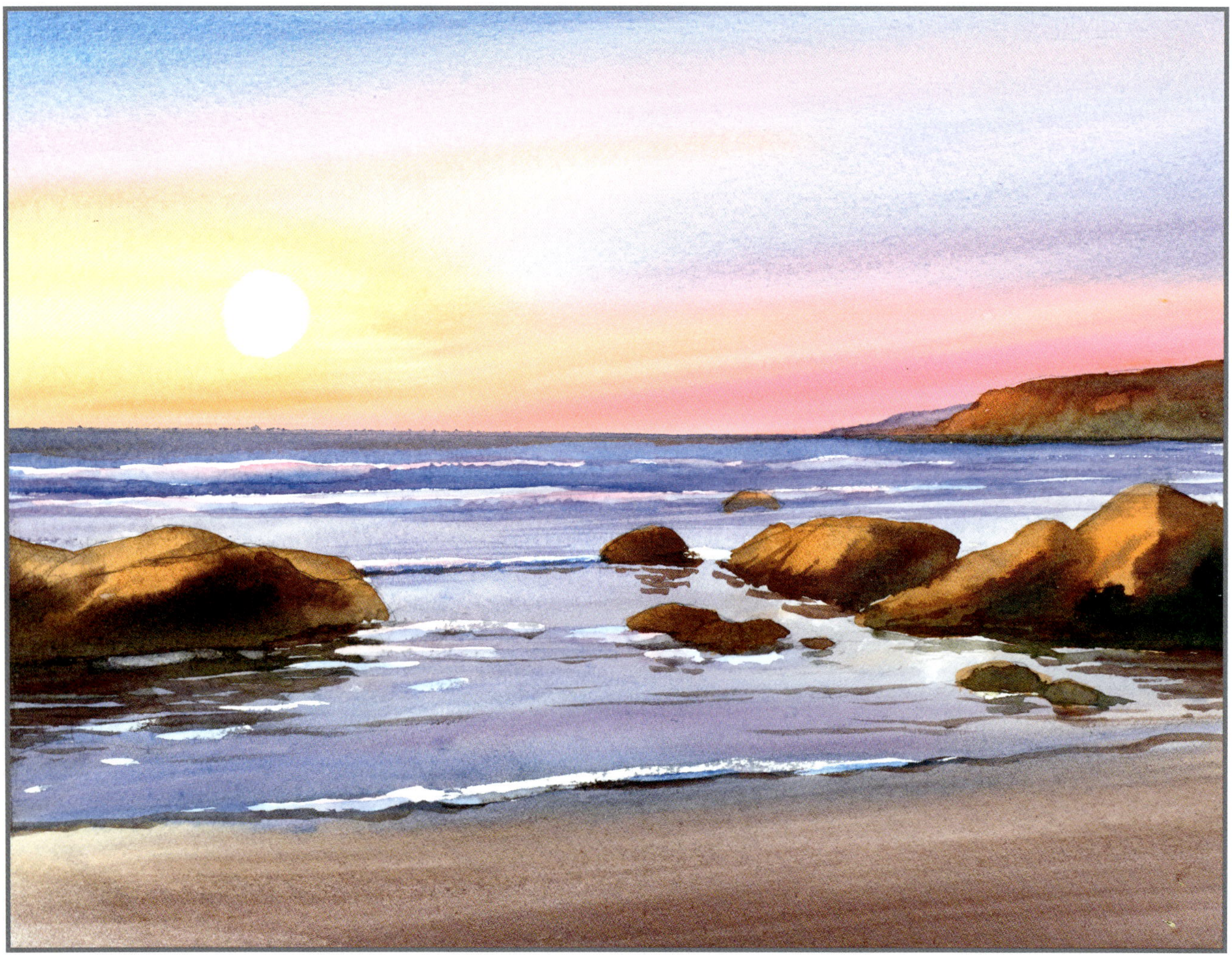

Das fertige Bild.

58 LICHTSTRAHLEN RADIEREN

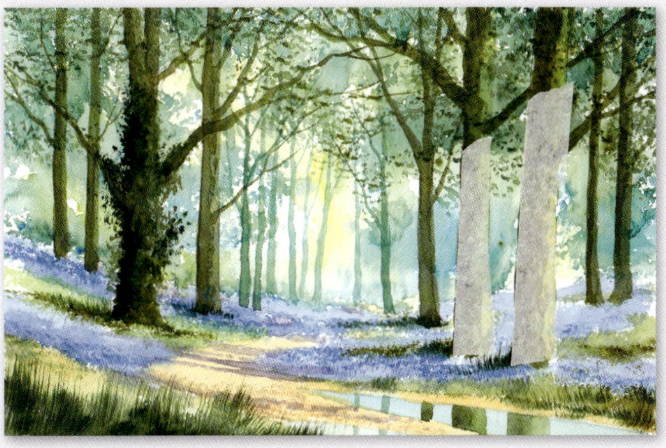

1 Zuerst decken Sie zwei Bäume im Vordergrund mit Maskierflüssigkeit ab. Es soll aussehen, als ob die Lichtstrahlen hinter ihnen auf den Boden fallen.

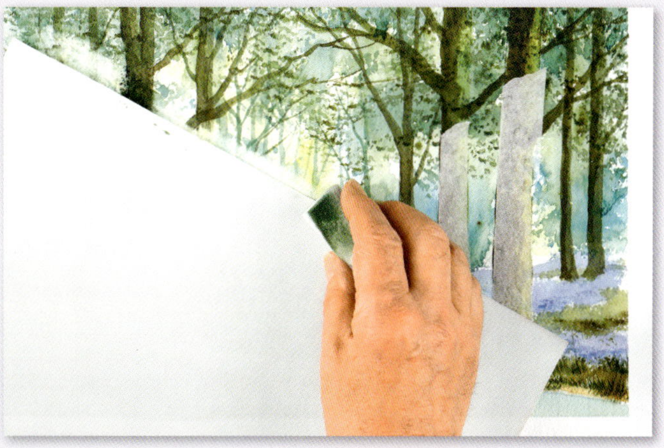

2 Legen Sie das Papier schräg auf Höhe des ersten Lichtstrahls auf das Bild. Mit dem Schmutzradierer streichen Sie an der Kante entlang und entfernen überschüssige Farbe mit Küchenpapier.

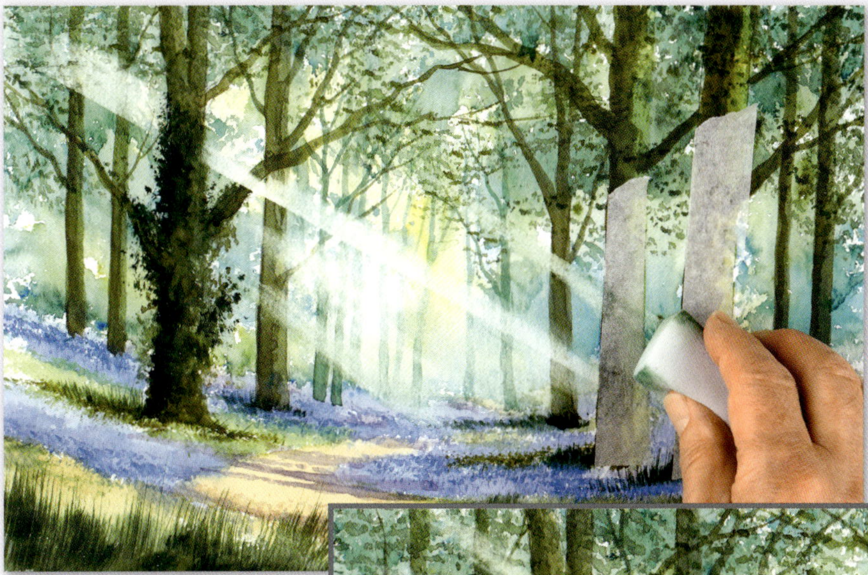

3 Weitere Lichtstrahlen werden auf dieselbe Weise frei Hand aufgehellt.

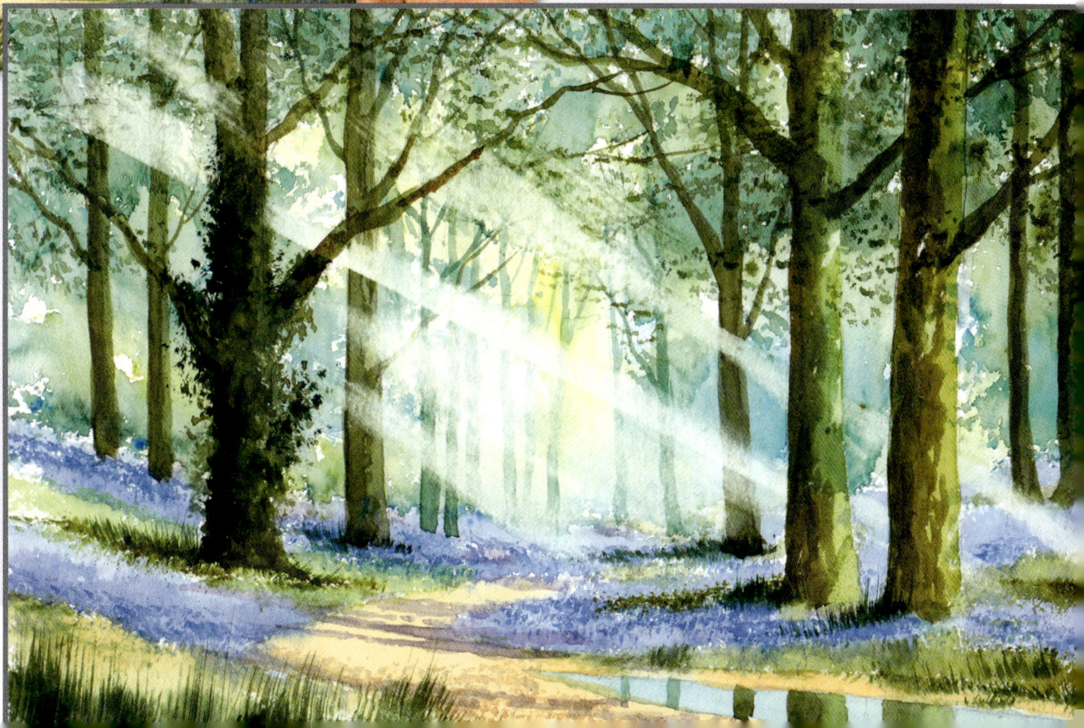

Das fertige Bild. Die Sonnenstrahlen, die in den Wald fallen, sehen sehr überzeugend aus.

Besondere Effekte

Für Spezialeffekte brauchen Sie in der Aquarellmalerei keine speziellen Utensilien. Salz, Frischhaltefolie, Kerzenwachs und andere Requisiten haben Sie sicher im Haus. Der Fachhandel bietet Materialien wie Strukturpasten und Aquarell-Grundierungen an, doch in vielen Fällen geht es auch ohne solche Produkte.

59 TEXTUREN GESTALTEN MIT SALZ

Mit Salz lassen sich in der Aquarellmalerei reizvolle Effekte gestalten, die sich vor allem für Landschaftsmotive sehr gut eignen.

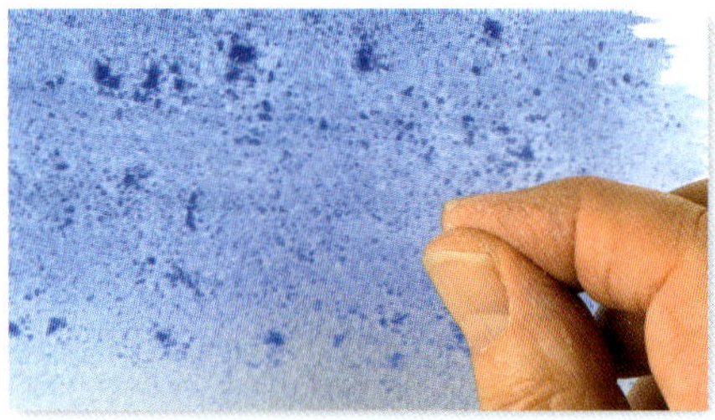

1 Die Farbe – hier eine Lasur in Französisch Ultramarin – darf für diese Technik nicht zu nass sein. In die feuchte Farbe wird Salz gestreut. Grobes Steinsalz eignet sich gut, aber auch normales Tafelsalz.

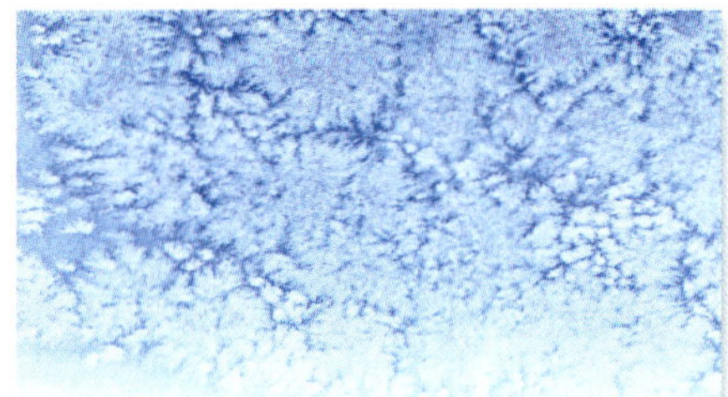

2 Das Salz bleibt auf dem Papier liegen, bis die Farbe ganz trocken ist. Dann kann es abgeschüttelt werden.

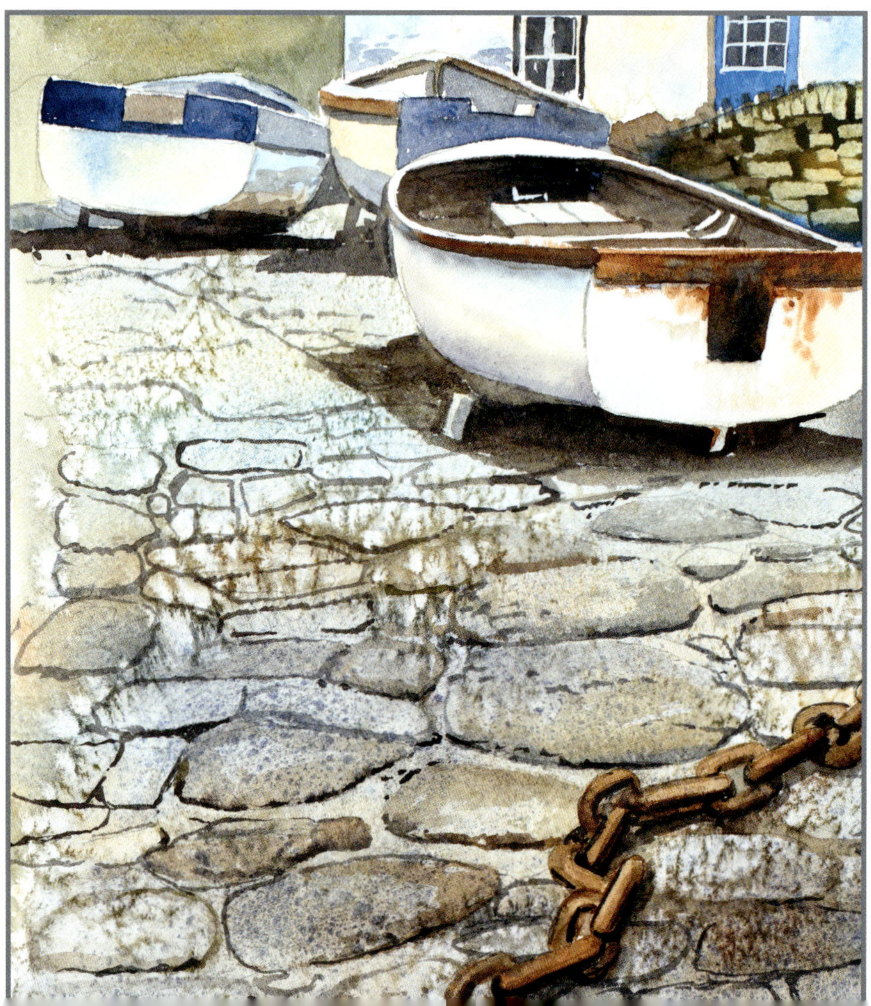

Die verwitterte Struktur der Steinplatten im Vordergrund wurde mit Salz gestaltet.

60 SPRENKELN MIT EINEM SCHMALEN FLACHPINSEL

Decken Sie Bildbereiche, die nicht gesprenkelt werden sollen, mit Papier ab (siehe unten). Verdünnen Sie Umbra gebrannt mit Wasser, tauchen den schmalen Flachpinsel ein und streichen mit dem Finger über die Borsten, sodass die Farbe auf das Papier spritzt. So entsteht ein überzeugender Kieselstrand (siehe rechts).

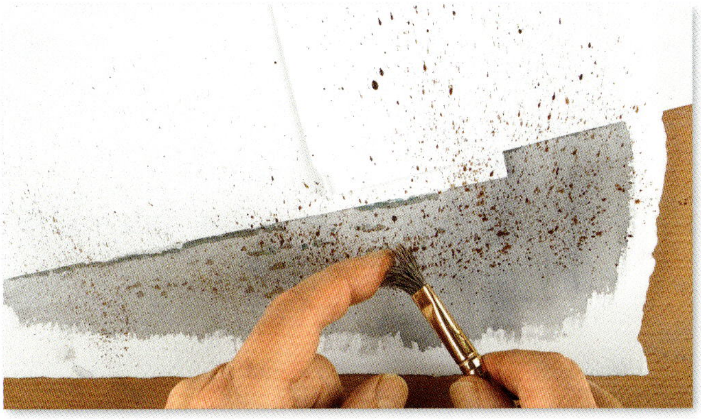

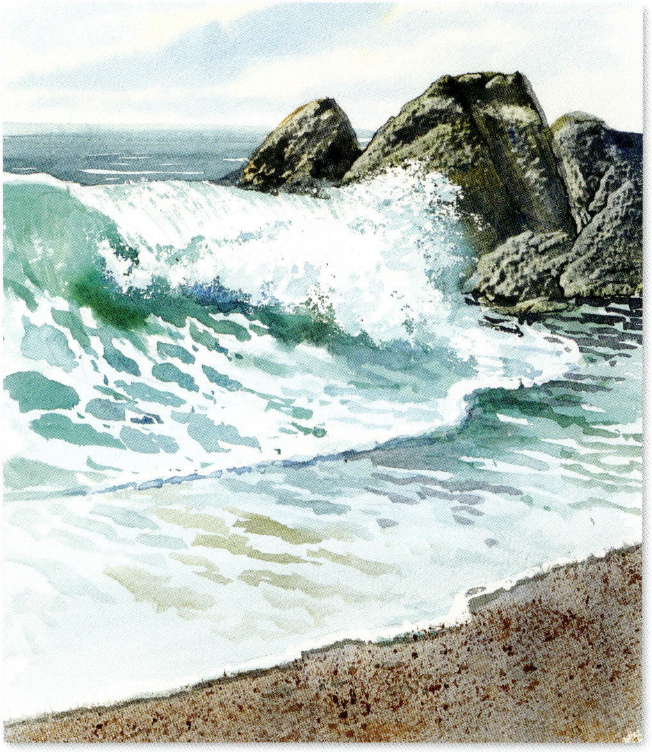

61 KERZENWACHS FÜR LICHTREFLEXE AUF WASSER

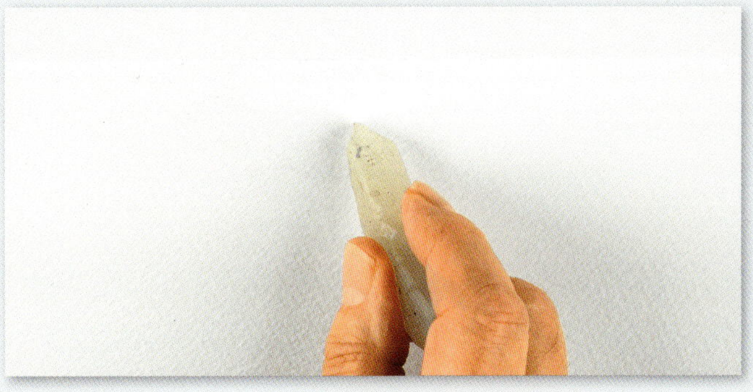

1 Streichen Sie mit einer Kerze über den Bereich für die Reflexe. Decken Sie andere Bereiche mit Papier ab.

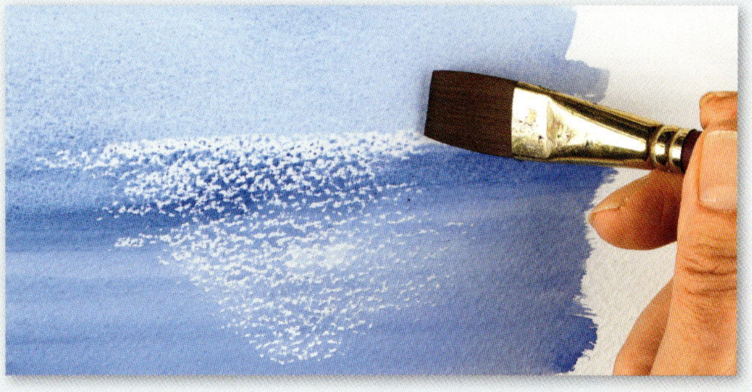

2 Tragen Sie mit dem 19-mm-Flachpinsel Französisch Ultramarin auf Wasser und Himmel auf.

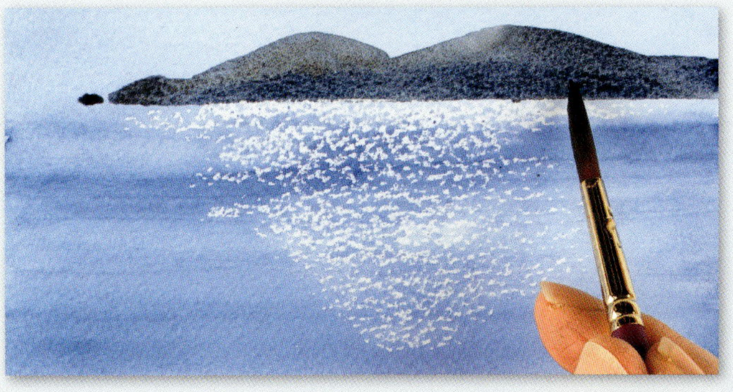

3 Nach dem Trocknen wird mit einer Mischung aus Französisch Ultramarin und Umbra gebrannt mit dem mittleren Rundpinsel die Hügelkette am Horizont gemalt.

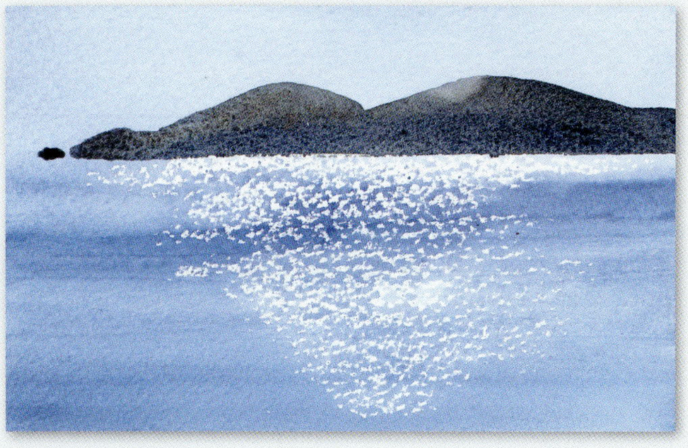

Das fertige Bild.

62 STRUKTURPASTE UND AQUARELL-GRUNDIERUNG

Strukturpaste wird normalerweise für die Acrylmalerei verwendet. Sie saugt Aquarellfarben auf und nimmt ihnen ihre Leuchtkraft. Das lässt sich aber vermeiden, indem man die getrocknete Paste zuerst mit einer speziellen Aquarell-Grundierung übermalt.

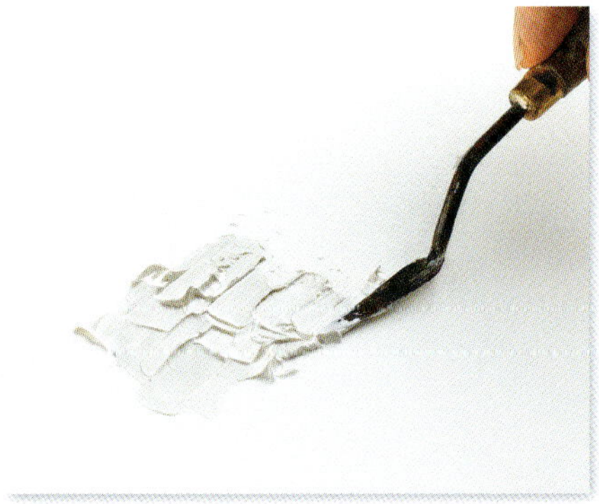

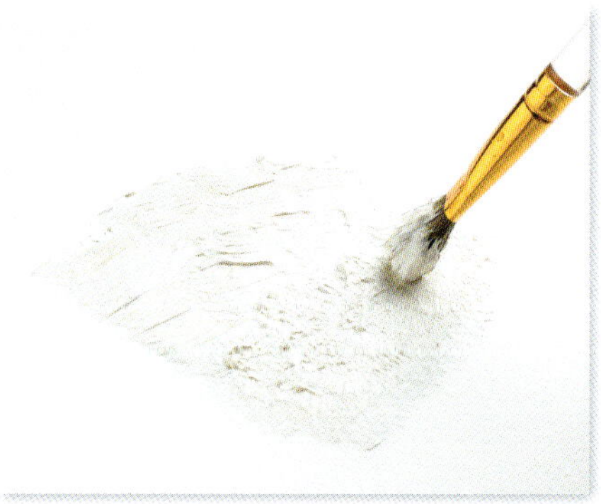

Strukturpaste kann mit einem Malmesser aufgetragen werden (ganz links).

Alternativ können Sie einen schmalen Flachpinsel mit steifen Borsten verwenden (links).

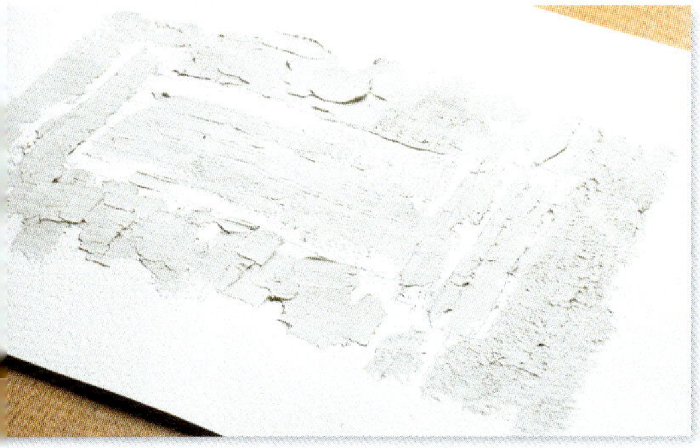

1 Tragen Sie für die Tür zuerst Acryl-Strukturpaste mit einem Pinsel auf und lassen sie vollständig trocknen.

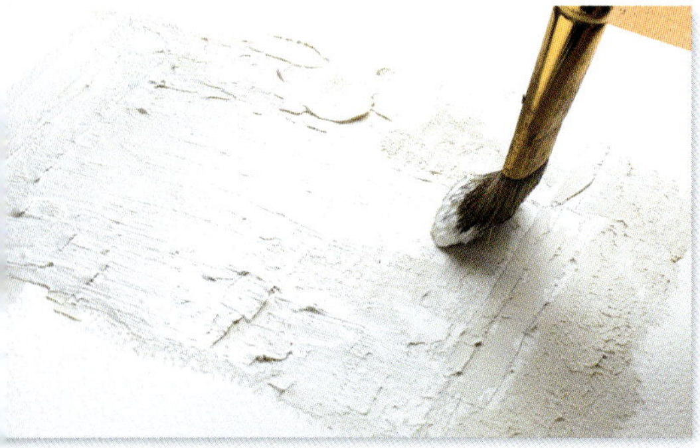

2 Mit einem dicken Pinsel tragen Sie Aquarell-Grundierung auf die Strukturpaste auf und lassen sie trocknen. Die Grundierung verhindert, dass die Aquarellfarbe in die Strukturpaste einzieht und ihre Leuchtkraft verliert.

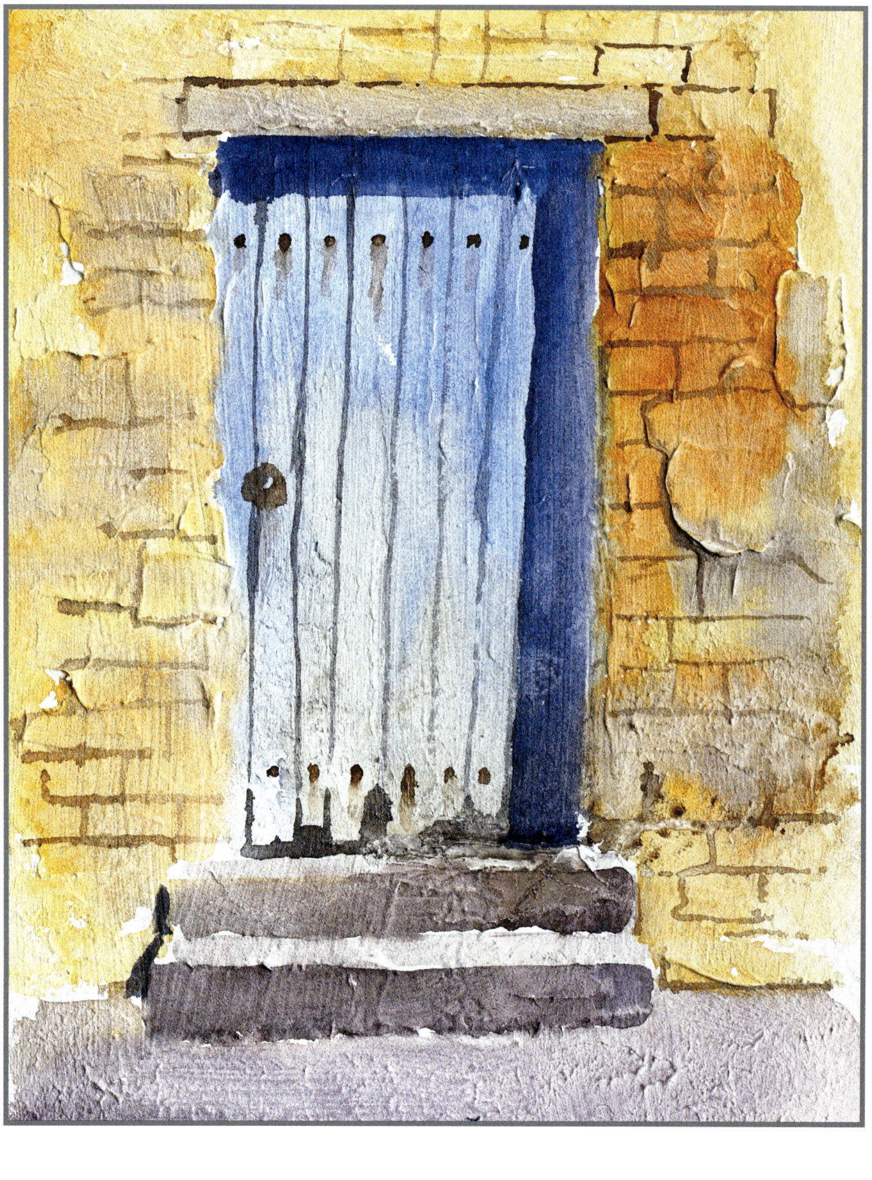

Die fertige Tür. Die Schritt-für-Schritt-Anleitung ist auf Seite 118–119 zu finden.

63 MUSTER UND STRUKTUREN MIT FRISCHHALTEFOLIE

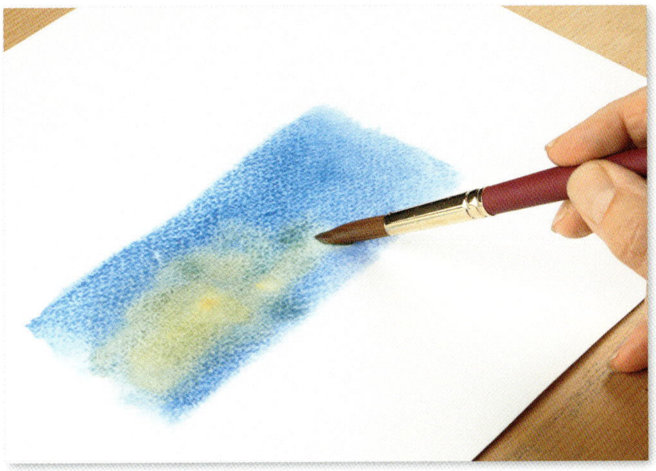

1 Das Papier wird angefeuchtet und mit einem dicken Rundpinsel kobaltblaue Farbe aufgetragen. Darin lassen Sie nass in nass Siena natur verlaufen.

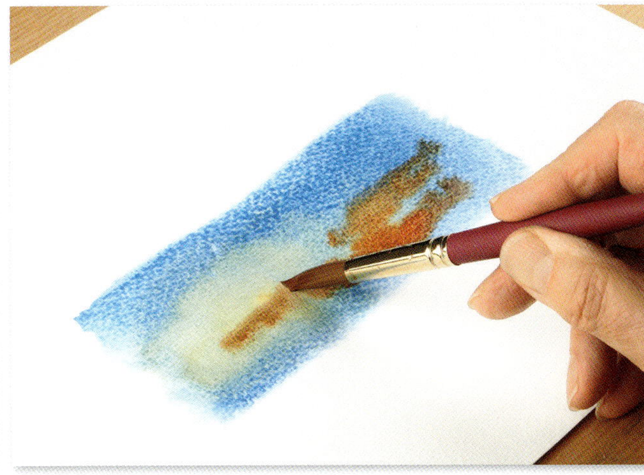

2 Solange der Hintergrund noch nass ist, wird Siena gebrannt auf die Fläche gemalt.

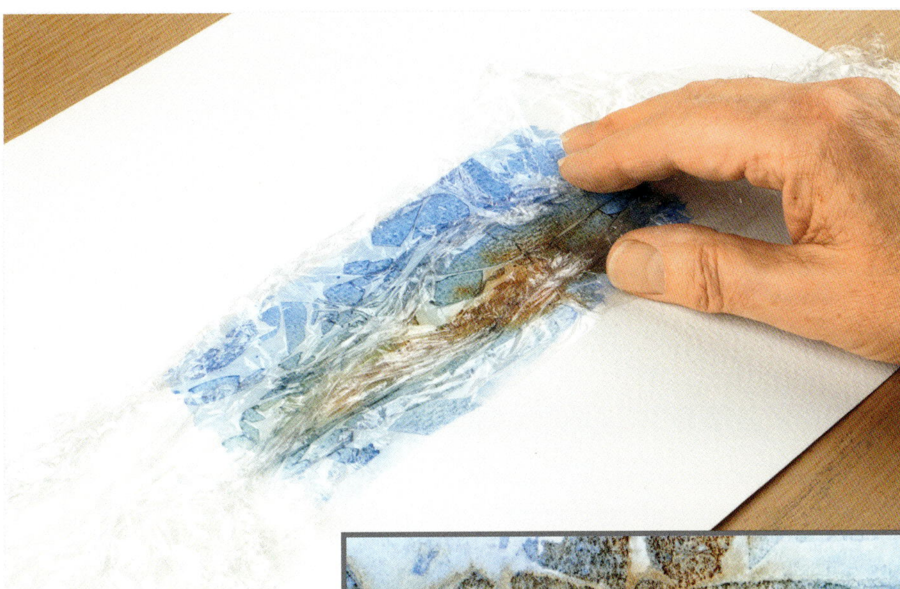

3 Knüllen Sie ein Stück Frischhaltefolie zusammen und drücken es mehrmals in die nasse Farbe, um eine Textur zu gestalten. Lassen Sie den Auftrag trocknen, bevor Sie die Folie abziehen.

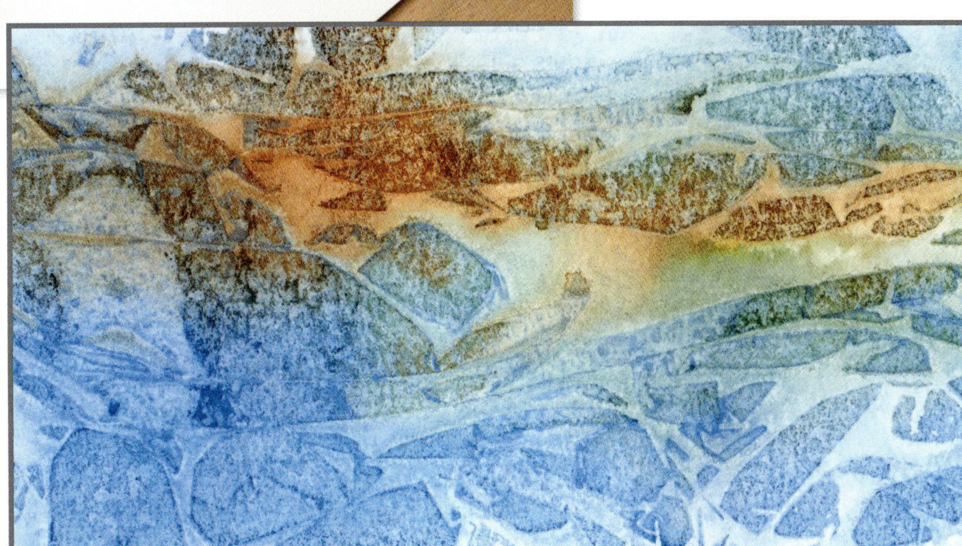

Der fertige Effekt.

Probleme lösen

Unerwünschte, harte Farbränder oder blumenkohlartige Ausblühungen sind ärgerlich und können die Wirkung eines ansonsten gelungenen Aquarells beeinträchtigen. Wer aber weiß, wie solche Pannen entstehen, kann sie leicht vermeiden.

64 HARTE FARBRÄNDER VERMEIDEN

Harte Farbränder entstehen, wenn man eigentlich nass in nass malen will, aber die erste Farbe beim Auftragen der zweiten schon zu trocken ist. Diese Wolken sehen nicht überzeugend aus, weil die dunklere Farbe nicht mit der helleren verlaufen ist. Um das zu vermeiden, muss darauf geachtet werden, dass die erste Farbe noch nass ist.

65 AUSBLÜHUNGEN VERMEIDEN

Zu Ausblühungen kann es kommen, wenn eine verdünnte Farbe in eine nasse, weniger stark verdünnte getupft wird. Darum sollte bei der Nass-in-nass-Malerei jede verwendete Farbe etwas konzentrierter sein als die zuvor aufgetragene.

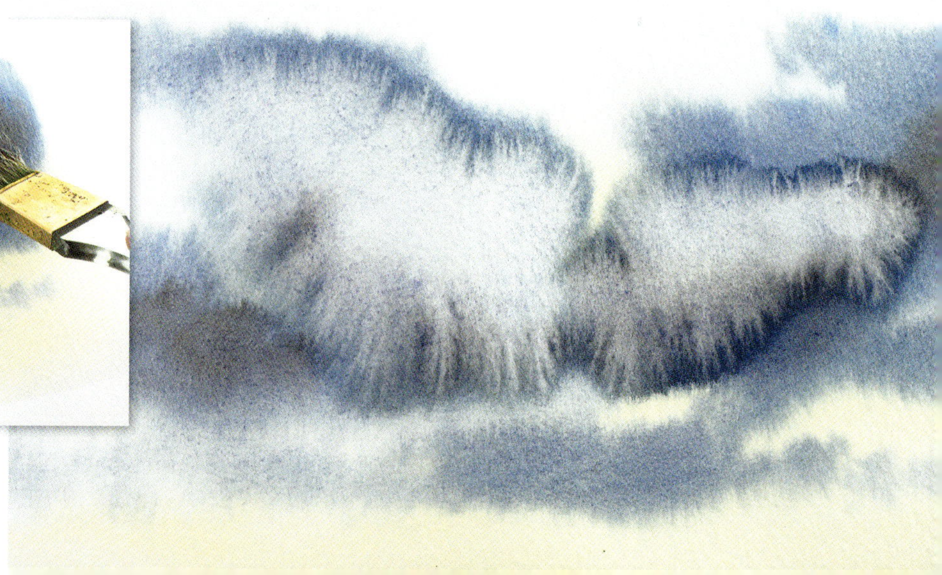

66 AUSBLÜHUNGEN BESEITIGEN

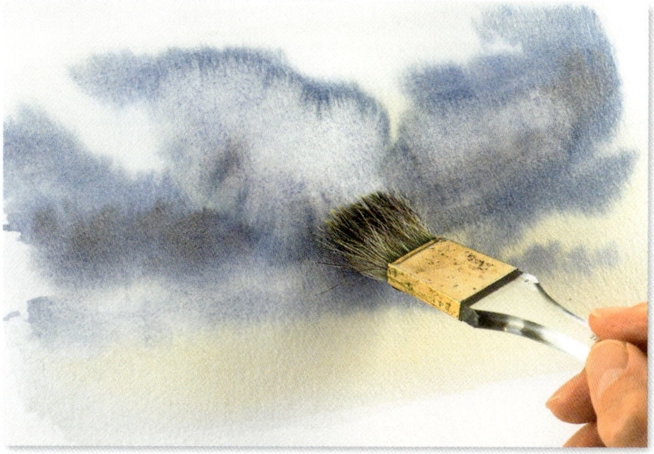

1 Lassen Sie das Bild trocknen. Dann feuchten Sie den betroffenen Bereich mit klarem Wasser an und verwischen die Ausblühungen mit einem breiten Flachpinsel weicher.

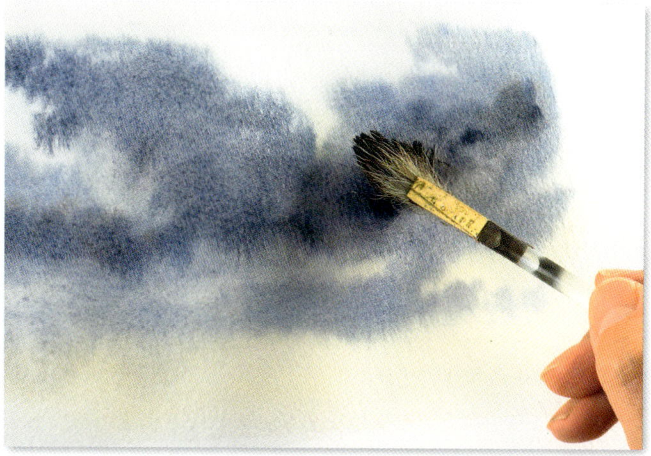

2 Solange das Papier noch nass ist, tupfen Sie eine Mischung aus Französisch Ultramarin und Umbra gebrannt auf, um die Wolken abzudunkeln.

67 HARTE FARBRÄNDER BESEITIGEN

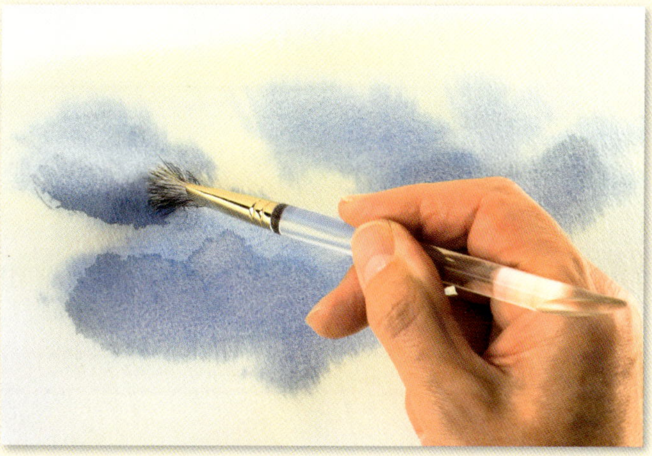

1 Nachdem das Bild gut durchgetrocknet ist, werden die betroffenen Bereiche großflächig angefeuchtet, damit die angelöste Farbe gut verlaufen kann.

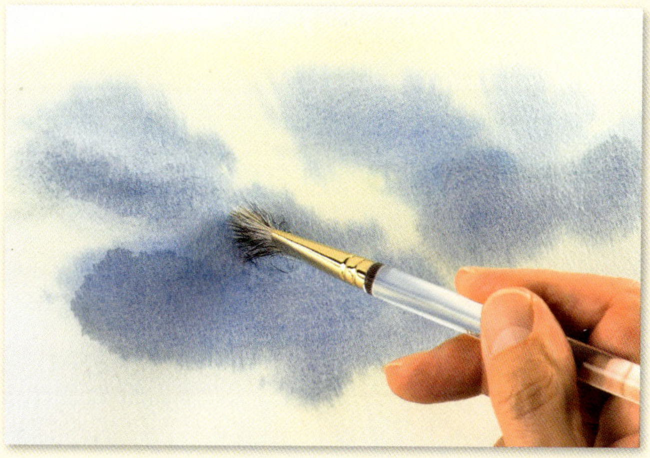

2 Streichen Sie dann mit einem Pinsel behutsam über die Farbränder, um die Farbe besser zu verteilen.

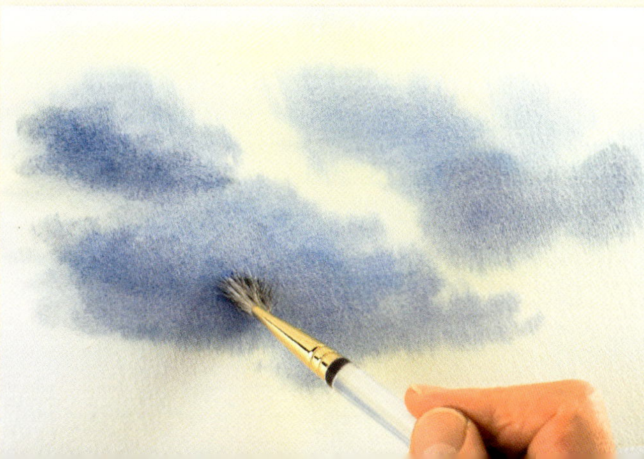

3 Nun können die Wolken nass in nass weiter ausgearbeitet werden. Zum Abdunkeln tupfen Sie eine Mischung aus Französisch Ultramarin und Umbra gebrannt auf das nasse Papier.

68 ZU SCHNELLE TROCKNUNG DES PAPIERS VERMEIDEN

Für größere nass in nass gemalte Bilder muss das Papier relativ lange feucht bleiben. Wenn es zu schnell trocknet, kann es zu Ausblühungen kommen. Darum ist es wichtig, das Papier schon vor dem Malen gut zu befeuchten.

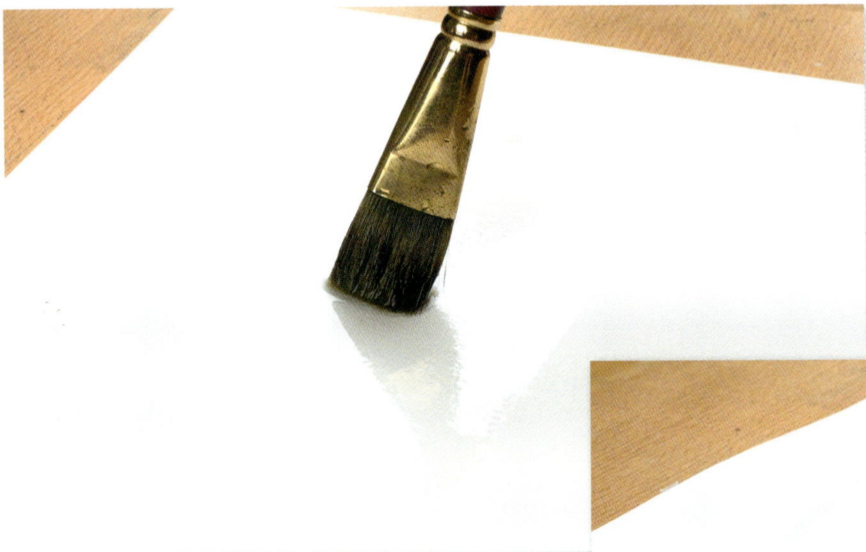

1 Mit einem dicken Pinsel wird klares Wasser auf dem Papier verteilt. Heben Sie dann das Zeichenbrett auf Augenhöhe und prüfen, ob eventuell Stellen trocken geblieben sind. Das Papier soll nicht triefend nass sein, sondern nur gleichmäßig feucht glänzen.

2 Wenn das Papier feucht glänzt, kann es nass in nass bemalt werden. Die Farben werden dann weich und gleichmäßig verlaufen.

69 DAS PAPIER NICHT ZU STARK ANFEUCHTEN

Wenn das Papier zu nass ist, weil es anfangs zu stark befeuchtet wurde oder weil die Farben zu viel Wasser enthalten, können andere Probleme auftreten.

Hier wurde das Papier vor dem Malen zu stark angefeuchtet. Die Farbe verläuft nicht gleichmäßig, sondern bildet Pfützen. Das Papier darf nur so feucht sein, dass es gleichmäßig glänzt (siehe oben).

70 WELLENBILDUNG VERMEIDEN

Nasses Papier kann wellig werden (siehe Seite 11). Um das zu vermeiden, kann man es knapp innerhalb des Bildbereichs mit Malerkrepp fixieren. Klebt man es an allen vier Kanten am Zeichenbrett fest, kann es sich dehnen und – wenn es zu nass wird – ebenfalls wellig werden.
Kleben Sie das Papier nur an der Oberkante am Zeichenbrett fest. Dann kleben Sie den Bildbereich ringsherum ab. Dadurch bekommt er schöne, gerade Ränder, und das Papier wird sich trotz der nassen Farben nicht wellen.

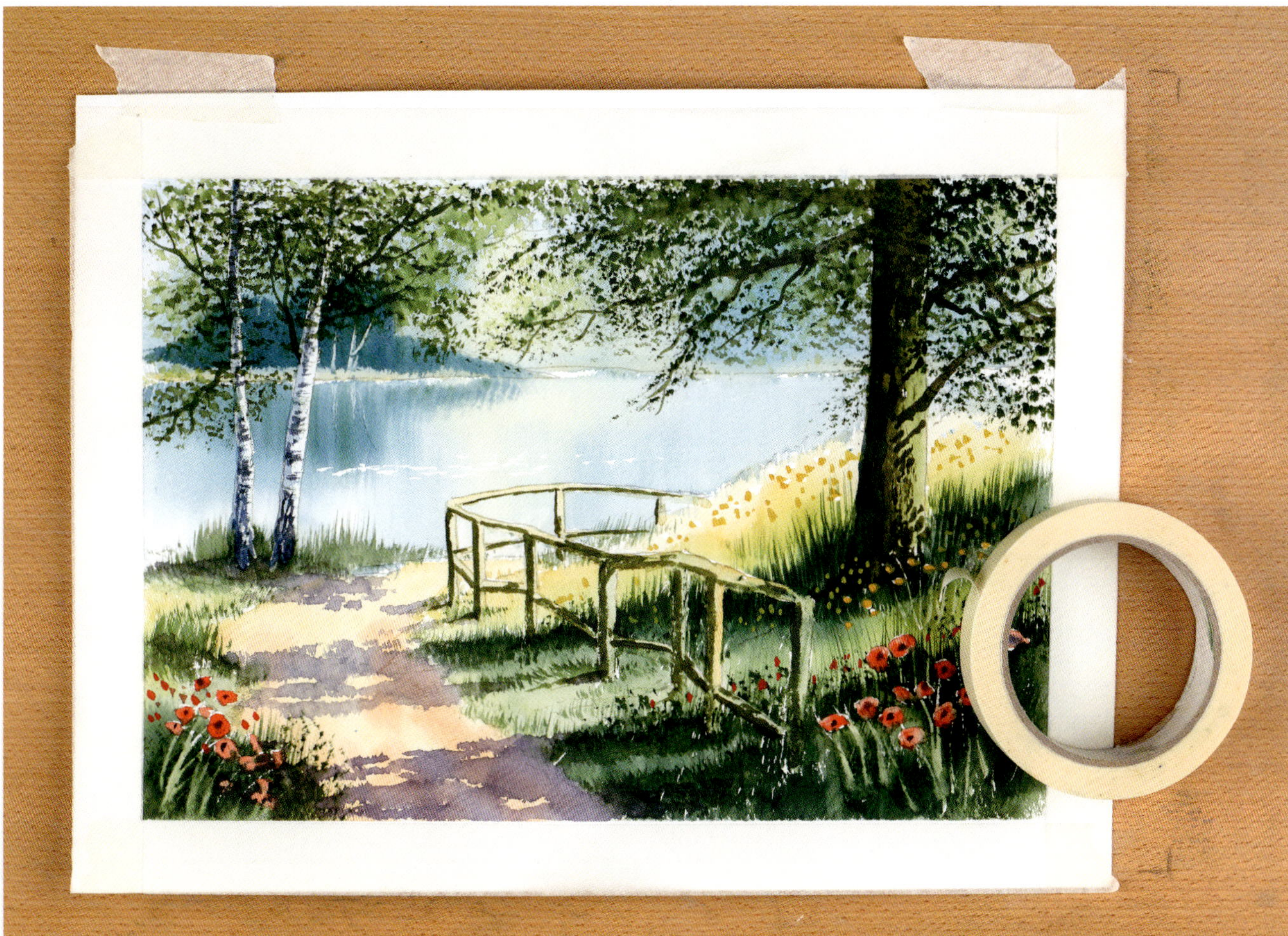

Himmel

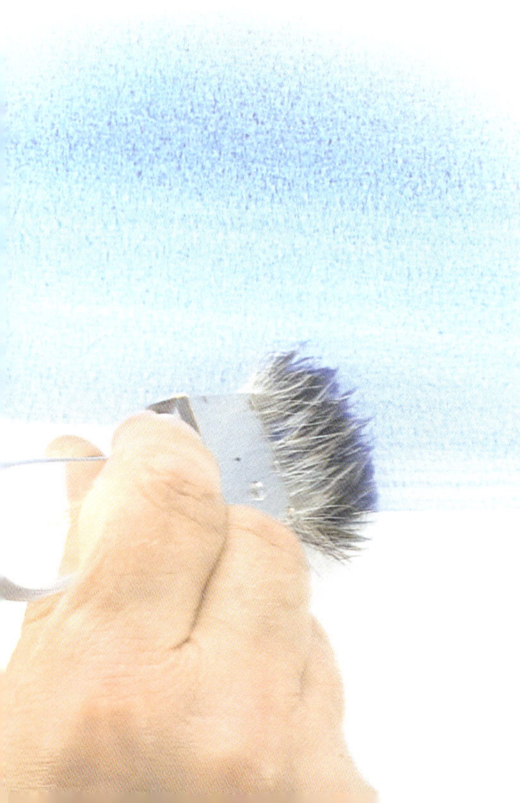

Bei Landschaftsmotiven wird der Himmel immer zuerst gemalt. Ich bin kein Fan von Regeln, aber diese stellt eine Ausnahme dar. Das Bild wird quasi von hinten nach vorn aufgebaut: zuerst der Himmel, dann die Ferne, danach die Mitteldistanz und zuletzt der Vordergrund.

Für den Himmel verwende ich normalerweise zwei Blautöne – Kobaltblau für Motive aus dem mediterranen Raum, Französisch Ultramarin für die meisten anderen Himmel.

71 WOLKENLOSER HIMMEL

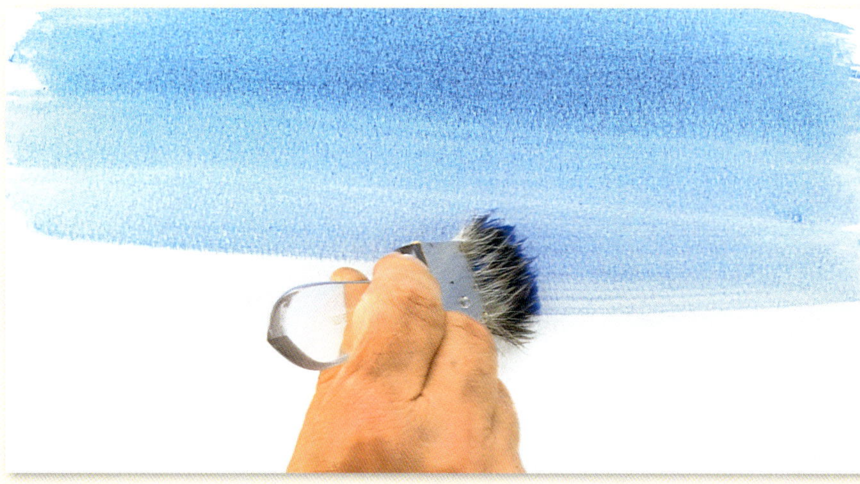

1 Verteilen Sie mit dem breiten Flachpinsel klares Wasser auf der Fläche. Dann tragen Sie verdünntes Französisch Ultramarin gleichmäßig in waagerechten Strichen von oben nach unten auf.

2 Weil sich die Farbmenge im Pinsel von Strich zu Strich verringert, wird der Himmel nach unten hin heller. Streifen werden durch die Nass-in-nass-Technik vermieden.

72 WOLKEN AUSSPAREN

1 Feuchten Sie den Bereich zuerst mit einem weichen Flachpinsel und klarem Wasser an. Dann tragen Sie verdünnte Siena natur mit waagerechten Strichen auf.

2 Tupfen Sie Französisch Ultramarin in die nasse Farbe und sparen dabei die Wolkenformen aus. Die Wolken sollten im unteren Bereich des Himmels kleiner werden, damit eine perspektivische Wirkung entsteht.

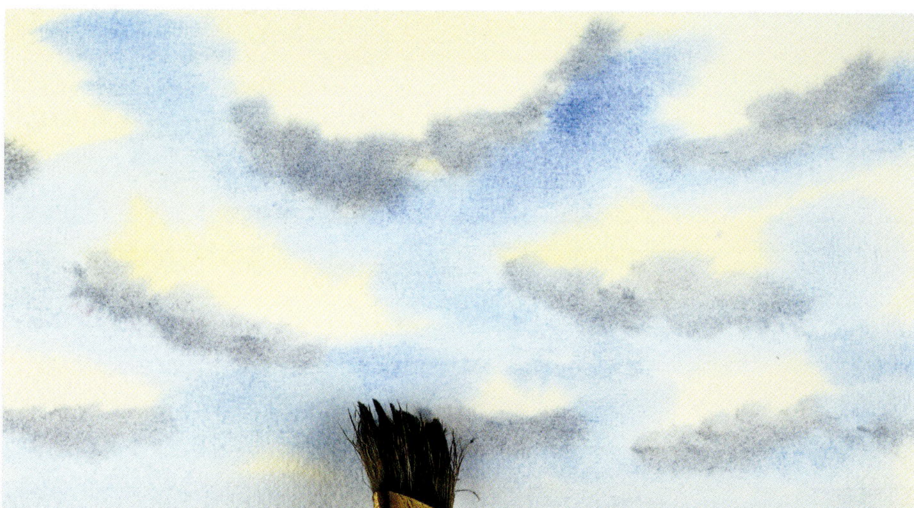

3 Aus Französisch Ultramarin und Umbra gebrannt wird ein Grauton gemischt. Damit werden auf dem nassen Himmel Schatten unter die Wolken getupft. Lassen Sie den Himmel an der Luft trocknen.

Der fertige Himmel.

73 WOLKEN TUPFEN

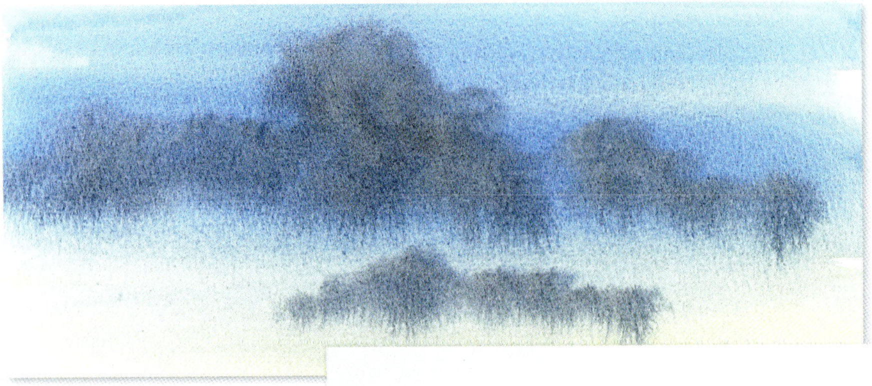

1 Zunächst wird der Himmel nass in nass lasiert. Gleich danach tupfen Sie die Wolkenformen mit einer dunklen Mischung aus Umbra gebrannt und Französisch Ultramarin in die nasse Farbe.

2 Sofort werden die oberen Bereiche der Wolken mit zerknülltem Küchenpapier abgetupft, um die hellen Lichtreflexe anzudeuten.

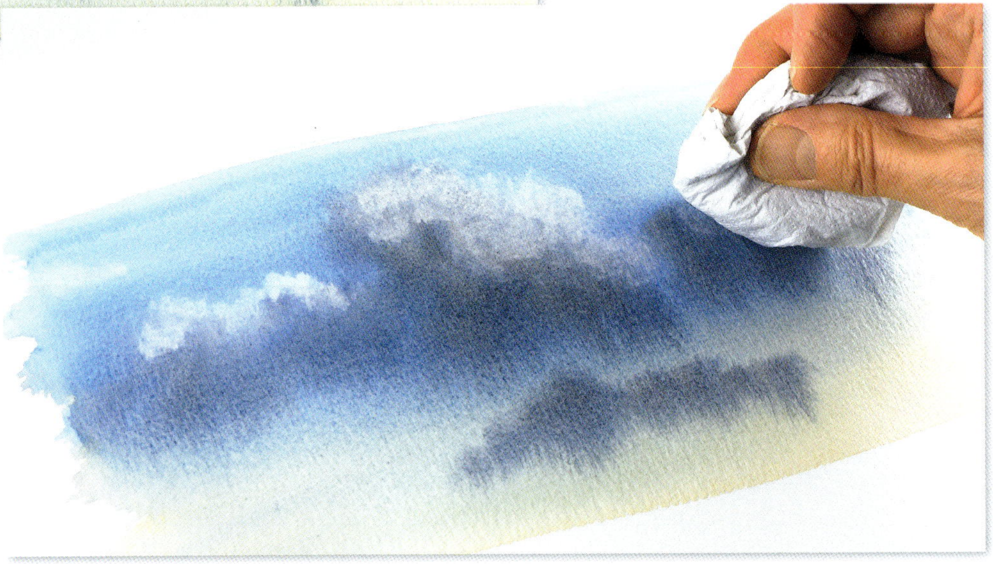

Der fertige Himmel.

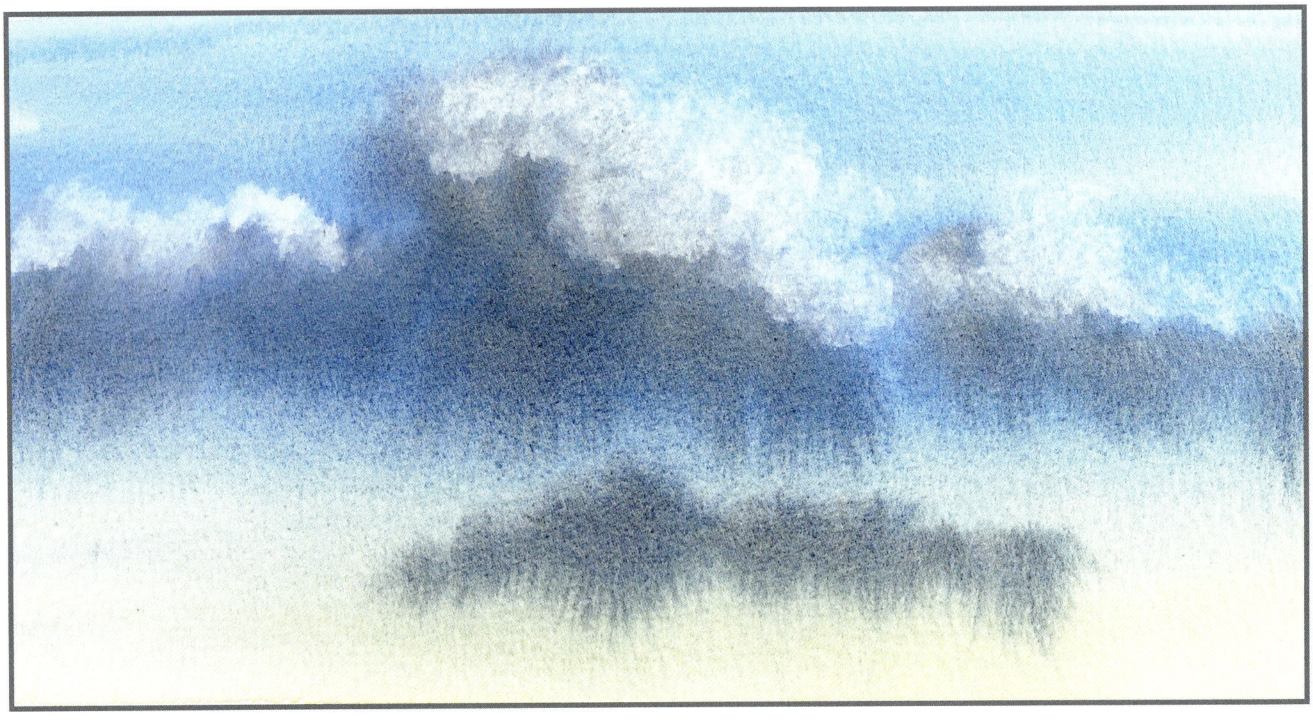

74 WOLKEN MIT HARTEN KONTUREN

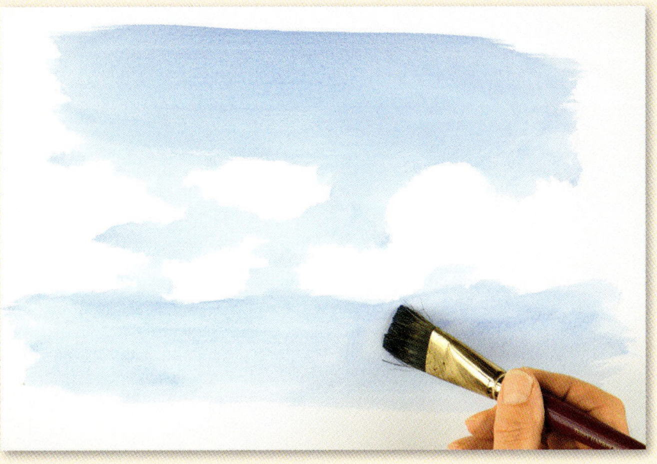

1 Feuchten Sie das Papier nicht an, sondern tragen direkt mit einem breiten Flachpinsel eine Lasur in Französisch Ultramarin auf. Dabei werden die Wolken ausgespart.

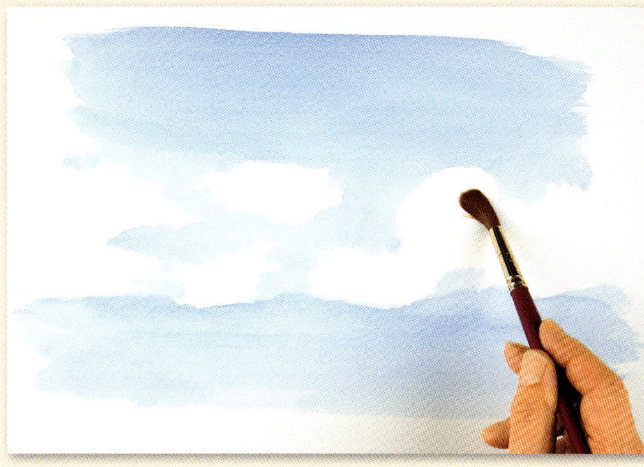

2 Nach dem Trocknen feuchten Sie die Wolken mit einem dicken Rundpinsel und klarem Wasser an, lassen dabei aber ihre oberen Kanten trocken.

3 Aus Französisch Ultramarin und Umbra gebrannt wird ein Grau gemischt und in die nassen Bereiche der Wolken getupft. Die Farbe verläuft nur in den nassen Bereichen, erreicht aber nicht die trockenen Kanten. So erhalten die Wolken helle Lichtreflexe. Schattieren Sie alle Wolken auf diese Weise.

Der fertige Himmel.

75 SONNENUNTERGANG NASS IN NASS

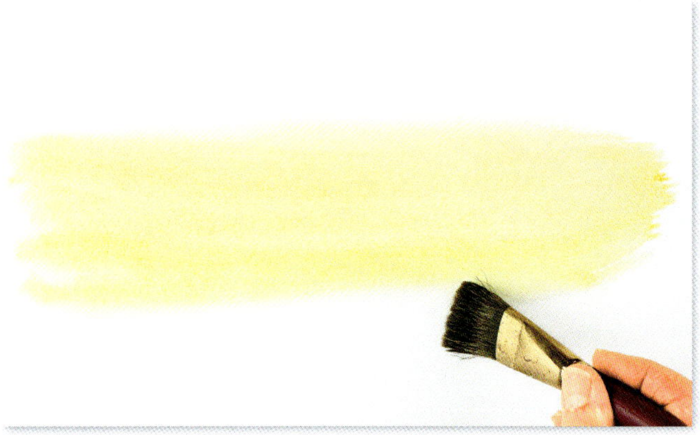

1 Feuchten Sie den Himmel mit dem breiten Flachpinsel mit klarem Wasser an. Unten tragen Sie Kadmiumgelb mit etwas Siena natur mit waagerechten Strichen auf.

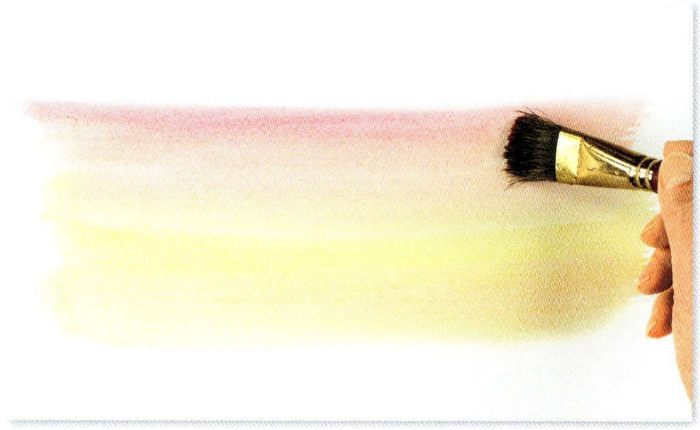

2 Solange die gelbliche Farbe nass ist, wird darüber und darunter Permanentrosa aufgetragen.

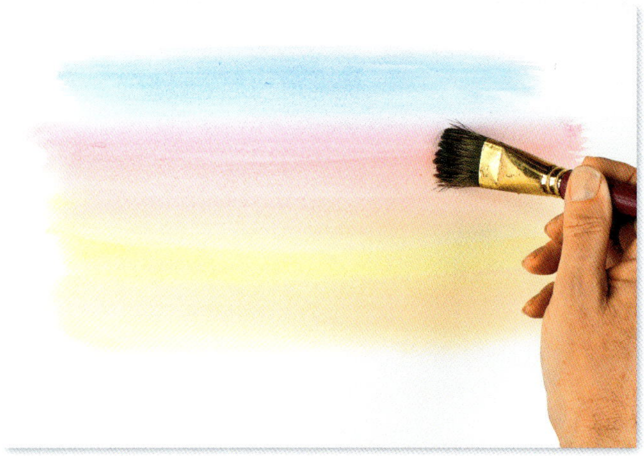

3 Am oberen Rand des Himmels tragen Sie mit waagerechten Strichen Kobaltblau auf und lassen es mit dem nassen Permanentrosa verlaufen.

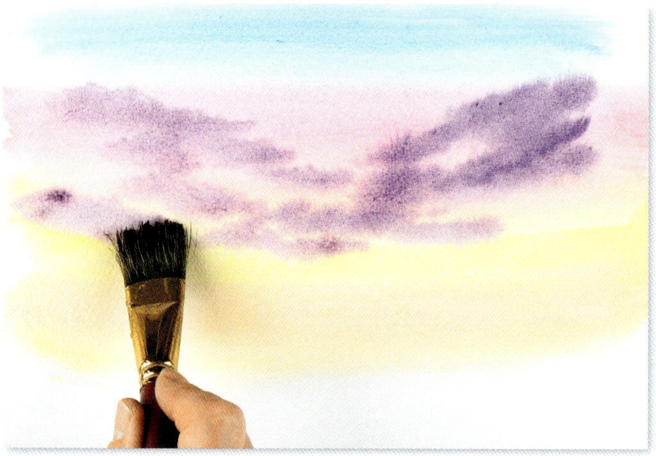

4 Nun werden mit Paynesgrau Wolken angedeutet. Der Hintergrund muss dabei noch immer nass sein.

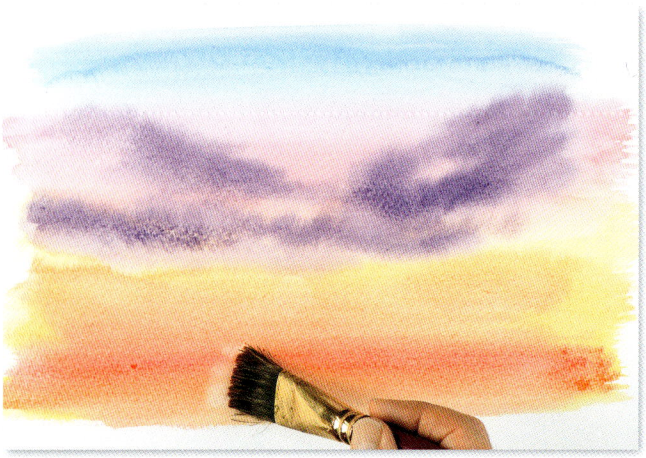

5 Mischen Sie Kadmiumgelb und Permanentrosa und tönen den unteren Bereich des Himmels nass in nass ein.

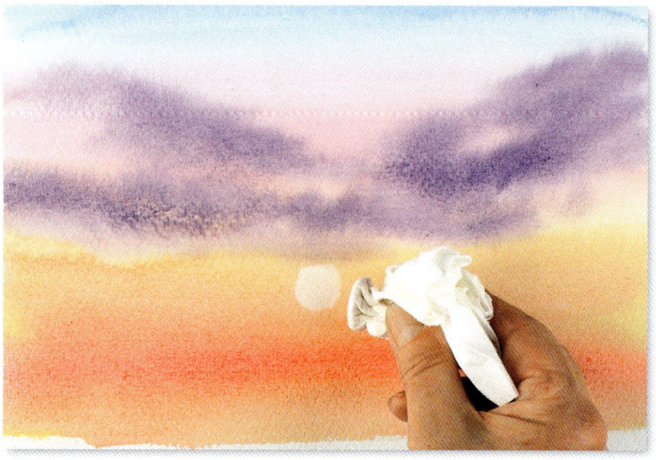

6 Wickeln Sie eine Münze in Küchenpapier und entfernen damit für die Sonne kreisrund Farbe vom Papier.

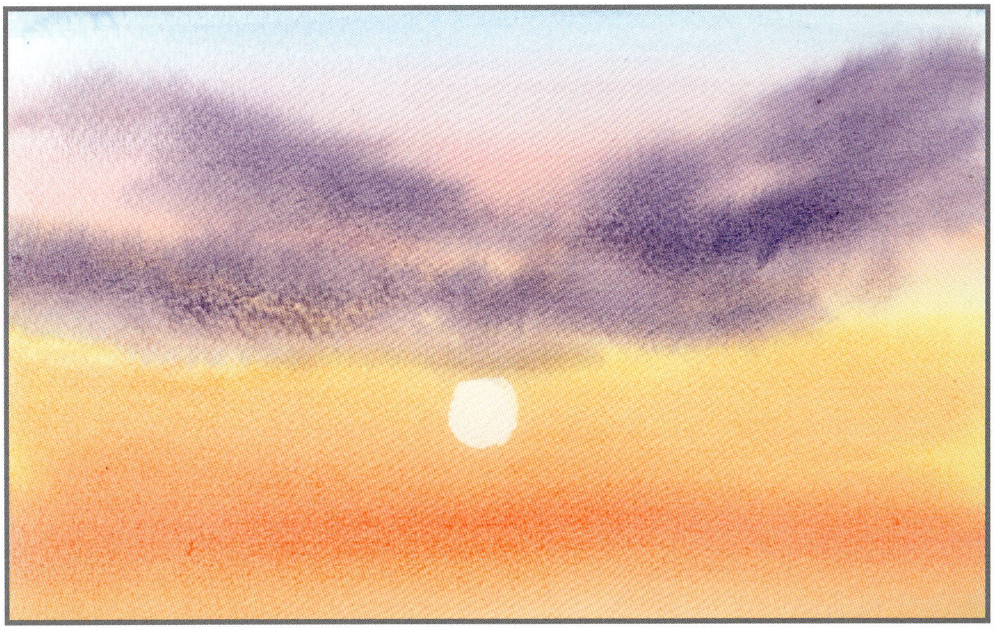

Der fertige Sonnenuntergang.

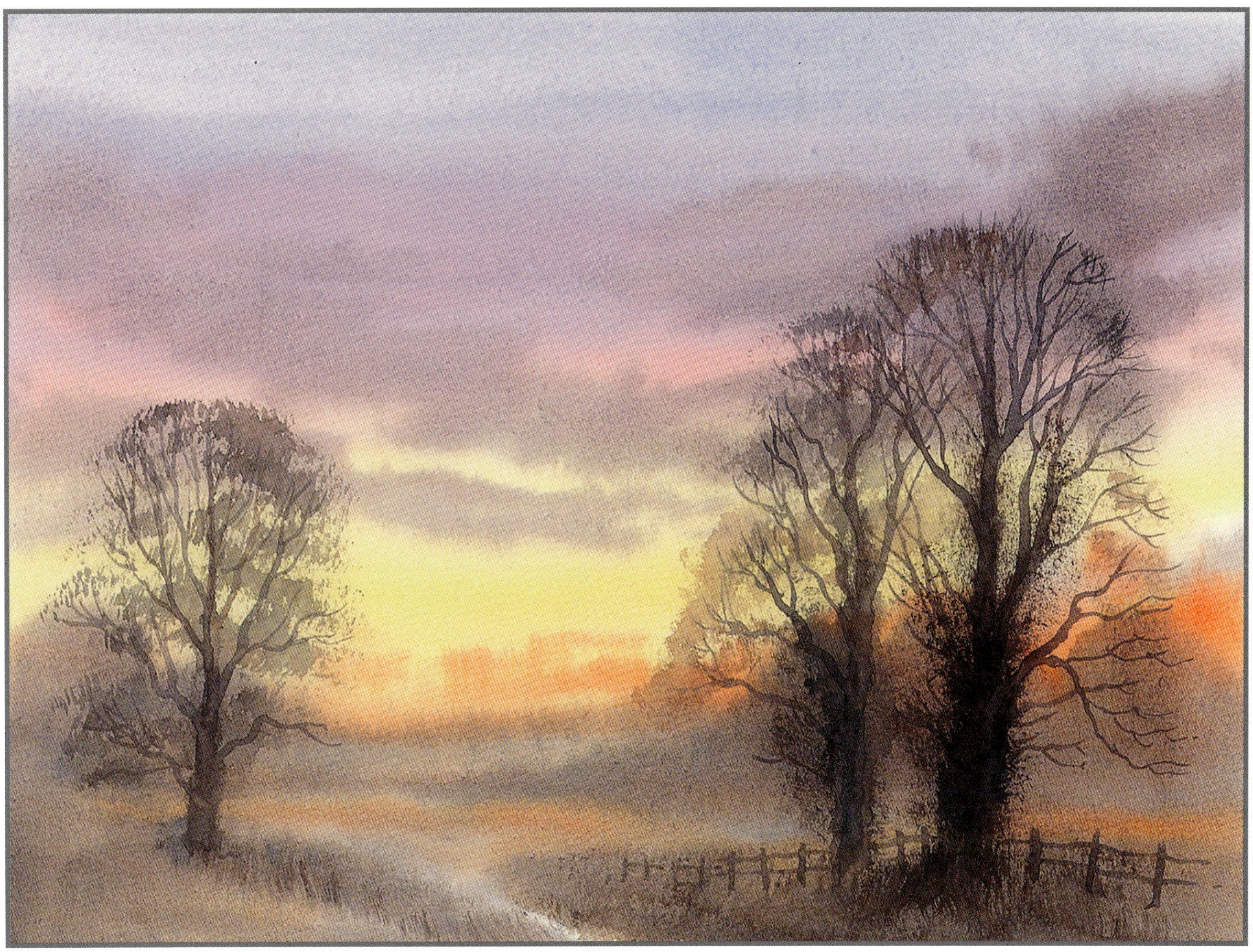

Für dieses Sonnenuntergangsmotiv wurden Himmel und Hintergrund nass in nass gemalt. Erst nach dem Trocknen wurden Bäume und andere Details eingefügt. Der flammende Himmel wurde mit Kadmiumgelb und Kadmiumrot am Horizont gemalt, darüber folgt Permanentrosa, das mit Kobaltblau zu einem warmen Violett verläuft.

Distanz

In Bildern entsteht ein Eindruck von Distanz, wenn für die Ferne blassere (also stärker verdünnte) und kühlere (also bläulichere) Farben verwendet werden.

76 FARBEN UND ATMOSPHÄRISCHE PERSPEKTIVE

Für den Berg in der Ferne wurde ein blasses Französisch Ultramarin verwendet, für den in der Mitte eine etwas wärmere Mischung aus Französisch Ultramarin und Umbra gebrannt und für den Berg vorn eine intensivere Mischung. Im Wasser spiegeln sich die warmen Himmelsfarben.

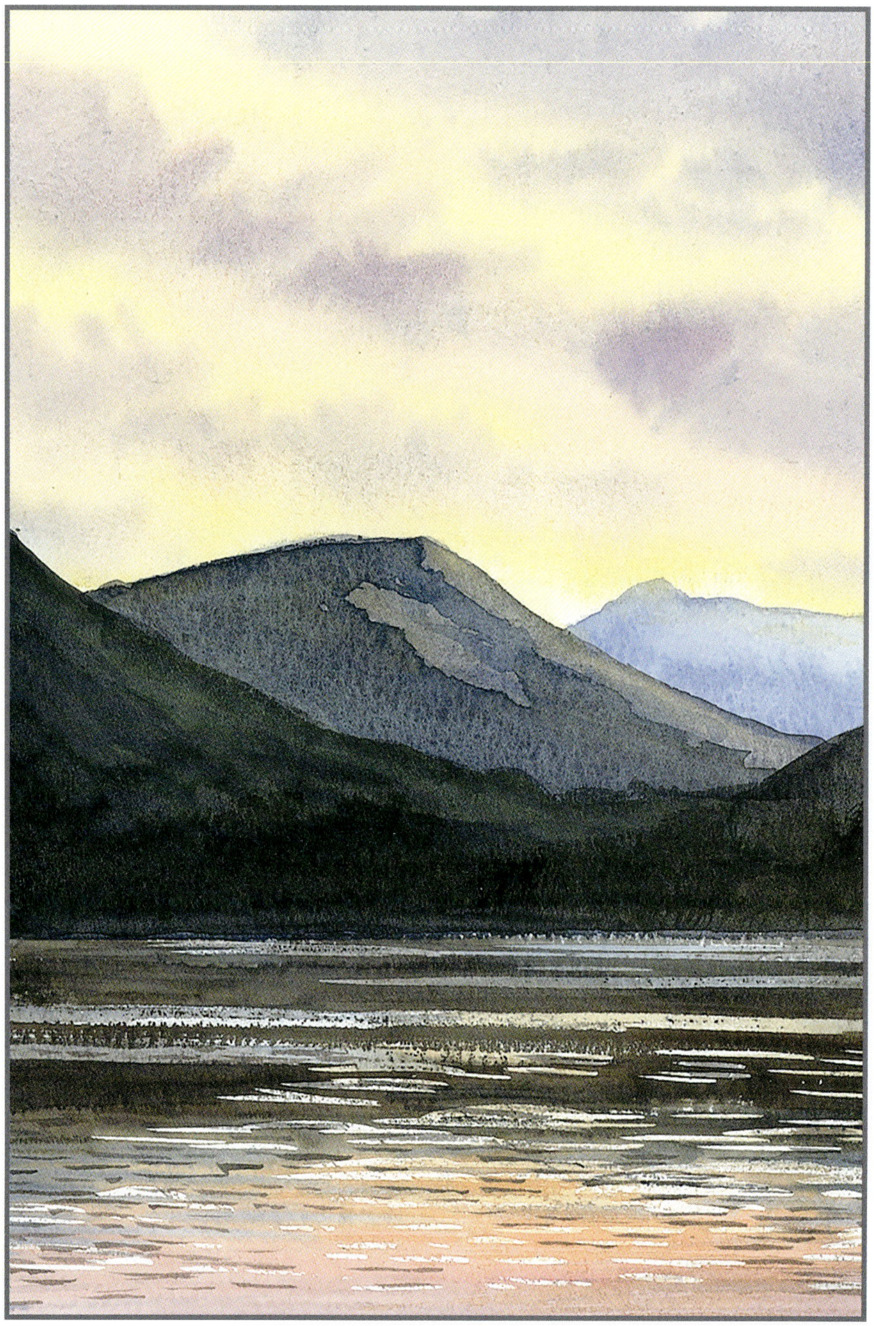

77 TONWERTE UND ATMOSPHÄRISCHE PERSPEKTIVE

Dieses Bild wirkt insgesamt kühl und diesig. Seine räumliche Wirkung beruht aber auf dem Einsatz der Tonwerte. Die Bäume im Hintergrund sind mit einer sehr blassen, stark verdünnten Mischung gemalt. Für die Bäume in der Mitte wurde eine kräftigere, dunklere Mischung verwendet. Der Baum im Vordergrund erscheint durch die sehr intensive, dunkle Farbgebung fast wie eine Silhouette.

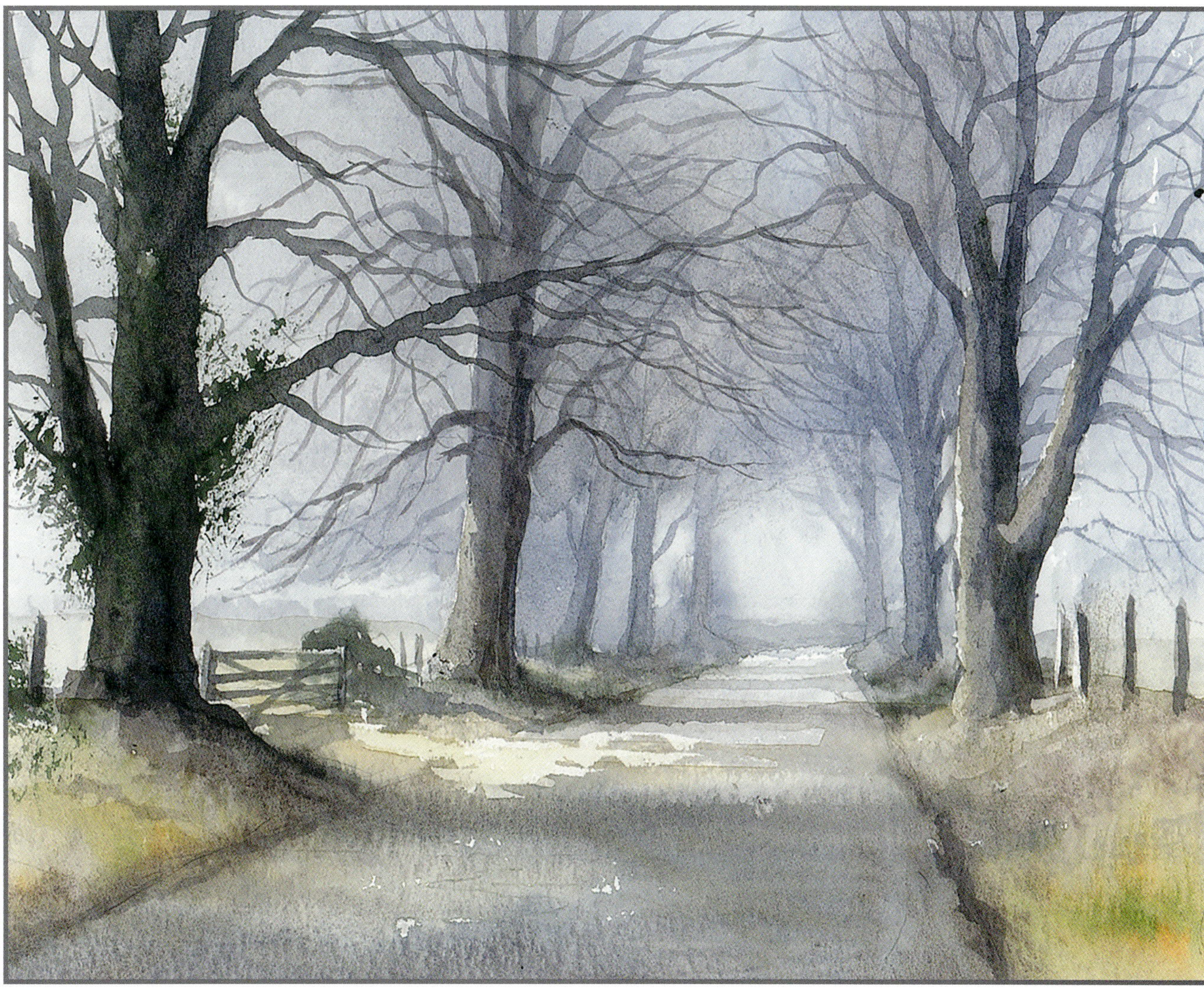

Felder & Wiesen

Die Felder im Hintergrund sollten kleiner sein und in blasseren, bläulicheren Farben gemalt werden. Dadurch entsteht die perspektivische Wirkung. Durch die vielen verschiedenen Farbtöne bilden die Felder ein Patchworkmuster.

78 EINFACHE FELDER

Die Hecken an den Feldrändern wurden mithilfe einer Abdeckung gemalt (siehe Seite 52).

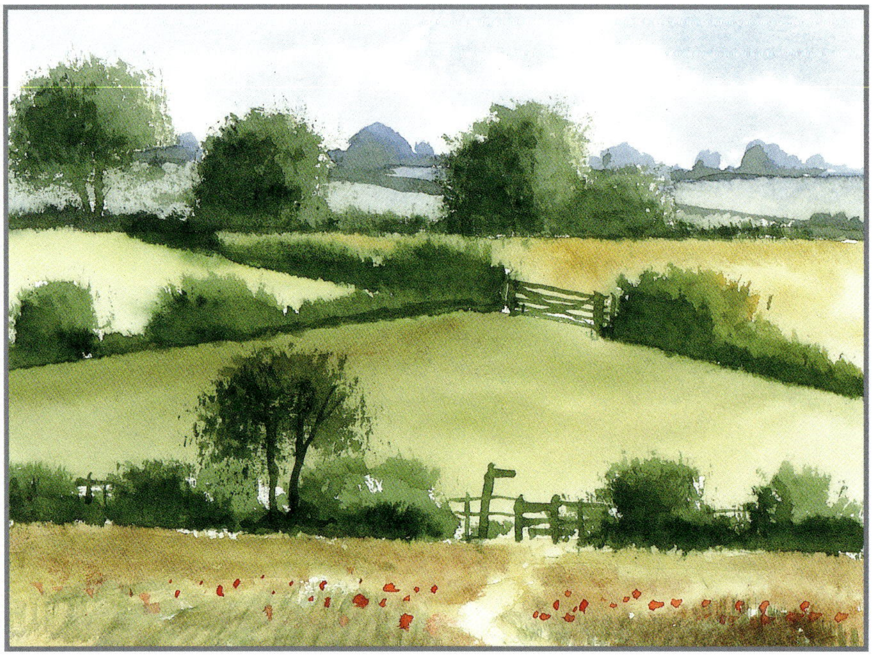

79 RÄUMLICHE WIRKUNG

Das Bild gegenüber besitzt eine starke räumliche Wirkung. Sie entsteht dadurch, dass die Felder und Wiesen in der Ferne immer kleiner, blasser und bläulicher werden. Die Felder im Vordergrund sind größer und haben kräftigere Farben. Sie alle bilden ein schräges Raster, das Dynamik vermittelt und den Blick lenkt. Auch der Weg, der zwischen den Feldern verschwindet und wieder auftaucht, führt den Blick ins Bild. Die Gebäude vermitteln einen guten Eindruck der Proportionen.

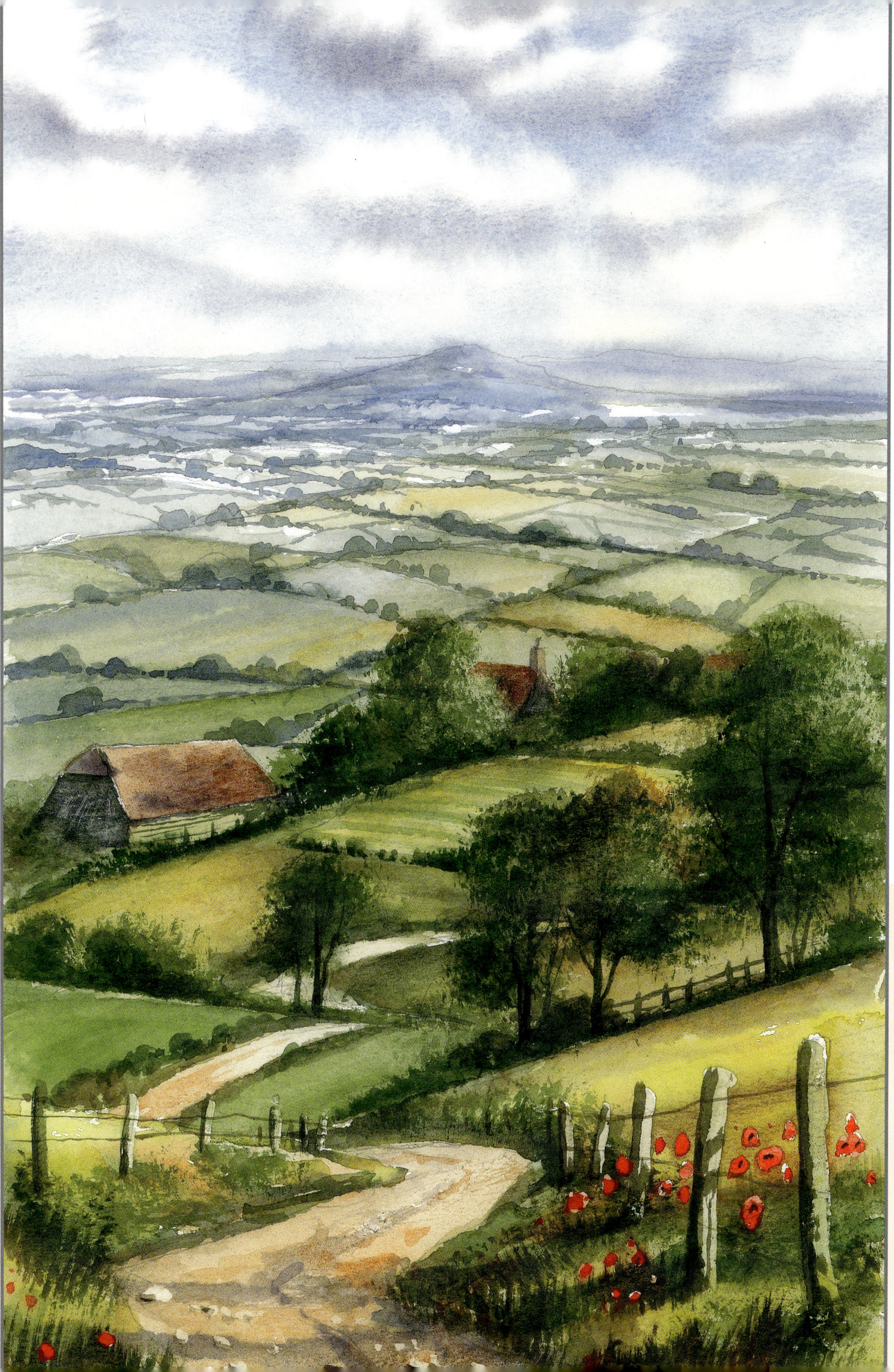

Bäume

Bäume sind ein wesentliches Landschaftselement, und ein interessanter Baum kann ein Motiv enorm aufwerten. Meist ist es besser, nur einen Eindruck zu vermitteln, statt jedes Detail exakt darstellen zu wollen. Trotzdem sollte man wissen, wie unterschiedliche Bäume gemalt werden und wie sie sich im Lauf der Jahreszeiten verändern.

80 BÄUME IM NEBEL

Die Bäume im Nebel werden nass in nass gemalt. Malen Sie zuerst den Himmel und den Hintergrund. Dann tupfen Sie die Bäume in die nasse Farbe, sodass ihre Umrisse in der Hintergrundfarbe verlaufen. Für die weißen Stämme wird die Farbe mit dem Ende eines Pinselstiels aus Kunststoff abgeschabt.

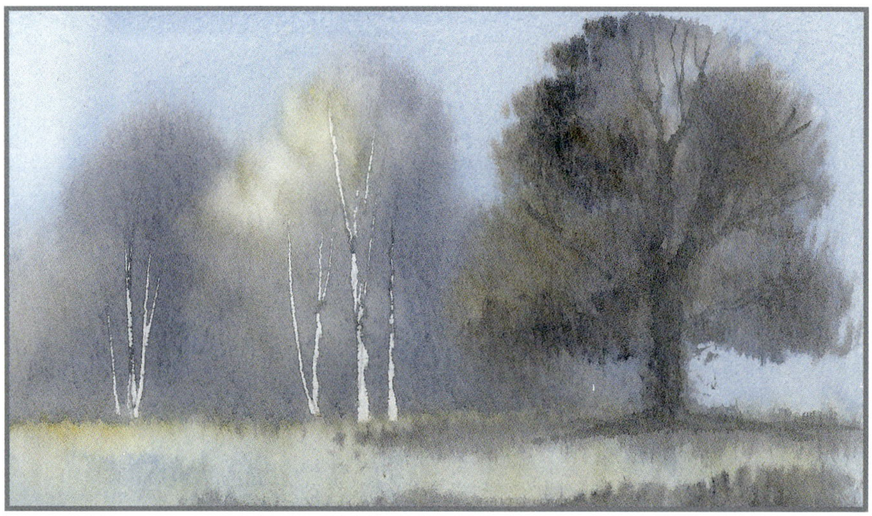

81 RÄUMLICHE TIEFENWIRKUNG DURCH VERSCHIEDENE TONWERTE

Dieses Bild besitzt eine starke räumliche Wirkung, durch die der Blick förmlich in die Tiefe der Landschaft gezogen wird. Für den größten Baum im Vordergrund wurden die intensivsten Farben verwendet. Vom Vordergrund werden die Bäume über die Mitteldistanz bis in die Ferne allmählich kleiner, und ihre Farben werden blasser und kühler.

Winterspaziergang

Der Blick des Betrachters verharrt einen Moment auf der Person mit Hund, bevor er weiter in die Tiefe der Landschaft vordringt (siehe auch Seite 127).

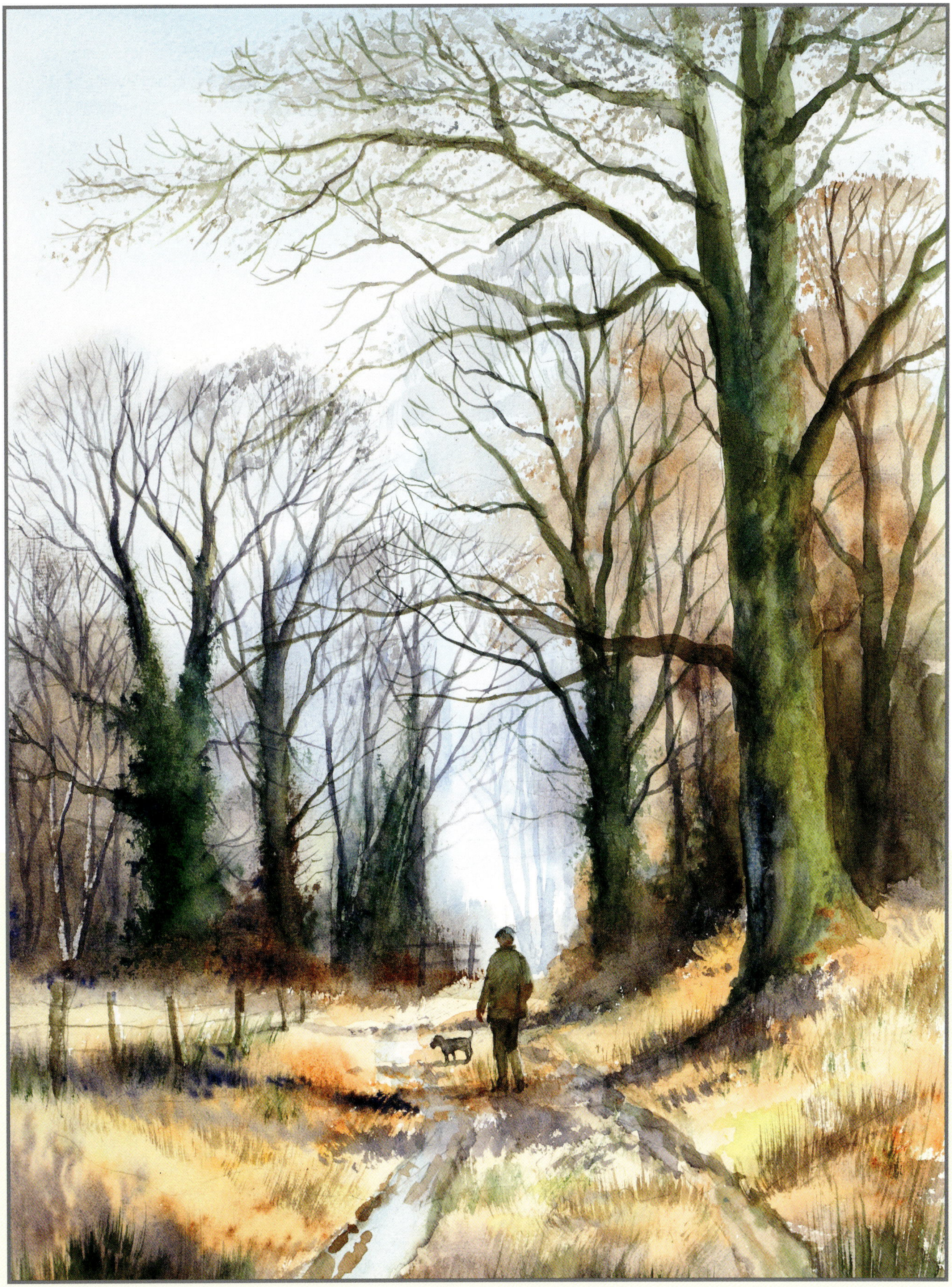

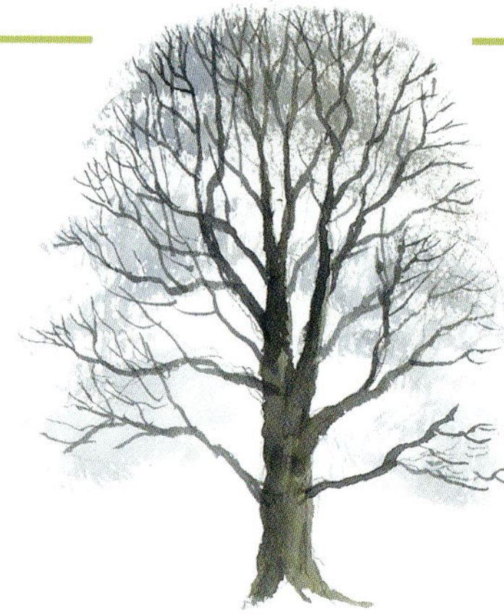

82 BAUM IM WINTER

Zuerst tupfen Sie die Form der Baumkrone mit einem schmalen Flachpinsel und einem hellen Grau (gemischt aus Französisch Ultramarin und Umbra gebrannt) aufs Papier. Danach werden Stamm und Äste mit einer dunkleren Mischung derselben Farben und einem Linierpinsel eingefügt.

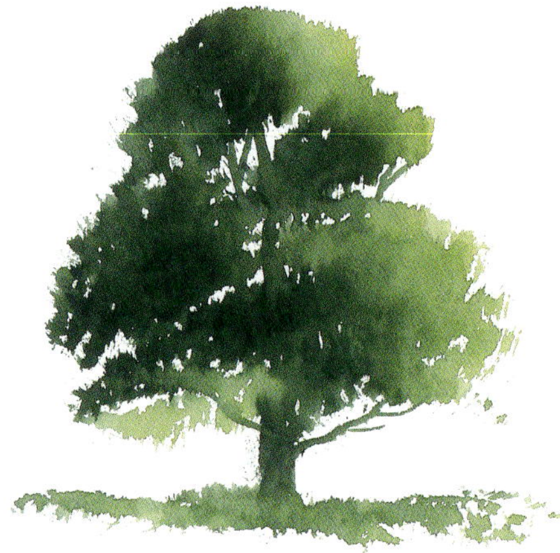

83 EICHE IM SOMMER

Dieser Baum wird mit drei Grüntönen gemalt: Maigrün für die im Licht liegende Seite, dann eine Mischung aus Olivgrün gelblich und Hookersgrün für die Schattenseite. In der Krone bleiben einige Lücken frei. Danach werden Äste und Stamm mit der dunkelgrünen Mischung eingefügt. Dabei durchbrechen einige Äste die Lücken im Blattwerk.

84 BÄUME IM HERBST

Für die herbstliche Blattfärbung werden erdige Farben verwendet: zuerst Siena natur für die helleren Bereiche, dann Siena gebrannt für die Schattenseiten der Baumkronen. Danach malen Sie die Stämme nass auf trocken mit einer Mischung aus Französisch Ultramarin und Umbra gebrannt und fügen den Efeu mit Hookersgrün ein.

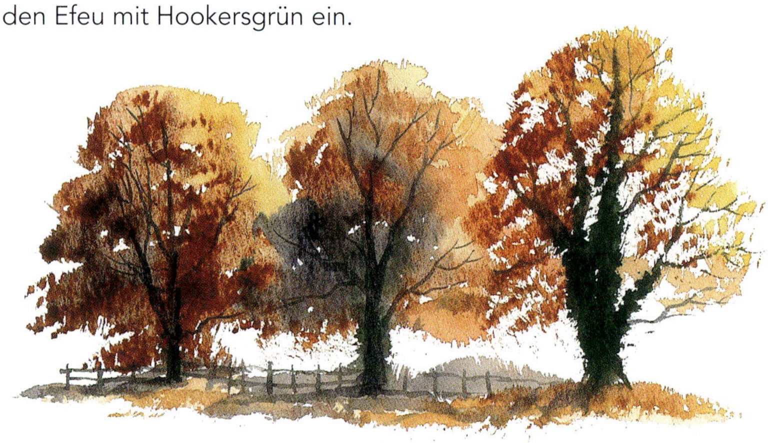

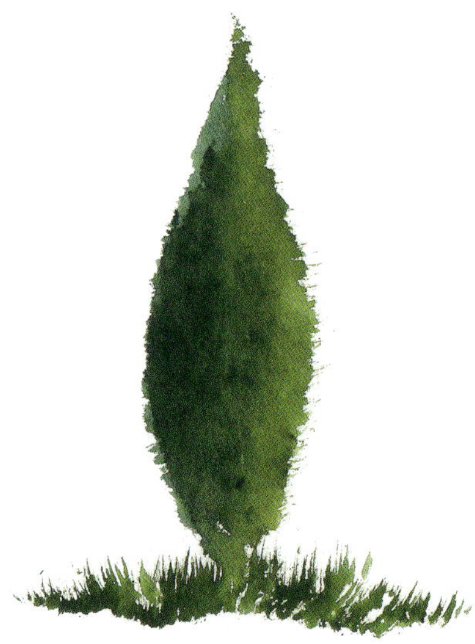

85 NADELBAUM

Dieser Baum wird mit einem dicken Fächerpinsel gemalt. Nehmen Sie ein dunkleres Grün auf und malen die Schattenseite von außen nach innen. Danach tauchen Sie den Pinsel in den helleren Grünton und malen die andere Seite ebenfalls von außen nach innen. Der Baum verjüngt sich nach oben hin.

86 TRAUERWEIDE

Zuerst wird der Stamm gemalt, danach folgt das Laub mit einem dicken Fächerpinsel. Für die streifige Wirkung nehmen Sie nur wenig Farbe auf und malen nur mit der Pinselspitze.

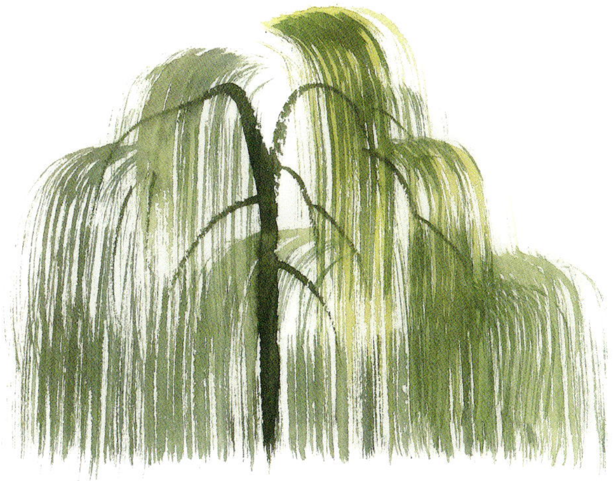

87 BAUM MIT EFEU

Der Efeu, der die Form des Baumstamms erkennbar macht, wird mit einem Fächerpinsel und Hookersgrün getupft. Die Krone wird ebenfalls mit dem Fächerpinsel getupft, aber mit einer blassen Mischung aus Französisch Ultramarin und Umbra gebrannt. Zuletzt malen Sie den Stamm und die Äste mit einer dunkleren Mischung derselben Ausgangsfarben und einem Linierpinsel.

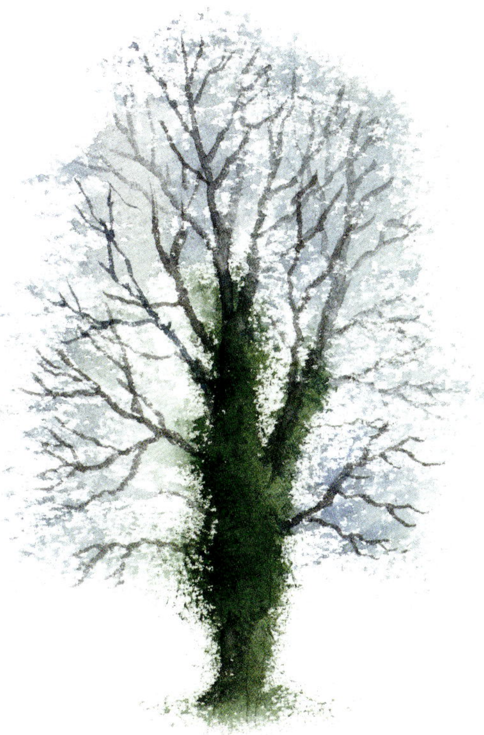

88 BLÜHENDE BÄUME

Die Blüten dieses Baums werden abgedeckt. Dafür tragen Sie mit einem dünnen Pinsel mit Maskierflüssigkeit viele kleine Punkte im ganzen Bereich der Baumkrone auf. Lassen Sie alles trocknen und malen dann das grüne Blattwerk. Nach dem Trocknen entfernen Sie die Maskierflüssigkeit. Die Blüten, die nun als weiße Punkte erscheinen, werden anschließend teilweise mit verdünntem Permanentrosa eingetönt.

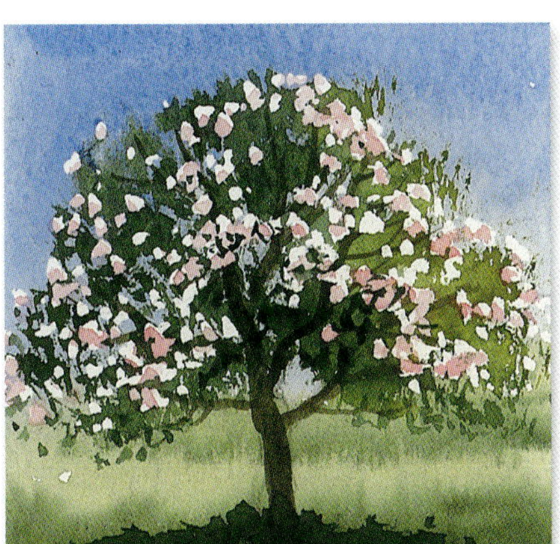

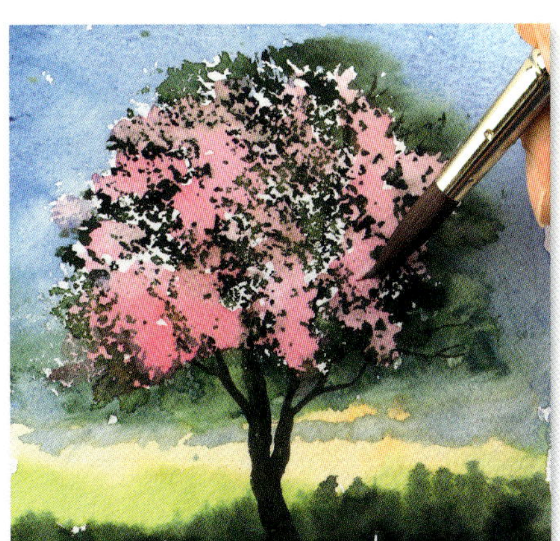

Für die Blüten des linken Baums wird Maskierflüssigkeit mit einem Schwamm aufs Papier getupft. Nach dem Übermalen mit Grün wird sie abgerubbelt. Dann wird verdünntes Permanentrosa auf die Blüten aufgetragen.

89 KEIN BRAUN FÜR BAUMSTÄMME

Ein verbreiteter Anfängerfehler besteht darin, Baumstämme braun zu malen. Tatsächlich sind sie aber meist grün, silbrig oder grau, jedoch selten braun. Der Stamm des rechten Baums sieht viel natürlicher aus als der braune Stamm des linken Baums.

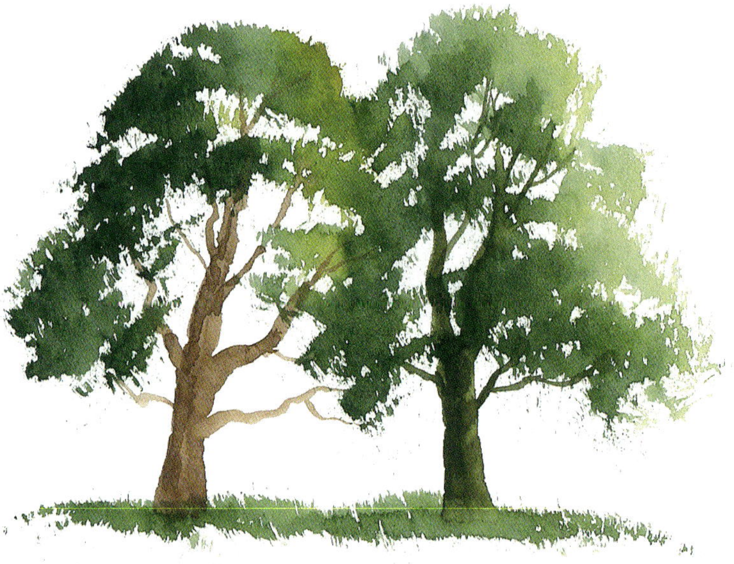

90 BAUMSTAMM MIT PLASTIKKARTE

Damit eine schöne Textur gelingt, sollte diese Technik auf rauem oder mattem Aquarellpapier angewandt werden.

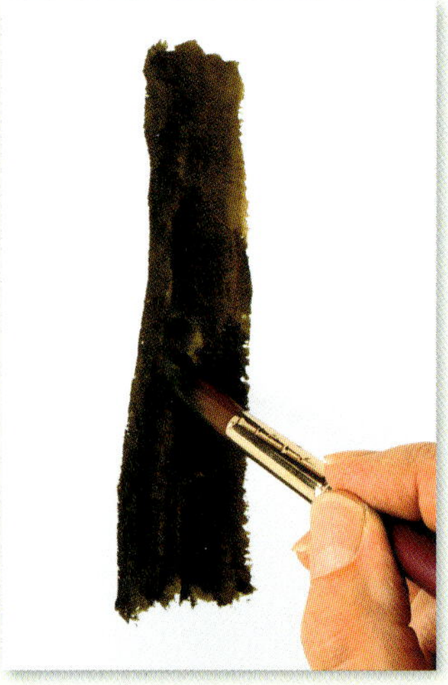

1 Der Stamm wird mit einem dicken Rundpinsel und einer kräftigen Mischung aus Umbra gebrannt und Olivgrün gelblich gemalt.

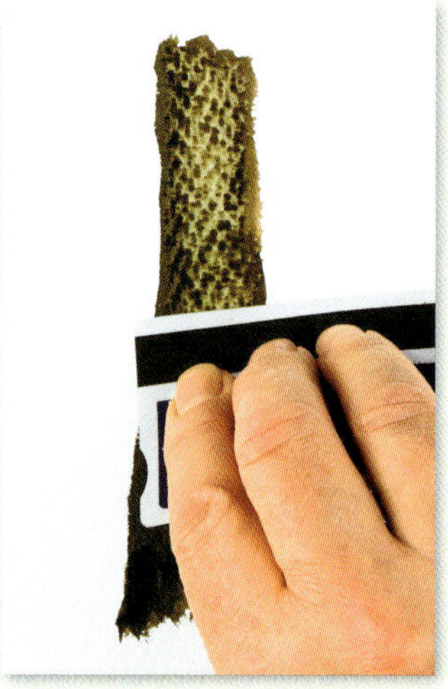

2 Setzen Sie eine Plastikkarte im Winkel von 4 Grad auf das Papier auf und ziehen sie von oben nach unten. Üben Sie dabei auf der linken Seite mehr Druck aus. So wird Farbe vom Papier abgeschabt und die Textur des Papiers kommt zum Vorschein.

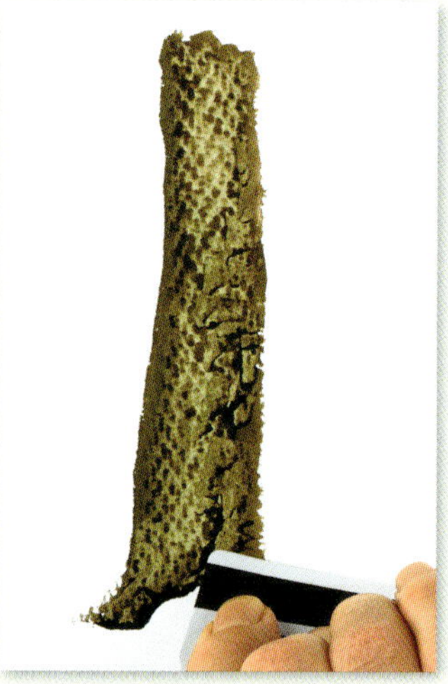

3 Mit einer Ecke der Karte kann die Textur noch stärker ausgearbeitet werden.

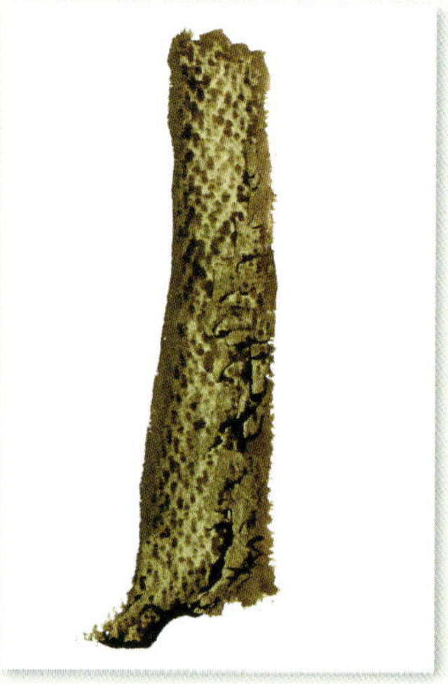

Der fertige Stamm.

91 BIRKENSTAMM MIT PLASTIKKARTE

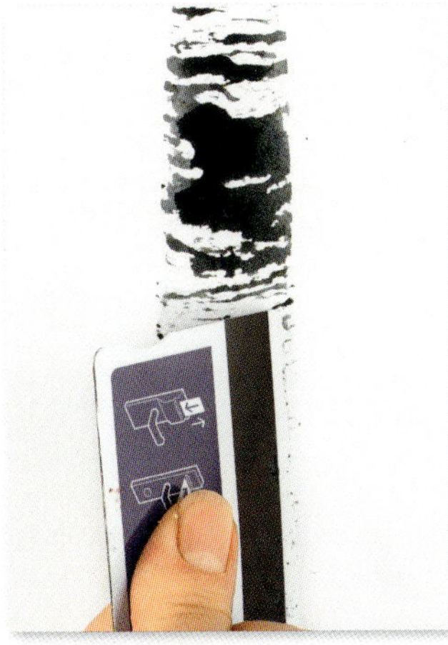

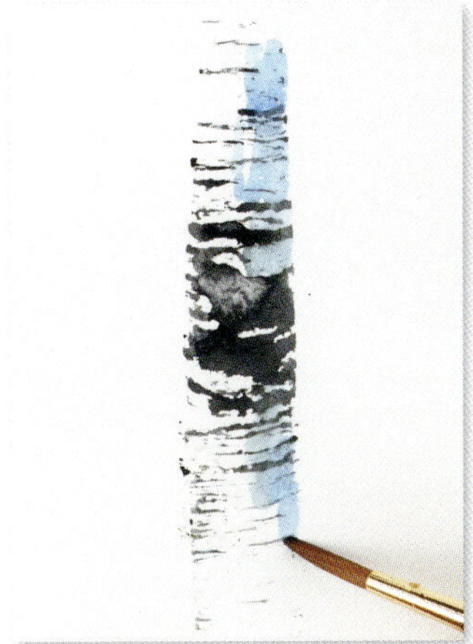

1 Stellen Sie eine kräftige Mischung aus Französisch Ultramarin und Umbra gebrannt her und nehmen etwas Farbe mit der Kante einer Plastikkarte auf. Ziehen Sie die Karte über das Papier, um das dunkle Streifenmuster der Rinde anzudeuten.

2 Die Karte wird nun erneut in Farbe getaucht und der Vorgang wiederholt. Lassen Sie dann den Farbauftrag trocknen.

3 Die im Schatten liegende rechte Seite des Stamms wird mit verdünntem Kobaltblau eingetönt. Dafür eignet sich ein mittlerer Rundpinsel am besten.

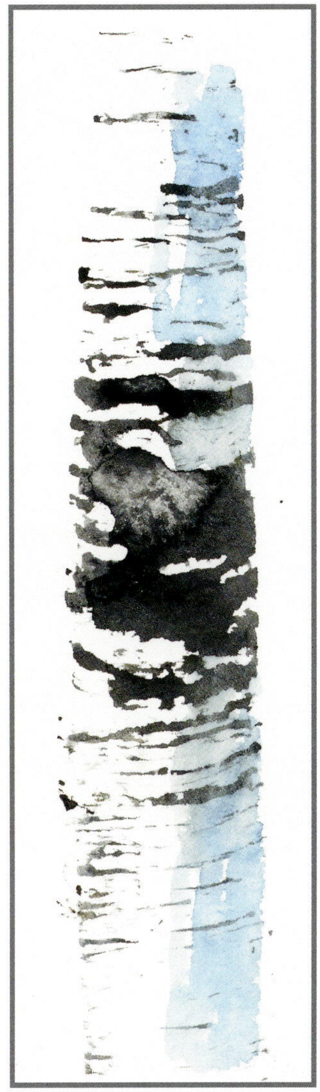

92 STÄMME IN TROCKENPINSELTECHNIK

Streicht man mit einem nahezu trockenen Pinsel mit sehr wenig Farbe und geringem Druck über raues Papier, haftet die Farbe nur an den höheren Fasern der Papieroberfläche und es entsteht eine überzeugende Baumrinden-Optik.

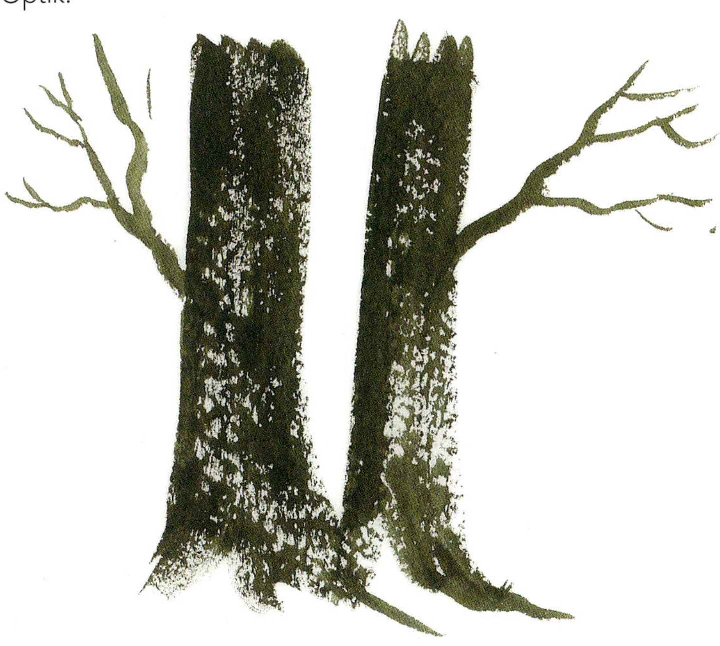

93 PALMEN

Der Stamm der Palme rechts wurde mit einem dicken Rundpinsel in der Trockenpinseltechnik gemalt. Für die Palmwedel wurde Hookersgrün mit einem dicken Fächerpinsel aufgetragen. Die Schritt-für-Schritt-Anleitung zeigt eine andere Methode, Palmwedel zu malen.

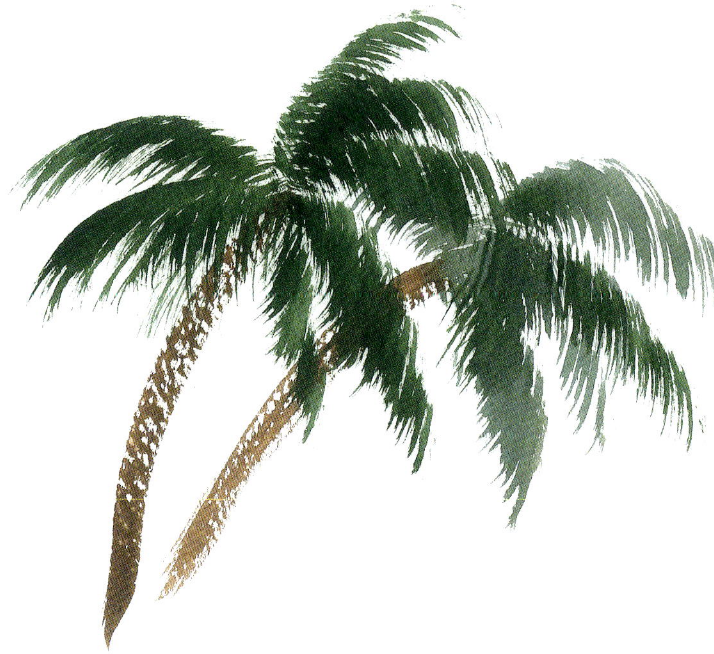

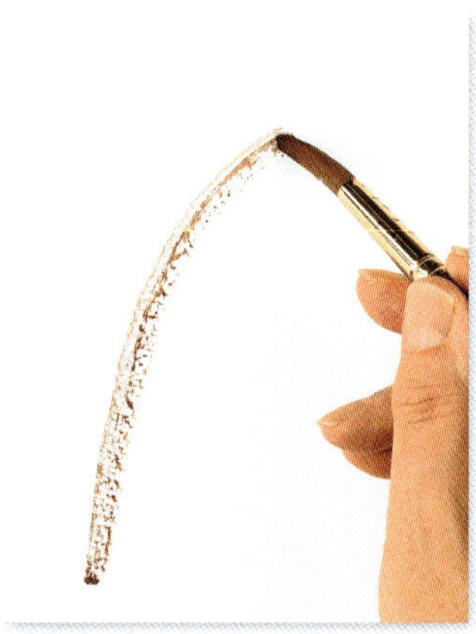

1 Malen Sie den Stamm mit einem dicken Rundpinsel und Umbra gebrannt in der Trockenpinseltechnik.

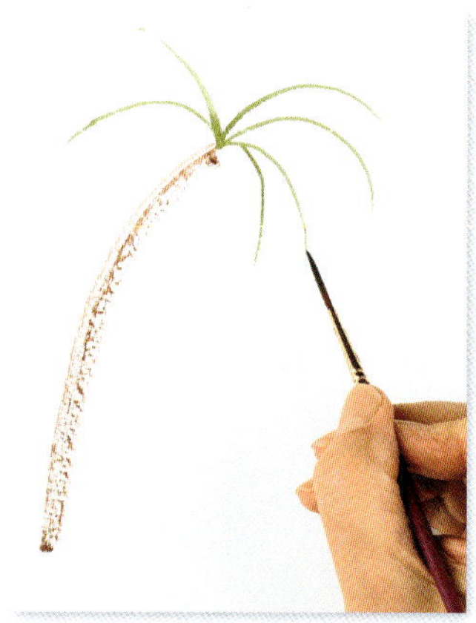

2 Die Mittelrippen der Palmwedel werden mit einem Linierpinsel und Olivgrün gelblich angedeutet.

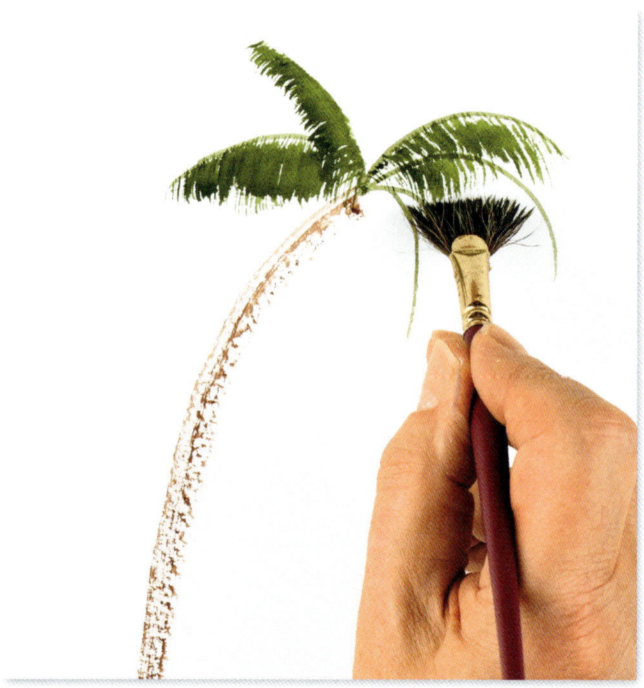

3 Für die Blattspreiten tragen Sie mit einem dicken Fächerpinsel Olivgrün gelblich mit kurzen Strichen von den Rippen abwärts auf.

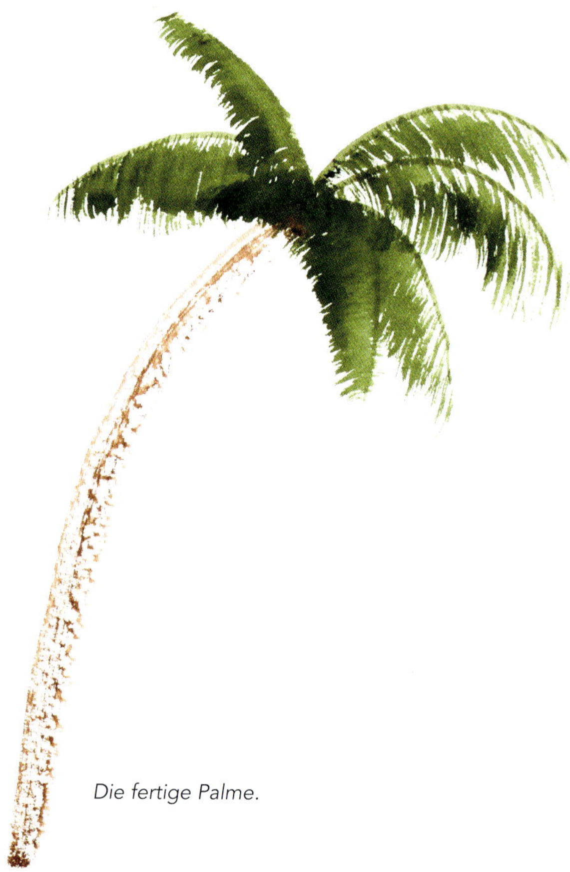

Die fertige Palme.

94 BELAUBTER BAUM IM SOMMER

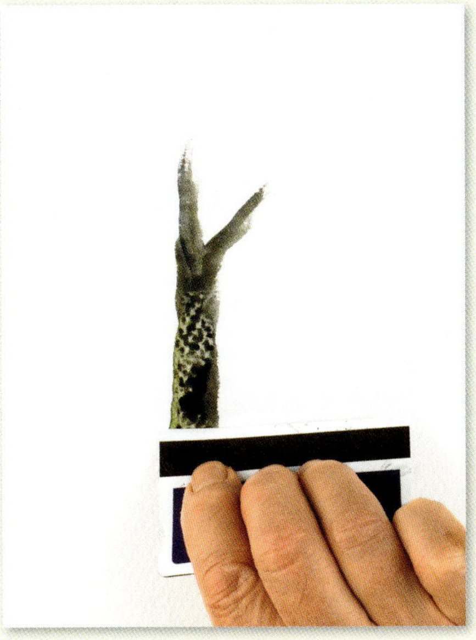

1 Malen Sie den Stamm mit einem dicken Rundpinsel und einer kräftigen Mischung aus Umbra gebrannt und Französisch Ultramarin. Tragen Sie die Farbe auf der linken Seite mit der Kante einer Plastikkarte teilweise wieder ab. So wird erkennbar, dass das Licht von links einfällt.

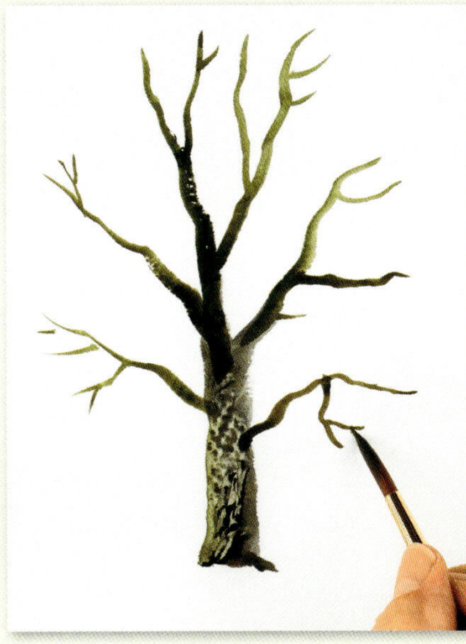

2 Dann wird Olivgrün gelblich zur vorherigen Mischung gegeben. Malen Sie damit die Äste.

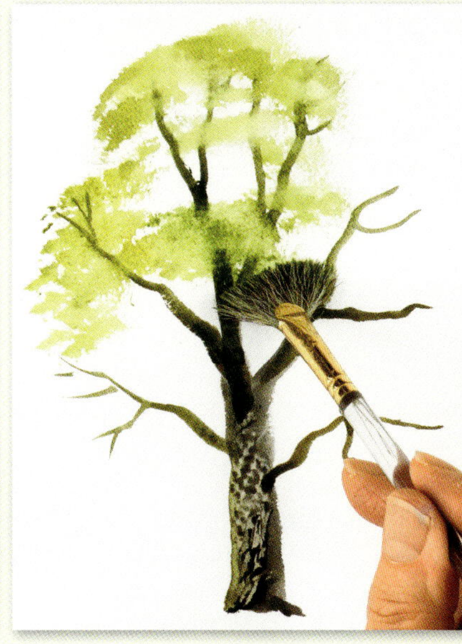

3 Mit dem Fächerpinsel wird Maigrün auf die im Licht liegenden Teile der Baumkrone getupft – auch über die Äste und den Stamm.

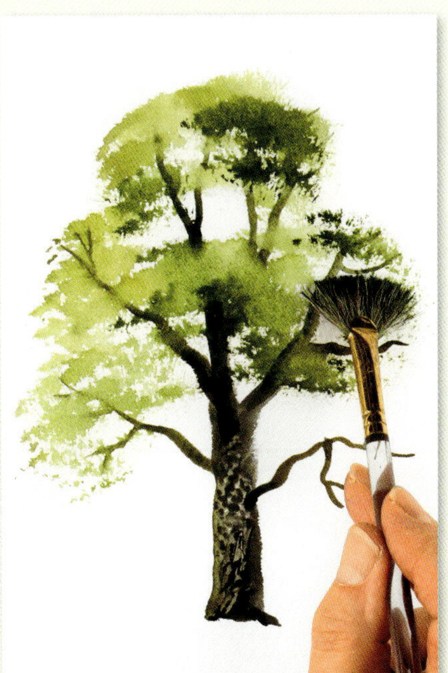

4 Solange die Farbe noch nass ist, tupfen Sie Olivgrün gelblich auf die Schattenseite der Baumkrone.

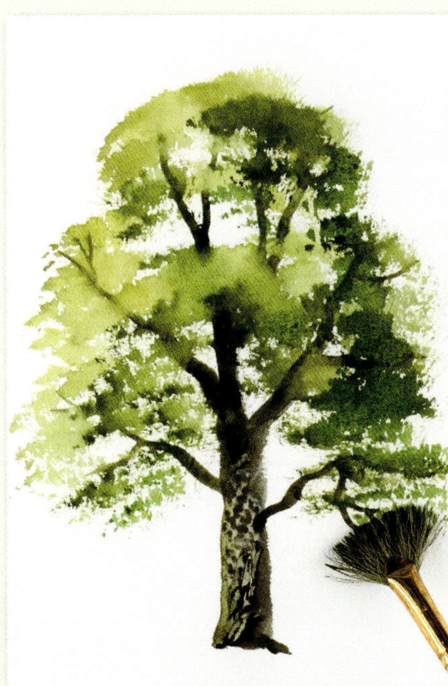

5 Für die dunkelsten Bereiche der Baumkrone – ganz rechts und unten – verwenden Sie Hookersgrün.

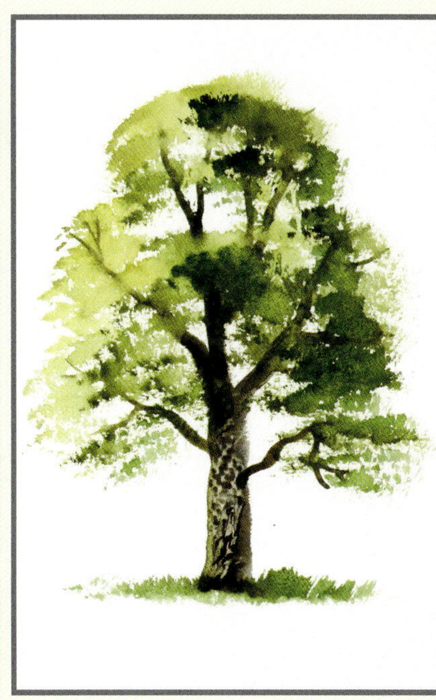

Der fertige Baum.

Gräser

Beim Malen von Gräsern ist wichtig, die Pinselstriche immer in Wuchsrichtung zu führen, also von unten nach oben.

95 AUSKRATZEN MIT EINEM PINSELSTIEL

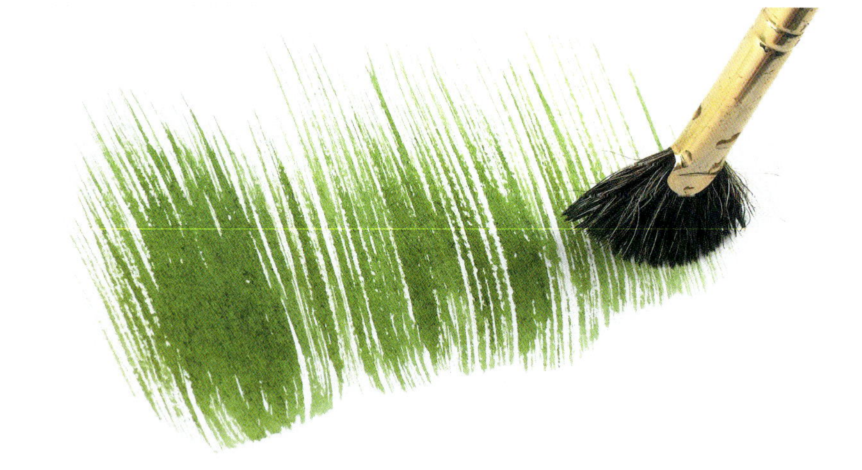

1 Die Gräser werden mit einer relativ dicken Farbmischung und einem dicken Fächerpinsel gemalt.

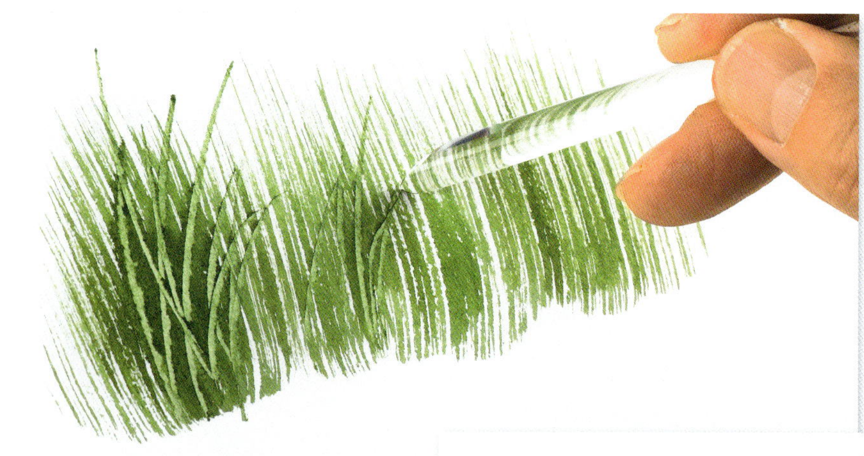

2 Ziehen Sie nun das Ende eines Kunststoff-Pinselstiels ebenfalls von unten nach oben durch die Farbe, um sie teilweise wieder abzutragen.

3 Wenn die Farbe trocken ist, können dunklere Grashalme mit einem Linierpinsel hinzugefügt werden.

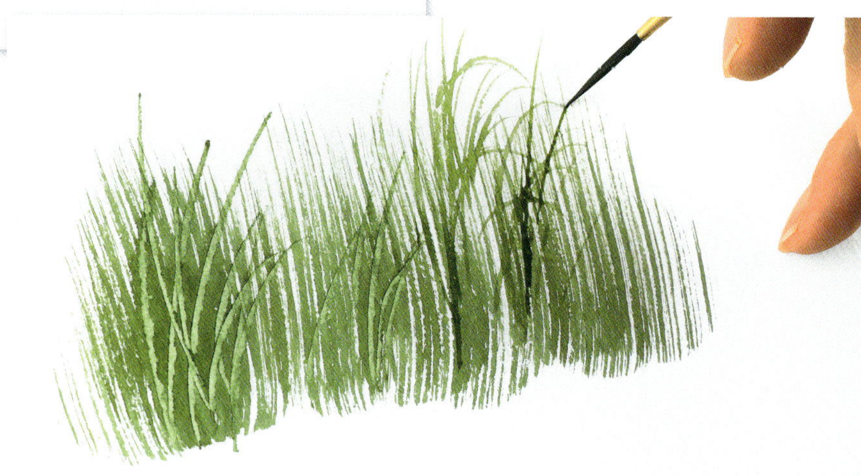

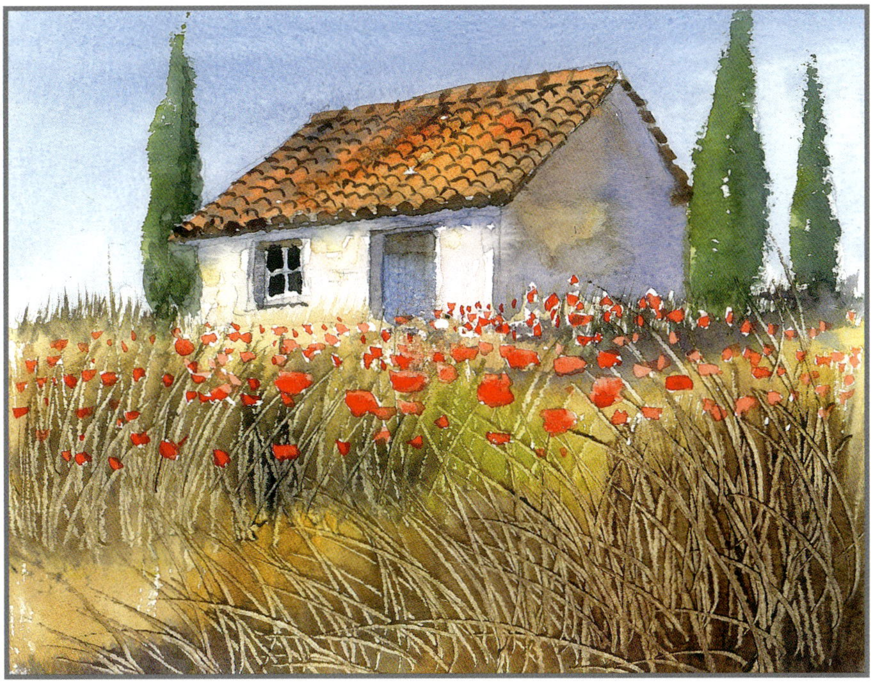

Auch hier wurde die Grasfläche zuerst gemalt, dann wurde die Farbe teilweise mit einem Pinselstiel wieder abgetragen.

96 GRÄSER MIT AUSZIEHFEDER UND MASKIERFLÜSSIGKEIT

Mit einer Ausziehfeder und Maskierflüssigkeit werden „Halme" auf das Papier gemalt. Übermalen Sie die Fläche dann mit einer dunkleren Farbe – immer in Wuchsrichtung, also von unten nach oben. Lassen Sie alles trocknen und entfernen das Maskiermittel. Danach wird die Fläche mit einer blasseren Lasur übermalt.

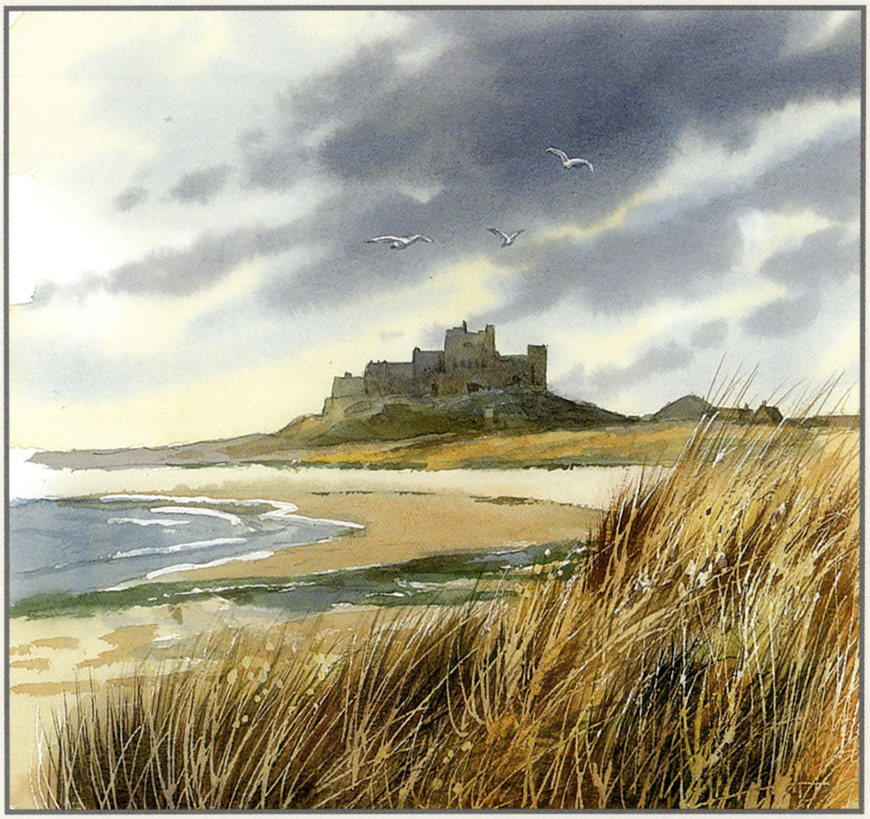

Blumen

Blüten sehen besonders frisch aus, wenn man ihre Farben auf weißes Papier malt. Darum empfiehlt sich oft die Verwendung von Maskierflüssigkeit.

97 MOHNBLÜTEN NASS IN NASS

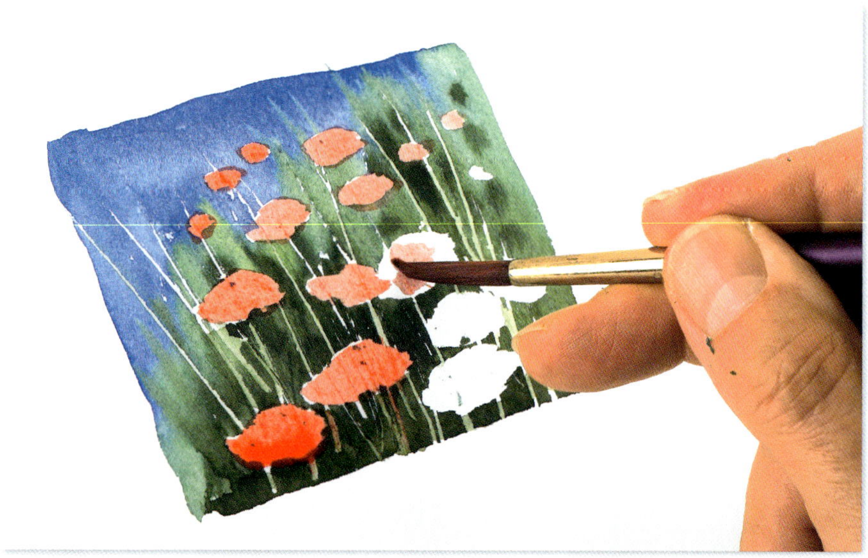

1 Vor dem Malen der Mohnblüten entfernen Sie das Maskiermittel vom Papier. Die Blüten werden mit verdünntem Kadmiumrot eingefärbt.

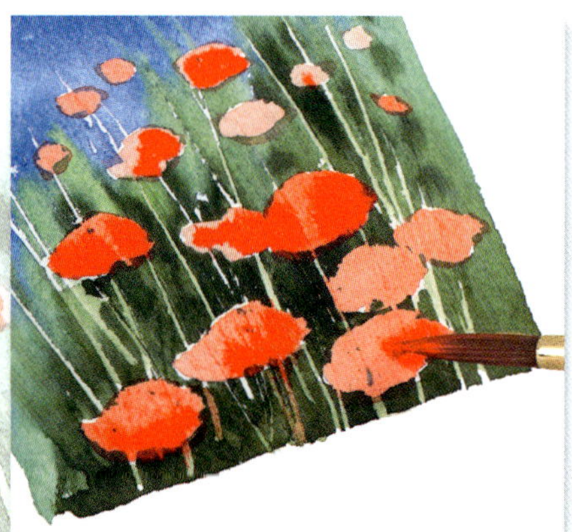

2 Tupfen Sie sofort konzentrierteres Kadmiumrot in die nasse Farbe.

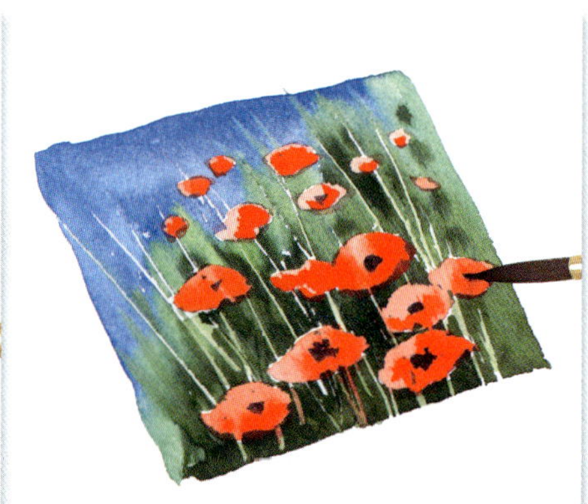

3 Lassen Sie die Blüten trocknen und dunkeln dann einige Blütenzentren mit Paynesgrau ab – aber nicht alle, denn einige Blüten sind vom Betrachter weggeneigt.

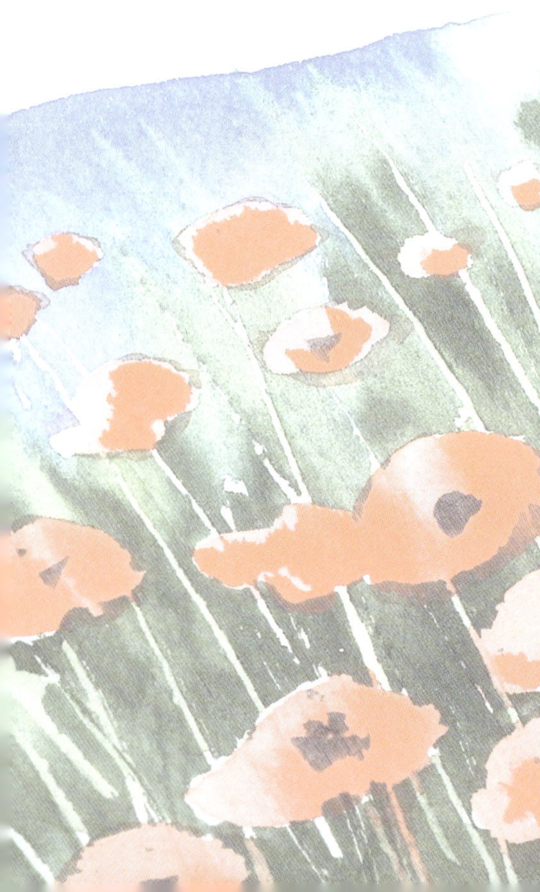

98 WILDE MÖHRE MIT MASKIERFLÜSSIGKEIT

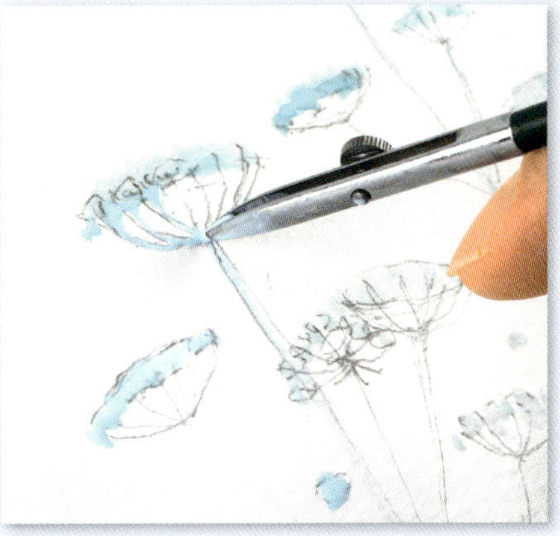

1 Tragen Sie die Maskierflüssigkeit für die Blüten mit einem Pinsel und für die Stiele mit einer Ausziehfeder auf.

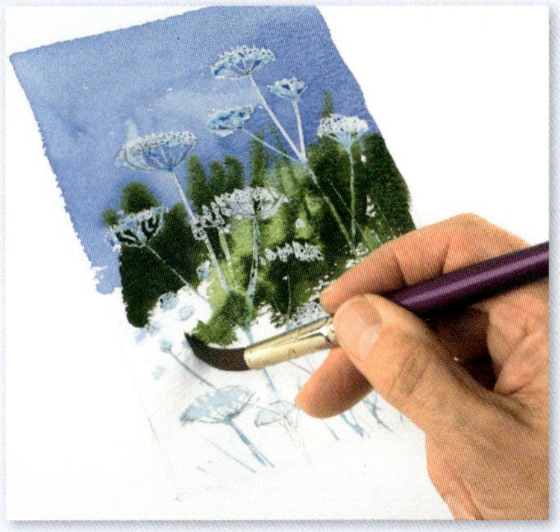

2 Der Himmel wird blau gemalt. Für das Gras lassen Sie verschiedene Grüntöne nass in nass verlaufen.

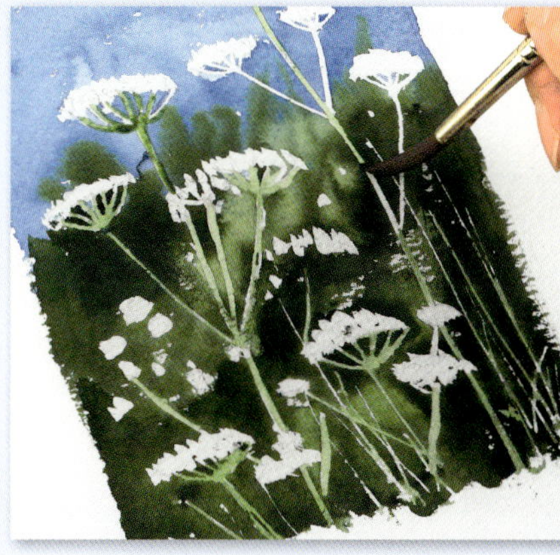

3 Entfernen Sie die Maskierflüssigkeit und übermalen die Stiele mit verdünntem Maigrün.

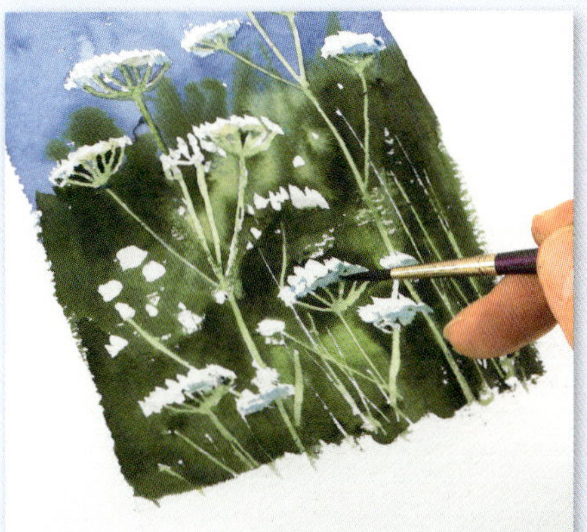

4 Für die Schattenseiten der Blütenstände wird mit einem dünnen Rundpinsel eine sehr blasse Mischung aus Siena natur und Kobaltblau aufgetragen.

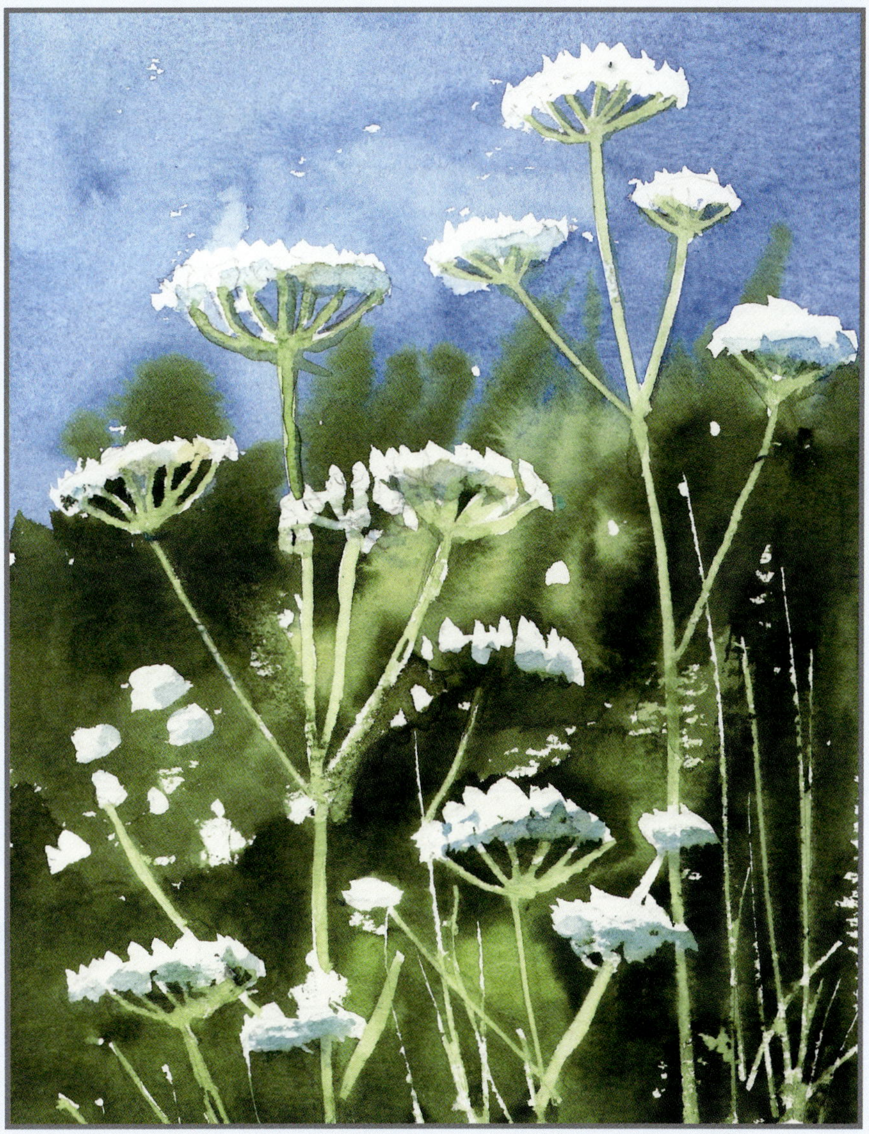

Das fertige Bild.

99 RHODODENDRON

Zuerst werden die Blütenstände mit einem schmalen Flachpinsel und Permanentrosa getupft, dann tragen Sie für die Schatten auf den Unterseiten der Blütenstände etwas Kobaltblau auf. Die Blüten der Pflanze im Topf werden mit Maskierflüssigkeit abgedeckt und, nachdem diese entfernt ist, einzeln ausgemalt.

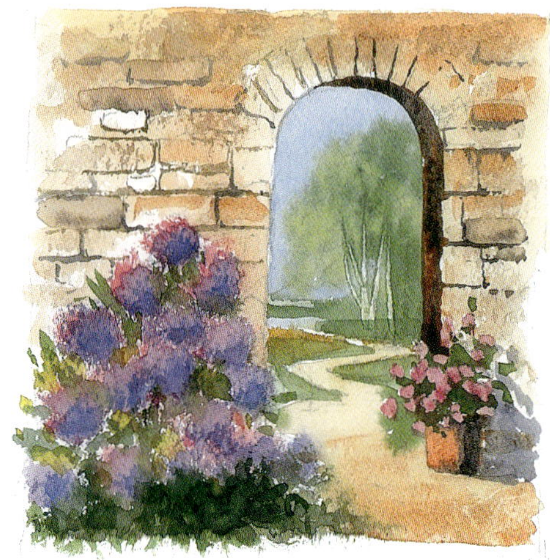

100 MARGERITEN

Die Margeriten müssen sorgfältig vorgezeichnet und mit Maskierflüssigkeit abgedeckt werden. Decken Sie zuerst die Blüten und einige Grashalme ab, dann überziehen Sie den Hintergrund mit einer grünen Lasur. Nach dem Trocknen fügen Sie mit dunklerem Grün einzelne Grashalme hinzu. Wenn diese trocken sind, entfernen Sie die Maskierflüssigkeit. Die Blütenzentren entstehen mit Kadmiumgelb mit einem Hauch Kadmiumrot, ihre Schattenränder werden mit Umbra gebrannt abgedunkelt. Für die Schatten auf den Blütenblättern verwenden Sie stark verdünntes Kobaltblau und übermalen die weißen Gräser und Stängel mit einem hellen Grün.

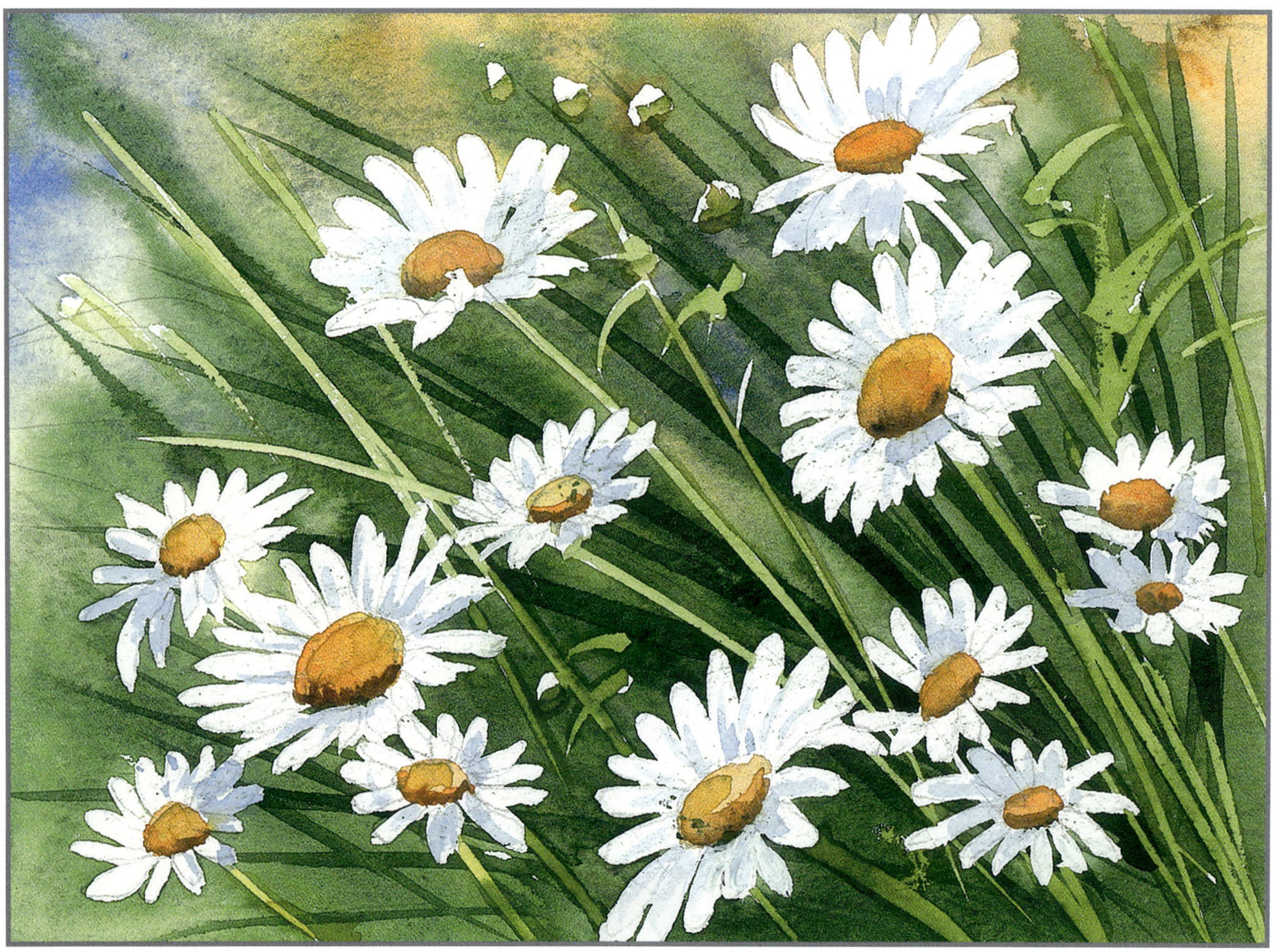

101 GLOCKENBLUMEN

Für die Glockenblumen werden Kobaltblau und Permanentrosa in verschiedenen Anteilen gemischt, um unterschiedliche Tonwerte und Farbnuancen zu erhalten.

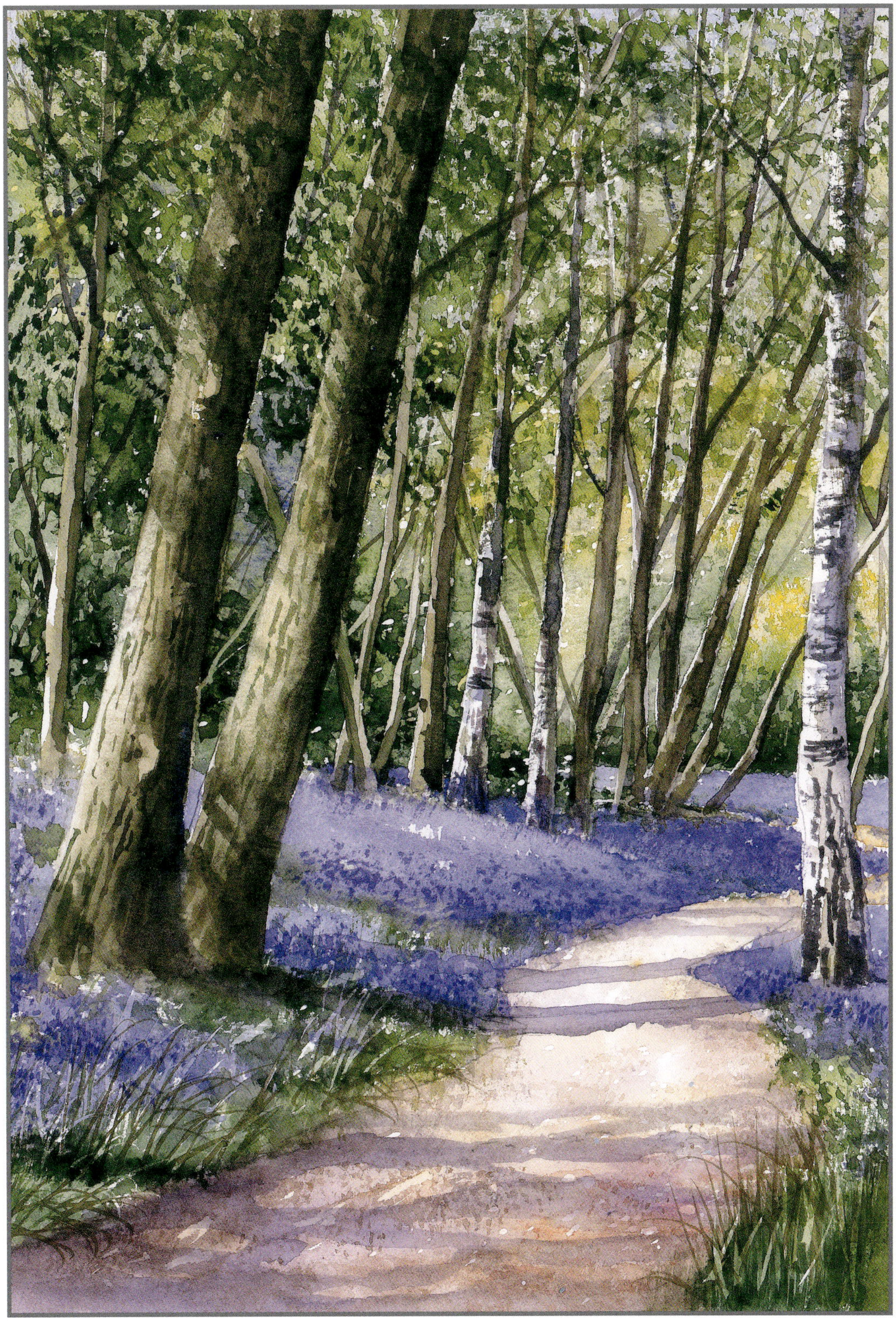

102 BLÜTENMITTE MIT DEM FINGER

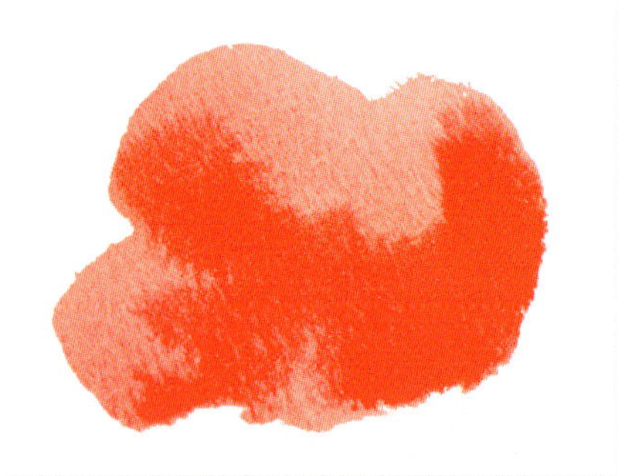

1 Malen Sie die Mohnblüte mit einem verdünnten und danach einem kräftigeren Kadmiumrot.

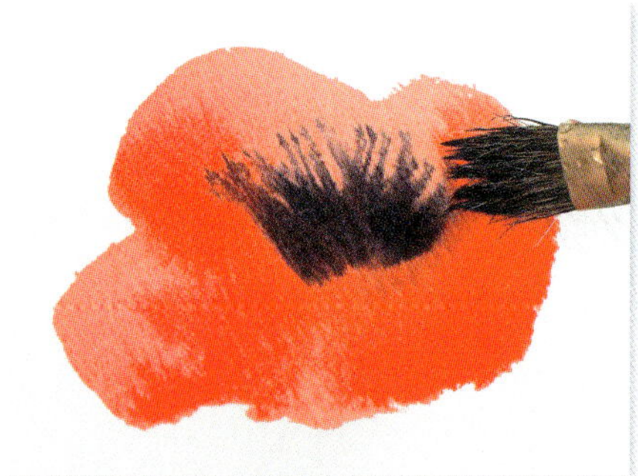

2 Das Zentrum wird nass in nass mit Paynesgrau abgedunkelt.

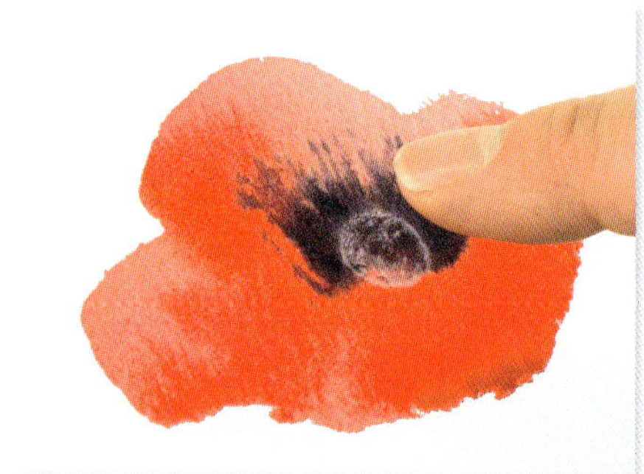

3 Für die Blütenmitte drücken Sie die Fingerspitze im Zentrum in die nasse Farbe.

103 TERRAKOTTAKÜBEL

Terrakottakübel sind ein beliebtes Detail in Bildern. Es gibt verschiedene Möglichkeiten, sie zu malen. Die hier genannten Mischungen eignen sich auch gut für Dächer mit traditionellen Ton-Dachpfannen (siehe Seite 111).

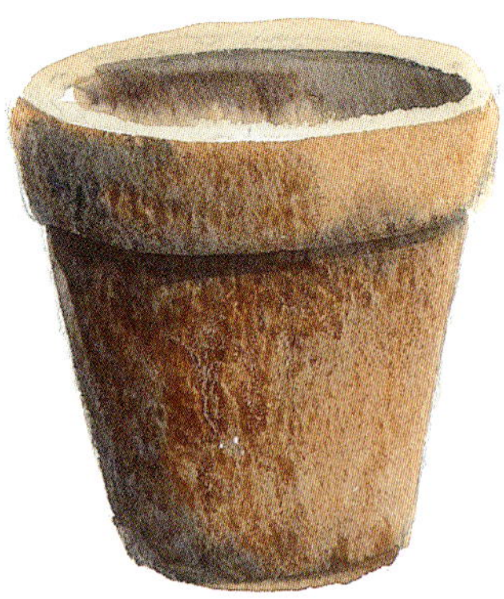

Siena gebrannt und Paynesgrau

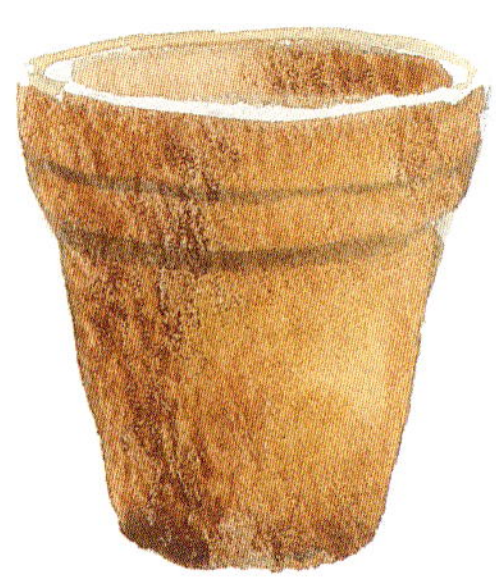

Siena gebrannt und Siena natur

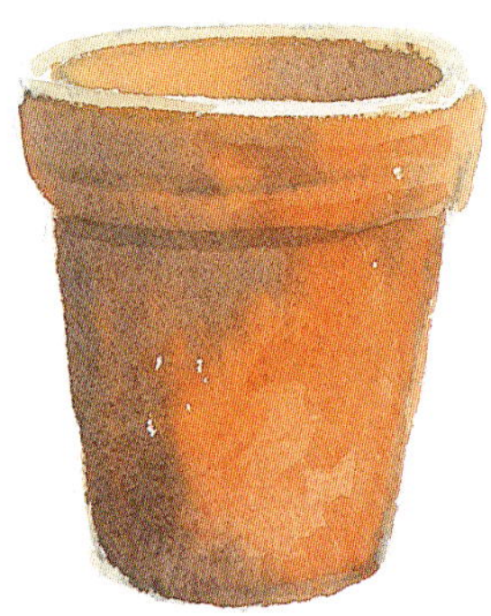

Kadmiumrot, Kadmiumgelb und Französisch Ultramarin

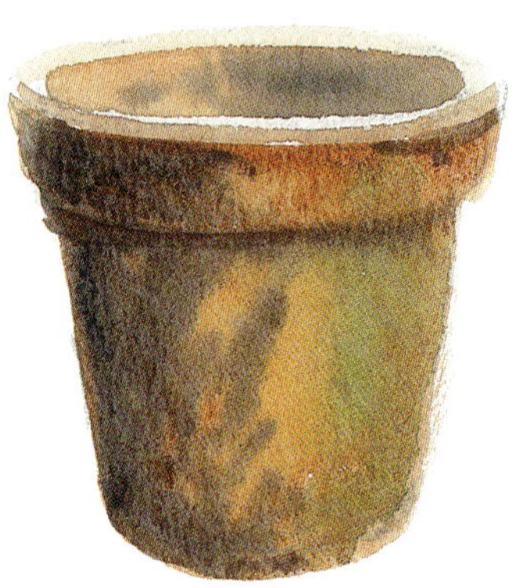

Siena gebrannt, Kadmiumgelb und Paynesgrau mit Maigrün

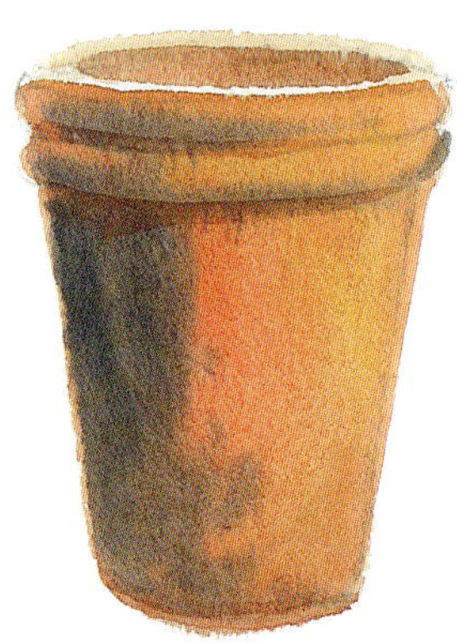

Kadmiumrot, Siena natur und Französisch Ultramarin

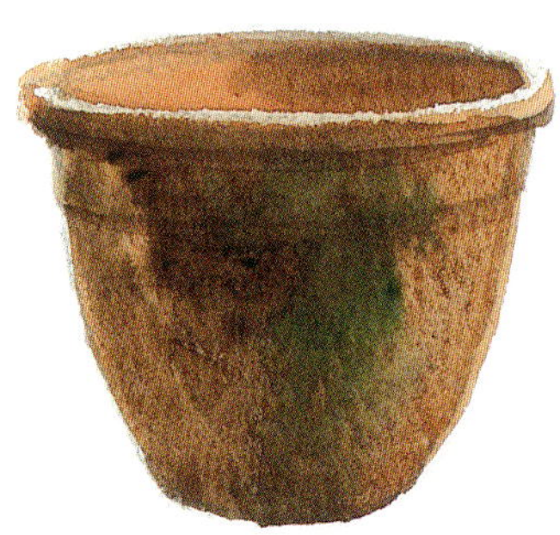

Siena gebrannt und Umbra gebrannt mit Maigrün

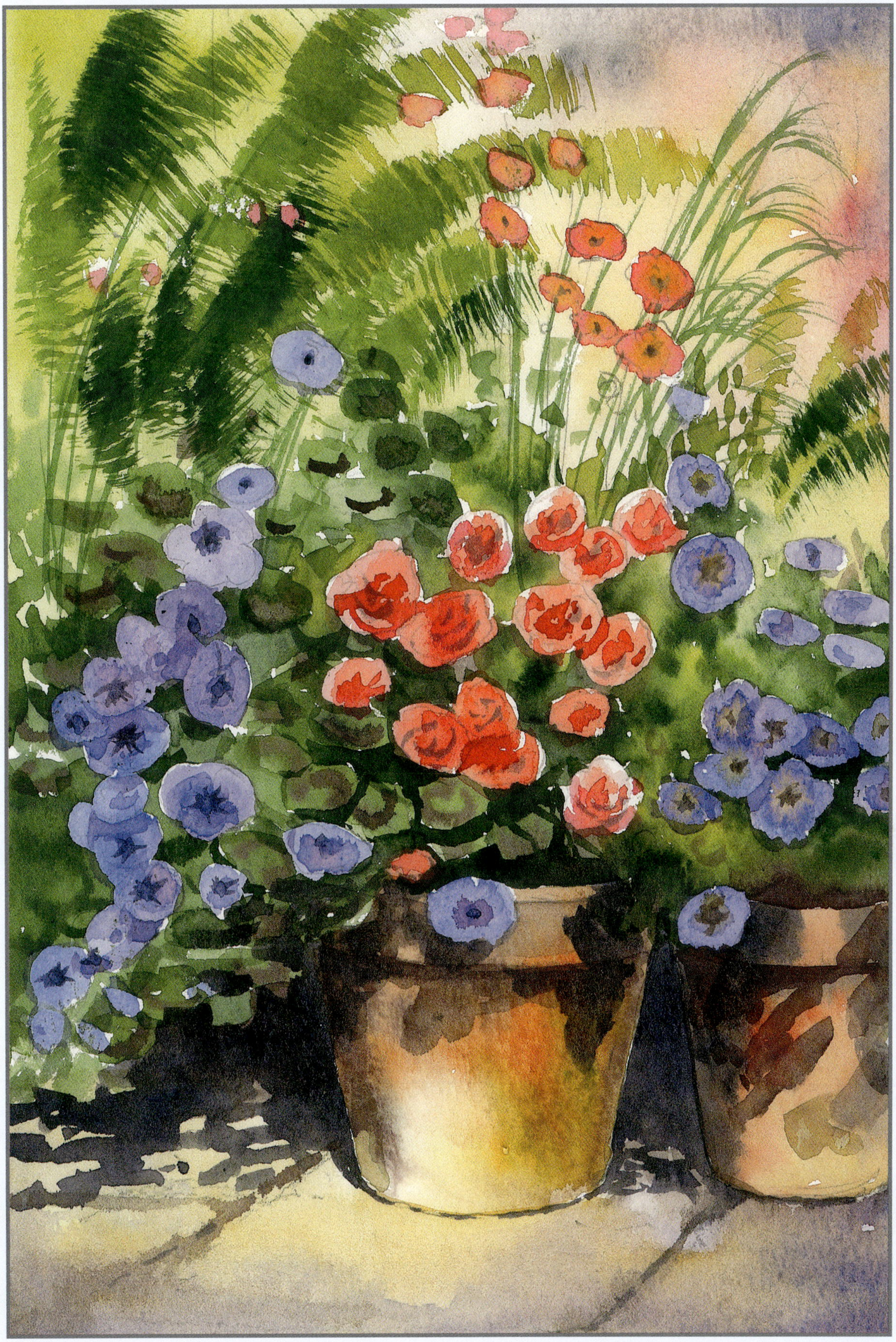

Berge

Weil Berge oft den Hintergrund eines Bilds darstellen, sollten sie nicht zu detailreich gemalt werden.

104 SCHNEE MIT MASKIERFLÜSSIGKEIT

Der verschneite Gipfel wird mit Maskierflüssigkeit abgedeckt. Eine dunkle Wolke hinter dem Berg schafft einen guten Kontrast. Für die Schatten auf dem Schnee wird stark verdünntes Kobaltblau verwendet.

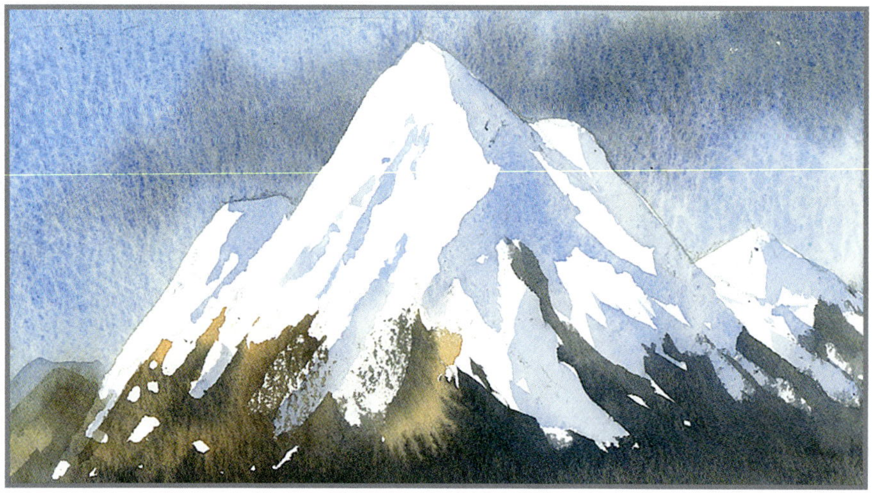

105 BERGE IM DUNST

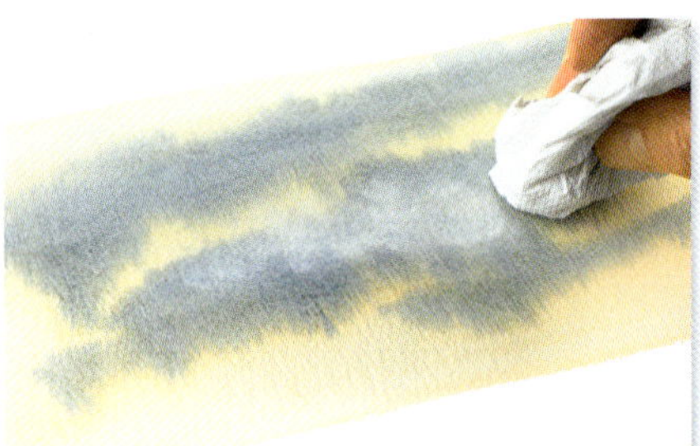

1 Malen Sie den Himmel und tupfen für die Lichtreflexe Farbe von den Wolken ab.

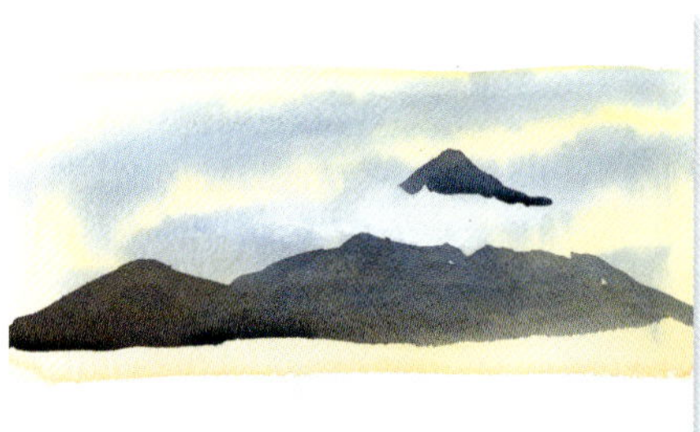

2 Malen Sie die Berge mit Französisch Ultramarin und Umbra gebrannt und sparen die Nebelbank aus.

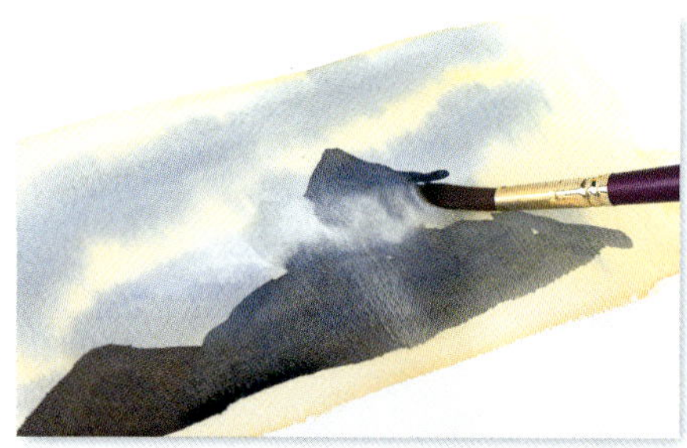

3 Lassen Sie alles trocknen. Dann feuchten Sie den Nebelbereich mit klarem Wasser an.

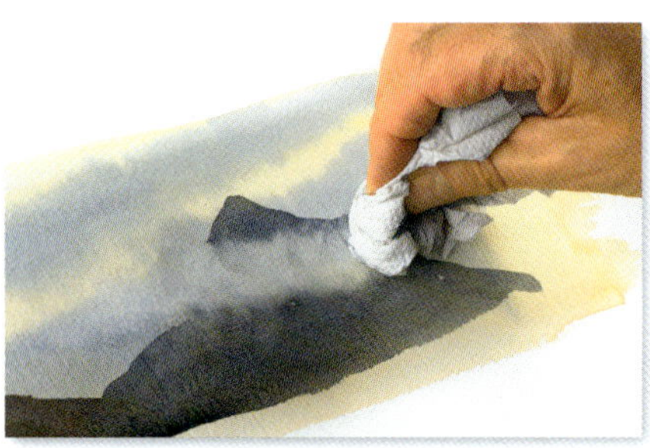

4 Mit Küchenpapier nehmen Sie einen Teil der Farbe vom Papier ab.

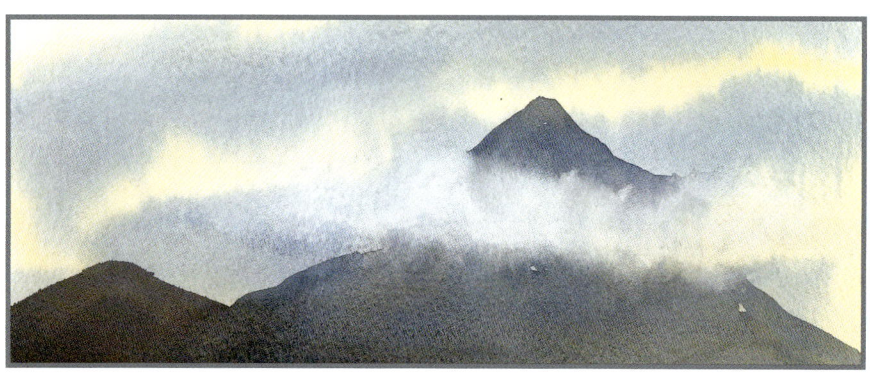

106 BERGE SCHABEN MIT EINER PLASTIKKARTE

1 Den unteren Bereich malen Sie mit Siena natur, den Himmel mit Französisch Ultramarin. Arbeiten Sie nass in nass und lassen die Farben im Übergangsbereich verlaufen.

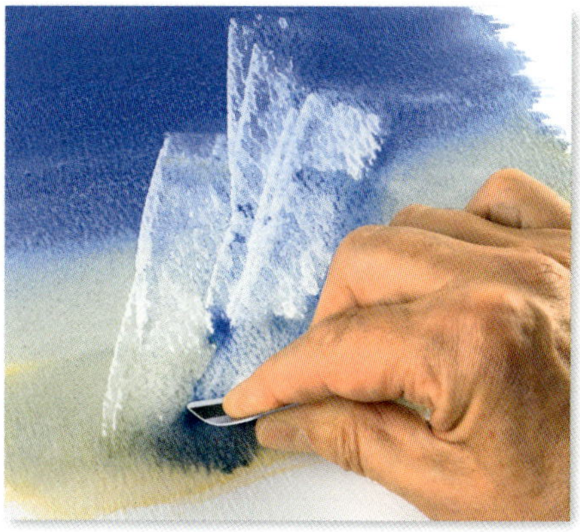

2 Sofort werden mit einer Plastikkarte Gebirgsformen in die nasse Farbe geschabt.

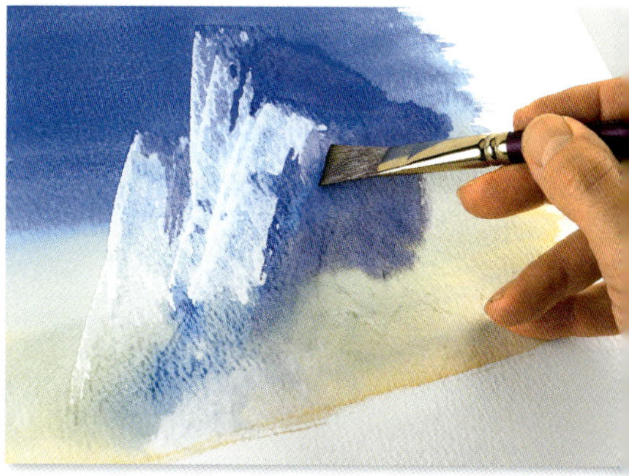

3 Dunkeln Sie die Schattenseiten der Berge mit Paynesgrau und einem 19-mm-Flachpinsel ab.

107 SONNENEFFEKT MIT SIENA NATUR

Wenn Siena natur nass in nass verarbeitet wird, neigt sie dazu, andere Farben zu verdrängen. Diese Eigenschaft kann man für interessante Effekte nutzen.

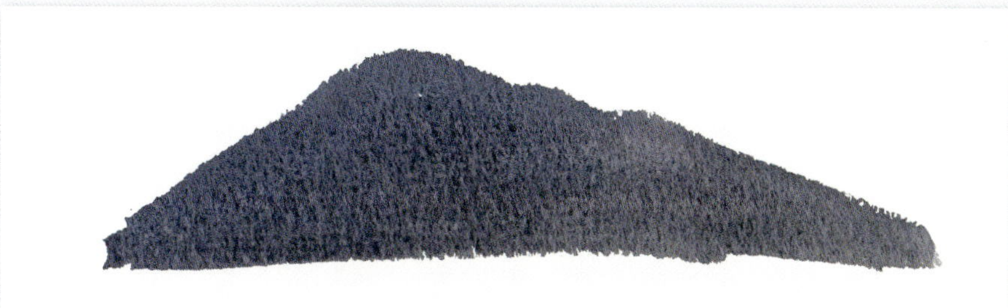

1 Der Berg wird mit einer Mischung aus Paynesgrau und Umbra gebrannt gemalt.

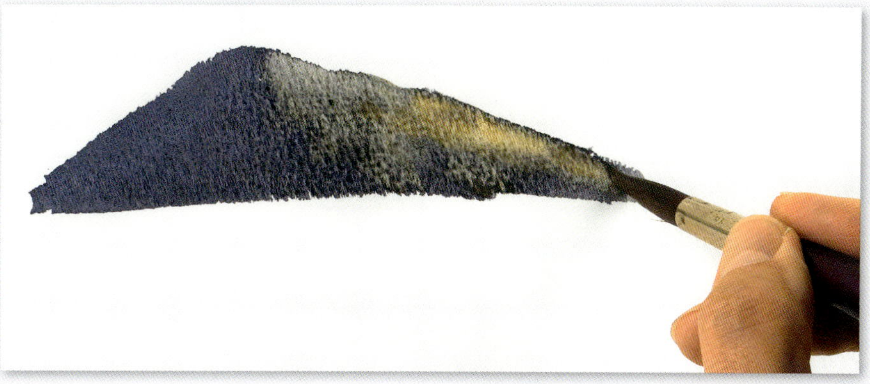

2 Tupfen Sie sofort auf einer Seite Siena natur in die nasse Farbe. Sie verdrängt die dunklere Farbe und es sieht aus, als läge diese Seite des Bergs im Sonnenlicht.

Wasser

Wasser stellt eine besondere künstlerische Herausforderung dar. Ob Fluss oder Meer, Tümpel oder Wasserfall: Es sieht immer anders aus und kann viele verschiedene Stimmungen vermitteln.

108 WASSERFALL

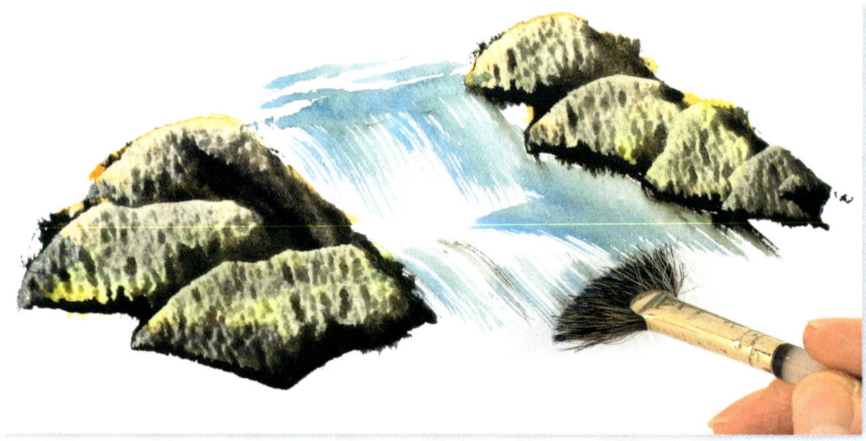

1 Zuerst malen Sie die Felsen. Dann wird Kobaltblau mit wenig Hookersgrün gemischt. Nehmen Sie nur wenig dieser Mischung mit einem dicken Fächerpinsel auf und tragen es mit geringem Druck in der Fließrichtung des Wassers auf.

2 Lassen Sie die Farbe trocknen. Mit einer Mischung aus Kobaltblau mit Französisch Ultramarin und Umbra gebrannt wird das Wasser um die Schatten der Felsen am rechten Ufer abgedunkelt.

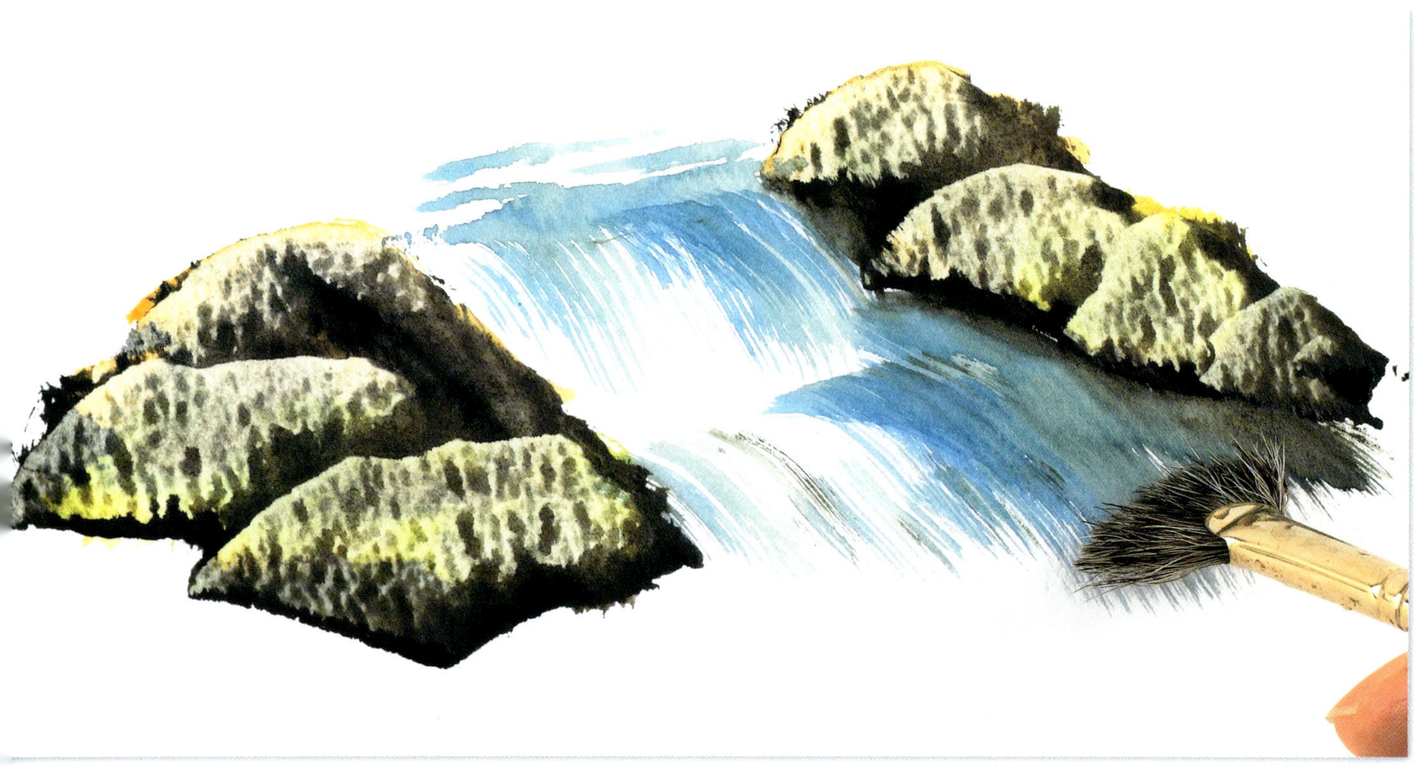

109 WASSERFALL MIT MASKIERFLÜSSIGKEIT

Zuerst sollten Sie den Verlauf des Flusses sorgfältig durchdenken und vorzeichnen. Tragen Sie dann Maskierflüssigkeit für den weißen Schaum auf und arbeiten dabei immer in der Fließrichtung des Wassers. Für die Felsen verwenden Sie eine dunkle, gut kontrastierende Farbe. Die Mitteltöne des Wassers werden mit Kobaltblau mit einem Hauch Hookersgrün eingefügt. Dann entfernen Sie die Maskierflüssigkeit und arbeiten die Details des Wassers mit derselben Mischung genauer aus.

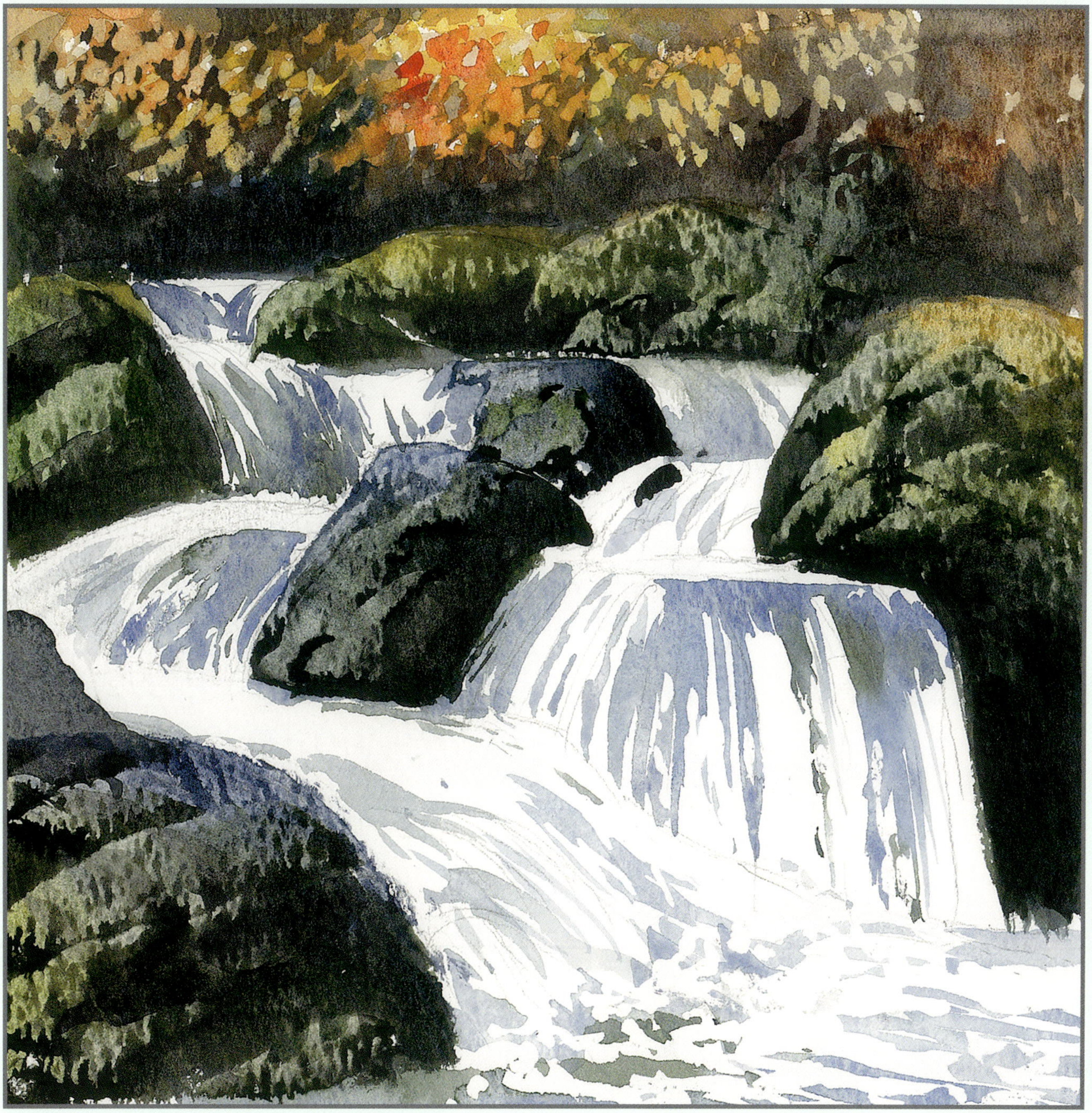

110 WELLEN MIT MASKIERFLÜSSIGKEIT

Lichtreflexe auf kleinen Wellen lassen sich gut mit Maskierflüssigkeit gestalten. Zuerst werden die Wellen in der Ferne mit kleinen waagerechten Pinselstrichen angedeutet. Zum Vordergrund hin müssen die Striche allmählich länger und dicker werden.

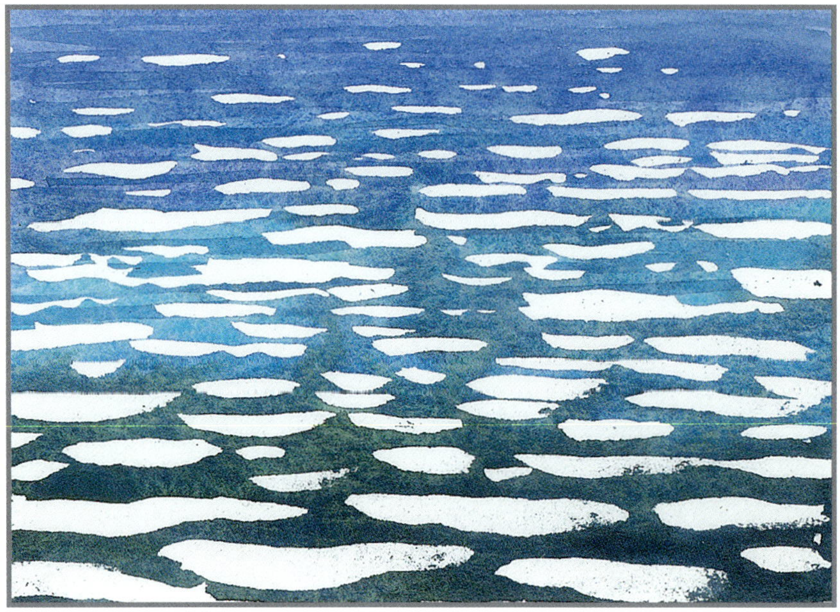

111 WELLEN LAVIEREN

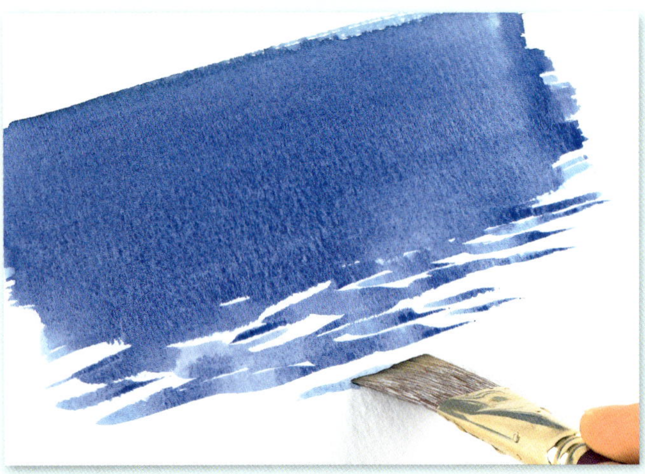

1 Mit einem 19-mm-Flachpinsel wird die Wasserfläche einfarbig lasiert. Im Vordergrund setzen Sie den Pinsel mit der Schmalseite auf und lassen Lücken im Farbauftrag, um Wellen anzudeuten.

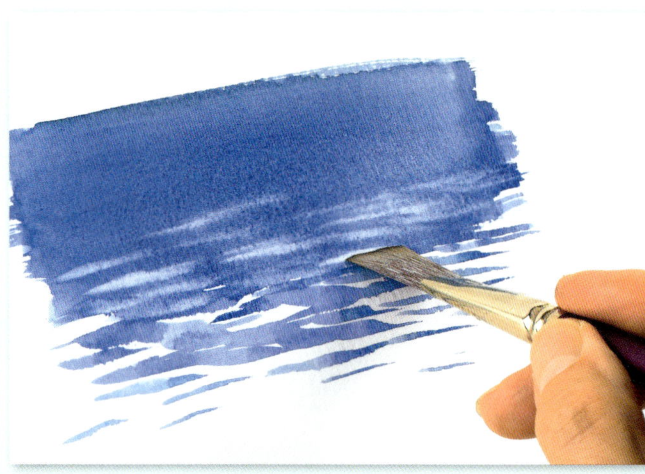

2 Bevor die Farbe trocknet, waschen Sie den Pinsel aus und drücken ihn gut aus. Dann wird mit waagerechten Strichen stellenweise nasse Farbe vom Papier abgenommen.

112 SPIEGELUNGEN NASS IN NASS

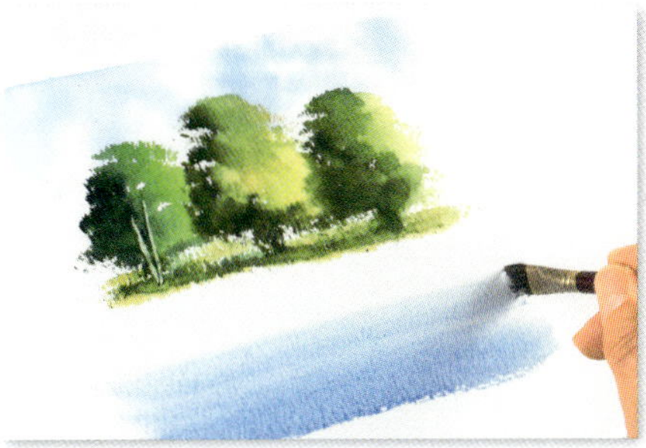

1 Feuchten Sie die Fläche des Wassers mit klarem Wasser und einem Naturborsten-Flachpinsel an. Unten tragen Sie stark verdünntes Französisch Ultramarin auf, sodass die Farbe nach oben verläuft.

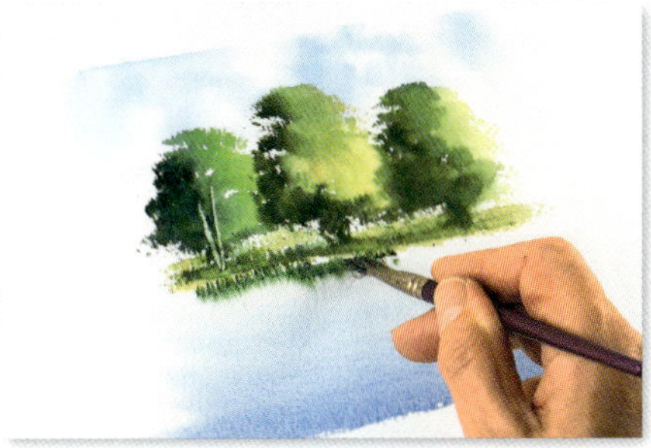

2 Für die Spiegelung wird direkt am Ufer ein dunkleres Grün vorsichtig in den nassen Bereich gezogen, sodass es leicht verläuft.

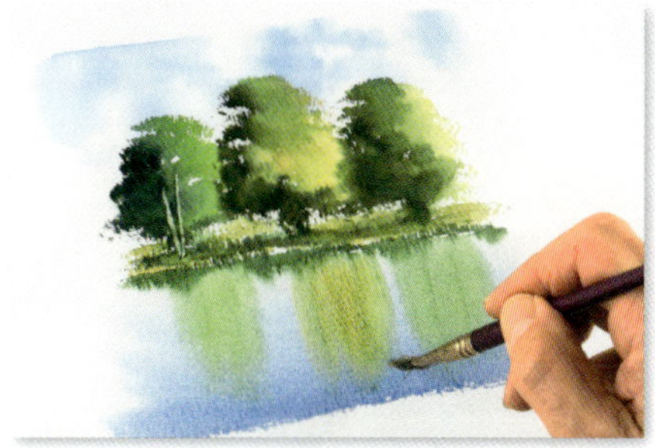

3 Die helleren Farben der Bäume am Ufer tragen Sie ebenso für die Spiegelbilder auf und lassen den Farbauftrag verlaufen.

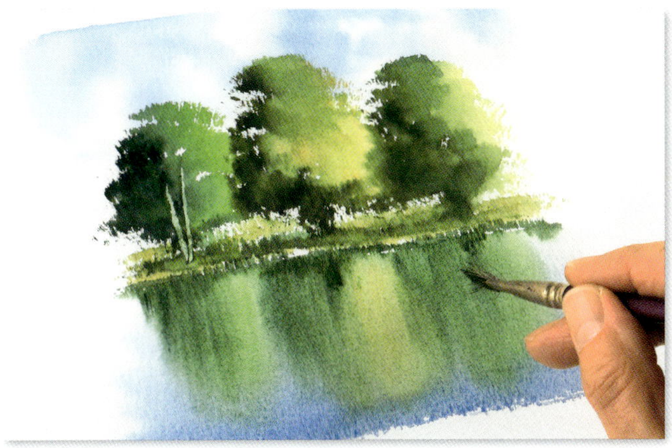

4 Für die Stämme und andere Details am Ufer werden nass in nass dunklere Grüntöne im Bereich der Spiegelbilder aufgetragen.

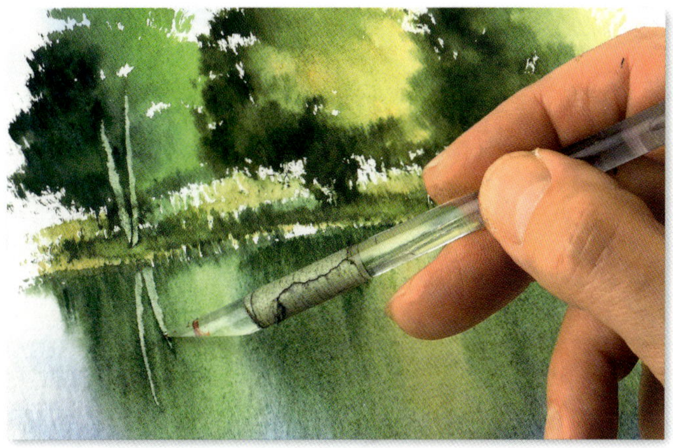

5 Für das Spiegelbild des Birkenstamms (links) wird mit einem Kunststoff-Pinselstiel die feuchte Farbe wieder abgetragen.

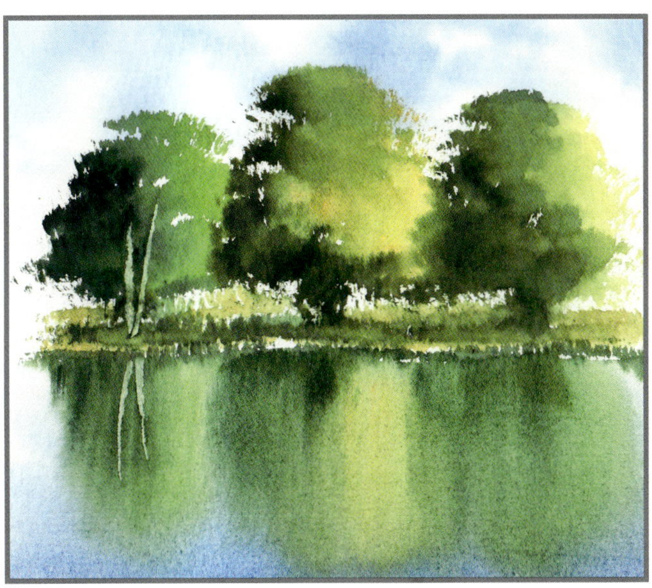

Das fertige Bild.

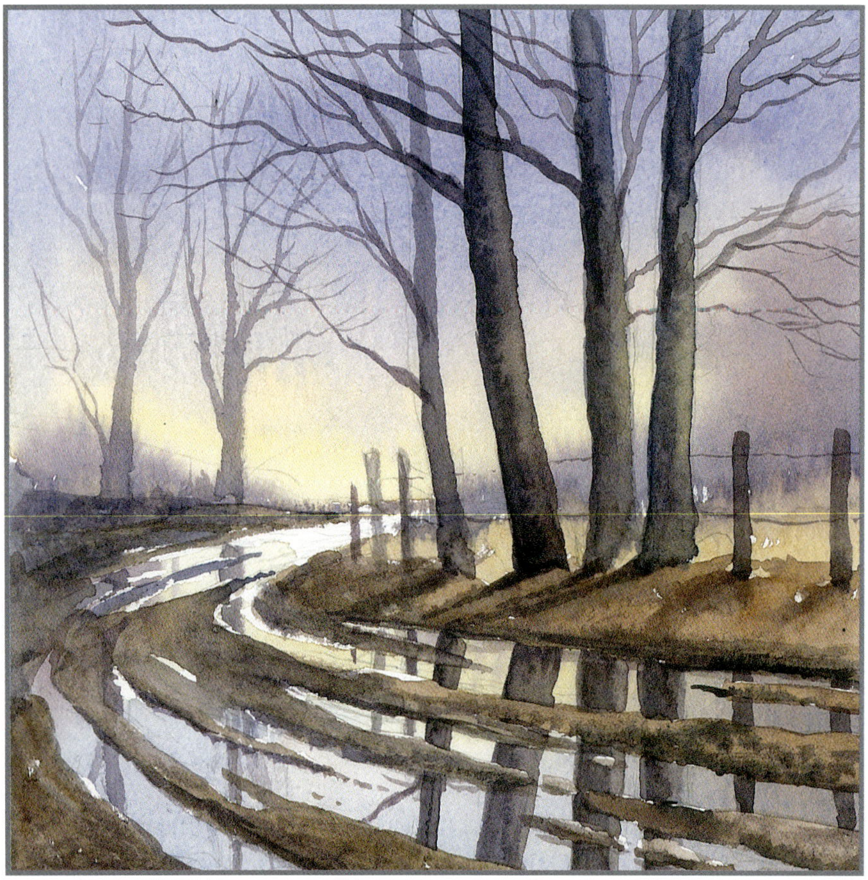

113 SPIEGELUNGEN VON PFOSTEN UND STÄMMEN

Auch in Pfützen auf Wegen müssen Spiegelungen gemalt werden, denn daran erkennt der Betrachter, dass es sich um Wasser handelt. Wichtig ist, die Foto-Vorlage genau zu studieren und die Winkel richtig wiederzugeben.

114 BRANDUNG

Schaumkronen und Gischt lassen sich am besten mit Maskierflüssigkeit gestalten. Um die Wucht zu vermitteln, mit der die Wellen sich auf den Felsen brechen, wurde die Maskierflüssigkeit hier teilweise aufs Papier gespritzt. Dadurch gewinnt das Bild an Dramatik.

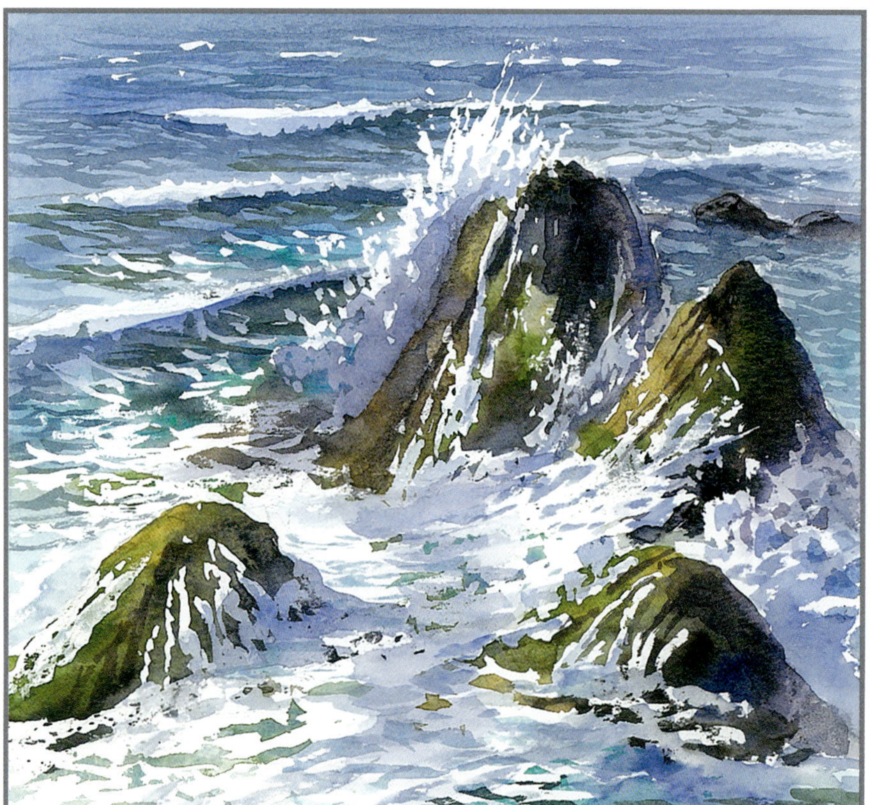

115 KABBELIGES WASSER

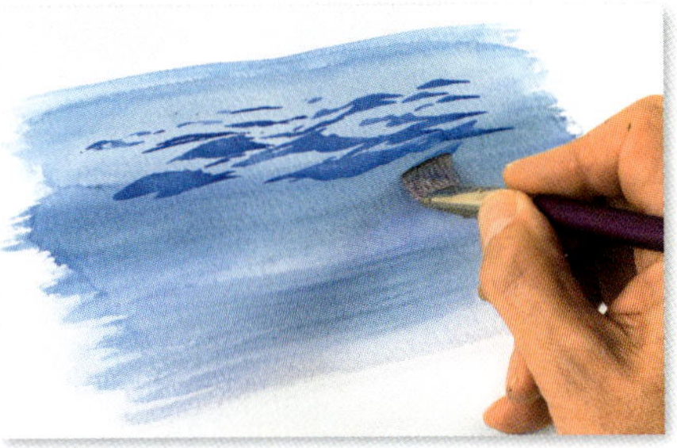

1 Lasieren Sie die Fläche mit verdünntem Französisch Ultramarin. Nach dem Trocknen setzen Sie mit kräftigerem Französisch Ultramarin und dem 19-mm-Flachpinsel schräge Striche.

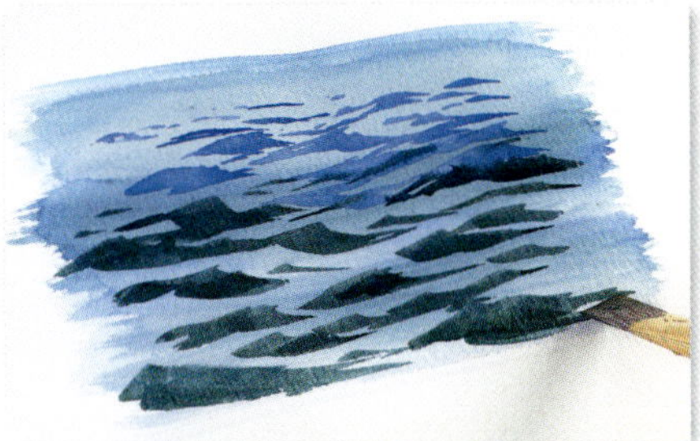

2 Im Vordergrund werden längere und breitere Striche mit einer kräftigen Mischung aus Französisch Ultramarin und Hookersgrün gemalt.

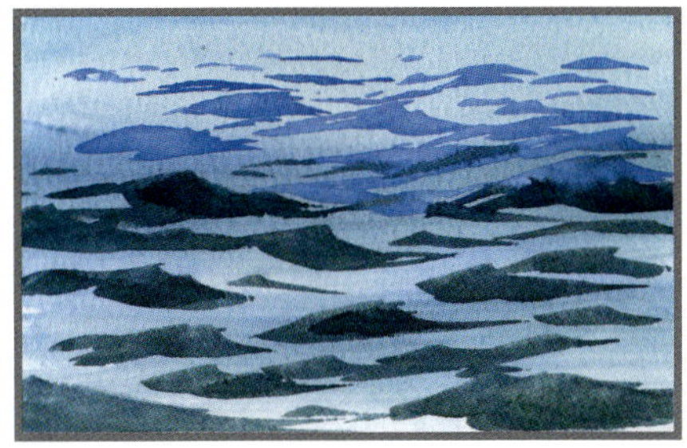

Das fertige Bild.

116 GERADER HORIZONT MIT MALERKREPP

Bevor Sie Malerkrepp verwenden, streichen Sie mit dem Finger über die Klebeseite, oder kleben Sie es auf Ihre Kleidung. Dadurch wird der Kleber geschwächt und es besteht weniger Gefahr, dass beim Ablösen vom Papier auch Farbe entfernt wird.

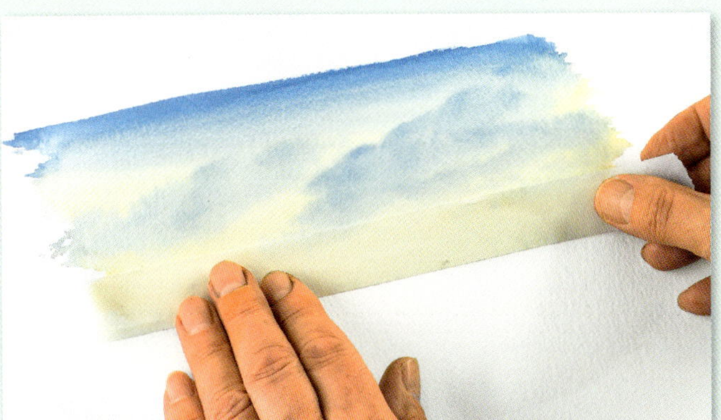

1 Zuerst malen Sie den Himmel und lassen ihn trocknen. An seinem unteren Rand wird Malerkrepp aufgeklebt – schnurgerade und mit der Unterkante dort, wo der Horizont liegen soll.

2 Nun wird das Wasser mit einem 19-mm-Flachpinsel gemalt. Dabei übermalt man die Unterkante des Malerkrepps.

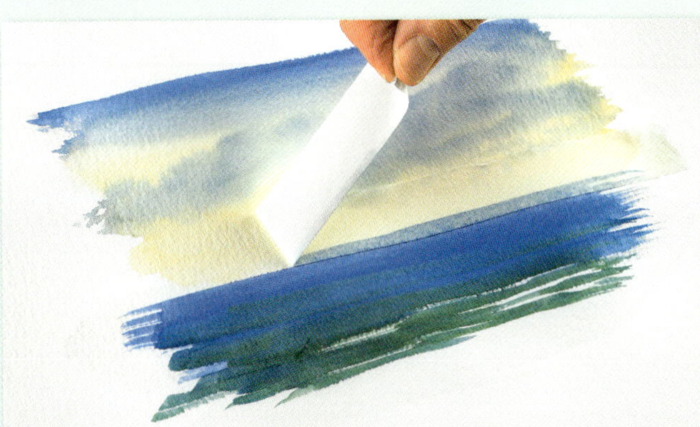

3 Wenn die Farbe trocken ist, wird das Malerkrepp vorsichtig vom Papier abgelöst. Wichtig ist, es nach oben abzuziehen.

117 GISCHT ABTUPFEN MIT EINEM SCHWAMM

Bei dieser Technik kommt es auf Schnelligkeit an. Unmittelbar nach dem Auftragen der Farbe wird sie teilweise mit einem feuchten Schwamm wieder vom Papier abgenommen. Details werden erst nach dem Trocknen ausgearbeitet.

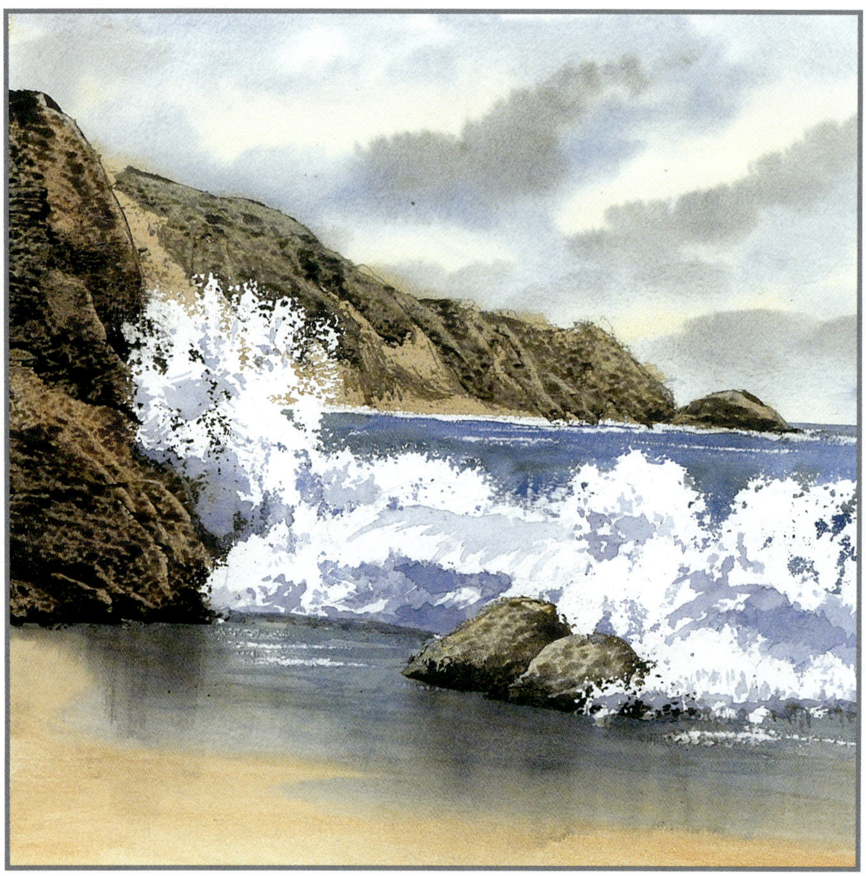

118 GISCHT MIT MASKIERFLÜSSIGKEIT

Für diesen Effekt wird Maskierflüssigkeit mit einem kleinen Naturschwamm oder mit zusammengeknülltem Küchenpapier aufgetragen. Die Schattierungen der Gischt werden mit einer verdünnten Mischung aus Kobaltblau und wenig Permanentrosa angedeutet.

119 SPIEGELUNGEN IN FLACHEM WASSER

Decken Sie zuerst die Schaumränder mit Maskierflüssigkeit ab und malen den Himmel. Für die Steilküste setzen Sie eine der Techniken von Seite 104 ein. Danach wird die gesamte Wasserfläche angefeuchtet. Ziehen Sie die Farben der Steilküste senkrecht nach unten, um die Spiegelungen in Strandnähe anzudeuten. Auf der linken Bildseite gehen sie für die Reflexion des Himmels allmählich zu Blau über. Entfernen Sie das Maskiermittel und fügen mit hellem Blau Details der Schaumränder ein.

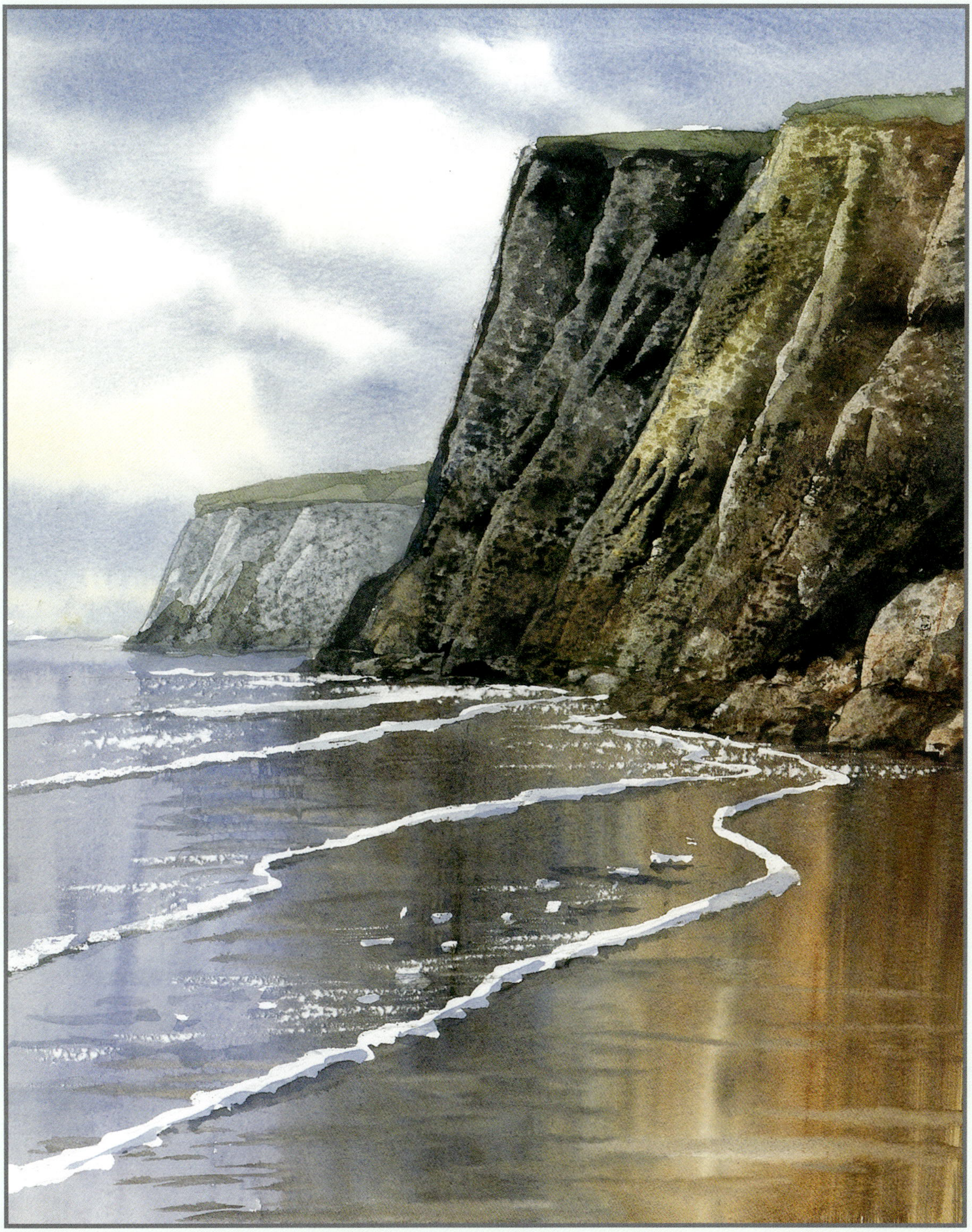

Strände

Viele Maler geben sich große Mühe mit dem Wasser, vernachlässigen dabei aber den Strand. Hier erfahren Sie, wie auch der Vordergrund gut gelingt.

120 KIESEL SPRENKELN MIT MASKIERFLÜSSIGKEIT

Tauchen Sie einen Pinsel mit steifen Borsten in Maskierflüssigkeit und streichen mit dem Finger über die Borsten, sodass das Maskiermittel auf das Papier spritzt. Für größere Kiesel verwenden Sie einen kleinen Rundpinsel. Nach dem Trocknen tragen Sie die Farbe auf und lassen sie trocknen. Entfernen Sie die Maskierflüssigkeit und übermalen die Kiesel mit einem hellen Farbton. Zuletzt fügen Sie dunklere Schatten unter größeren Steinen ein.

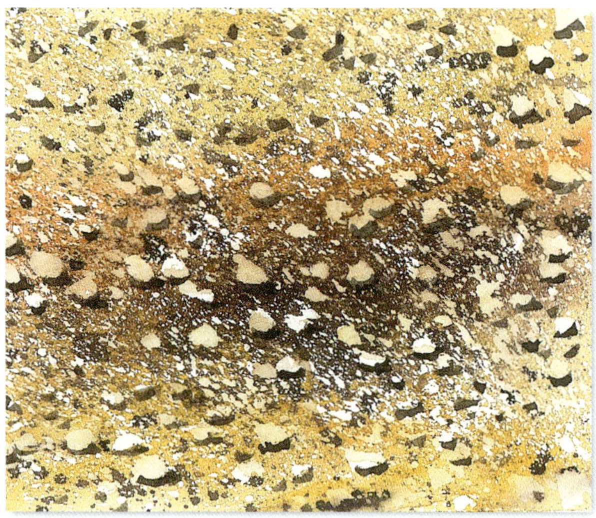

121 KIESEL TUPFEN

Grundieren Sie die Fläche mit verdünnter Siena natur, dann tupfen Sie dieselbe Farbe weniger verdünnt mit einem schmalen Flachpinsel auf. Dunklere Schatten verdeutlichen die Formen der größeren Kiesel im Vordergrund.

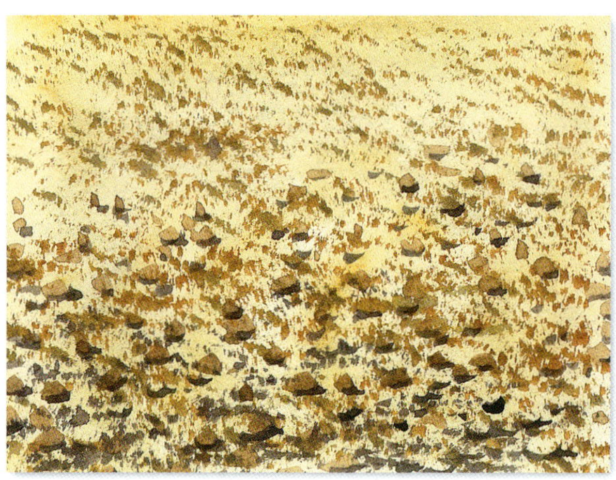

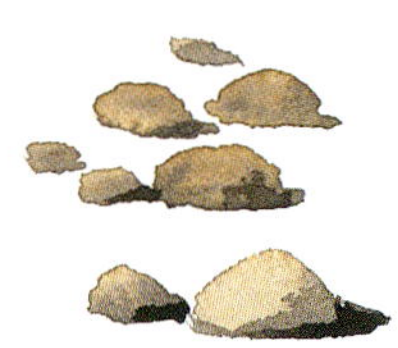

122 SAND

Für den Sand wurde in diesem Beispiel hauptsächlich Siena natur verwendet, außerdem Paynesgrau für die Schatten in den Sanddünen.

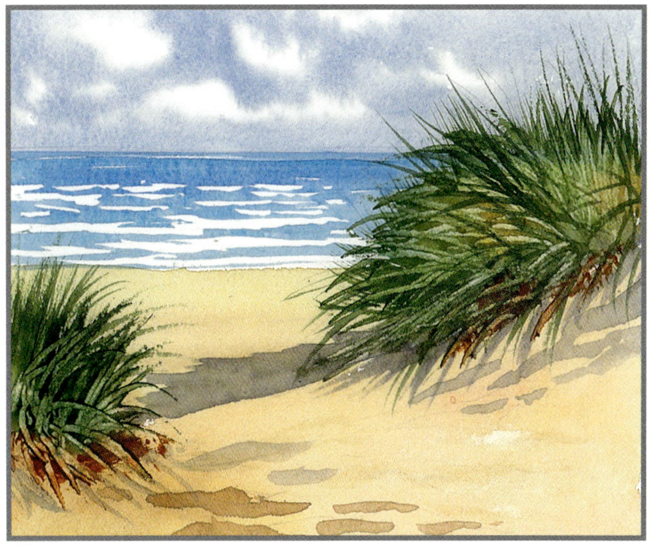

123 SCHAUMKRONEN MIT MASKIERFLÜSSIGKEIT

Schaumkronen, Wellen und der Brandungssaum können mit Maskierflüssigkeit abgedeckt werden. Verwenden Sie für den Strand Siena natur, dann Blau für das Meer und lassen die Farben im Übergangsbereich nass in nass verlaufen. Lassen Sie alles trocknen. Entfernen Sie die Maskierflüssigkeit und arbeiten dunklere Wellen und die Schatten unter den Schaumkronen aus.

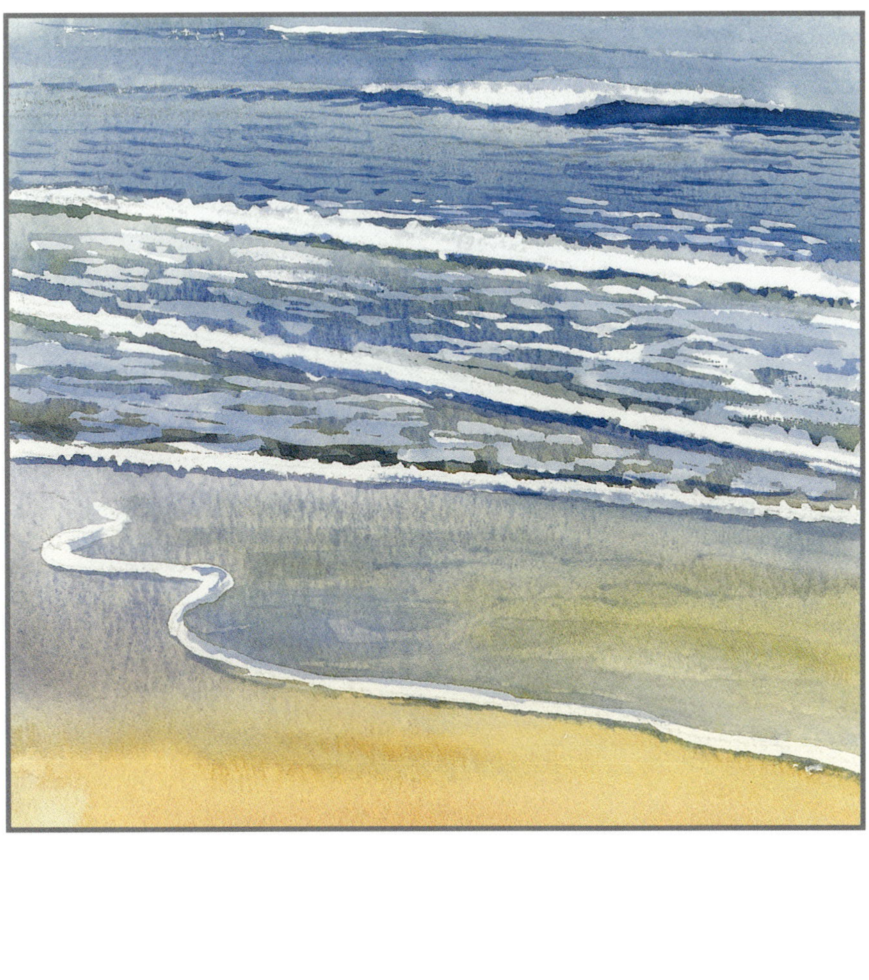

Felsen

Felsen können aus verschiedenen Gesteinsarten bestehen, darum haben sie nuancenreiche Oberflächen und Farben. Beim Malen kommt es auf die Textur und die Farbwahl an.

124 FELSEN MIT EINER PLASTIKKARTE

Für diese Technik muss raues Papier verwendet werden, denn seine Oberfläche bringt die Textur der Felsen zum Ausdruck.

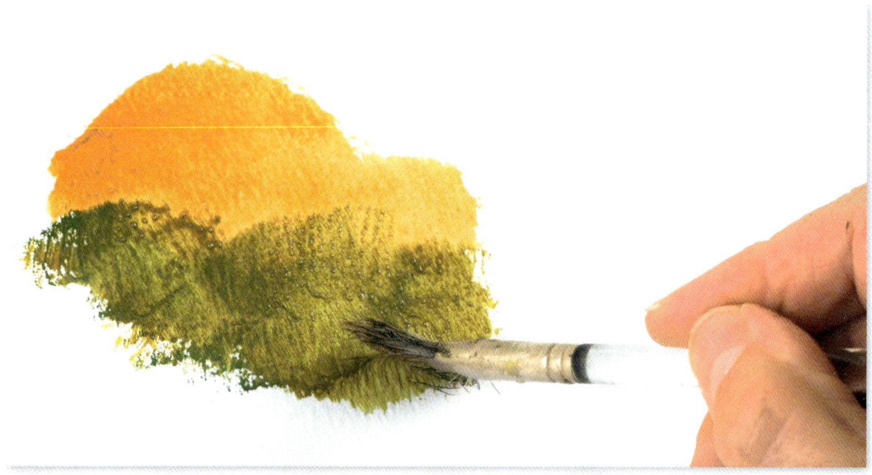

1 Tragen Sie mit einem steifen Fächerpinsel zuerst die hellste Farbe auf: Siena natur, nicht zu stark verdünnt, und für das Moos Olivgrün gelblich.

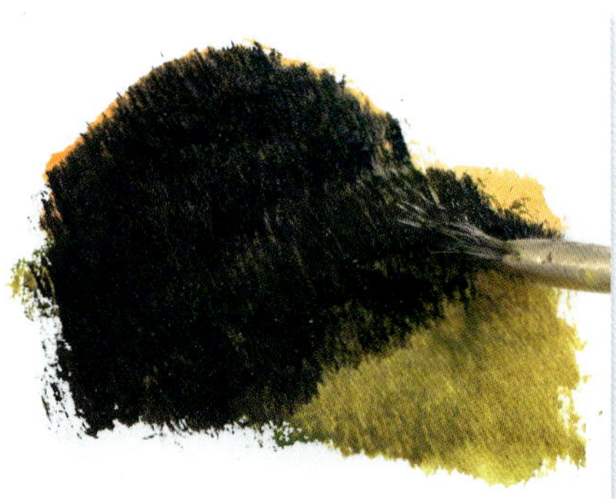

2 Übermalen Sie den Felsen mit Französisch Ultramarin und Umbra gebrannt.

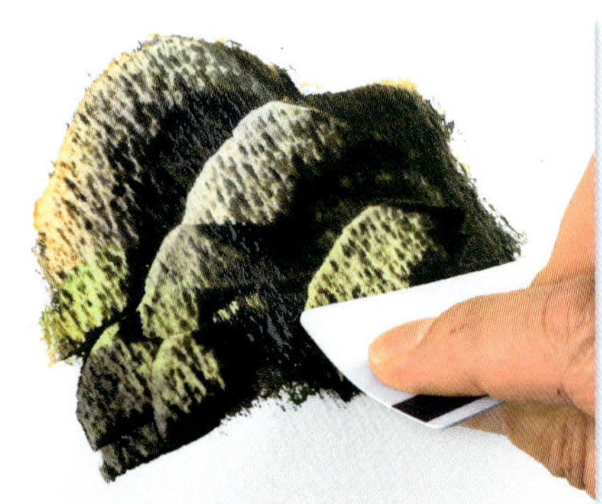

3 Schaben Sie die Farbe teilweise mit einer alten Plastikkarte ab und arbeiten dabei die Formen der Felsen heraus. Beginnen Sie mit den hintersten Felsen und arbeiten zum Vordergrund hin.

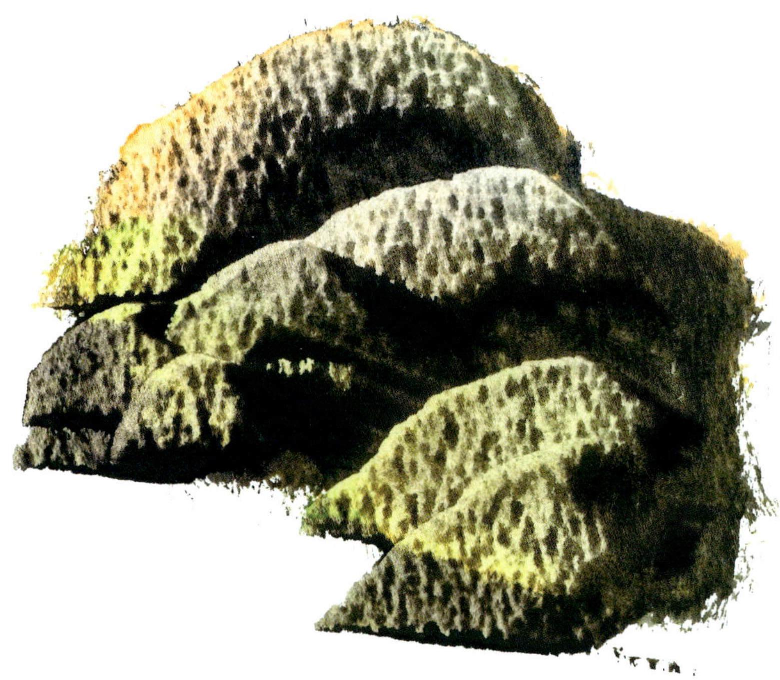

Die fertigen Felsen.

125 FELSEN MIT EINEM FLACHPINSEL

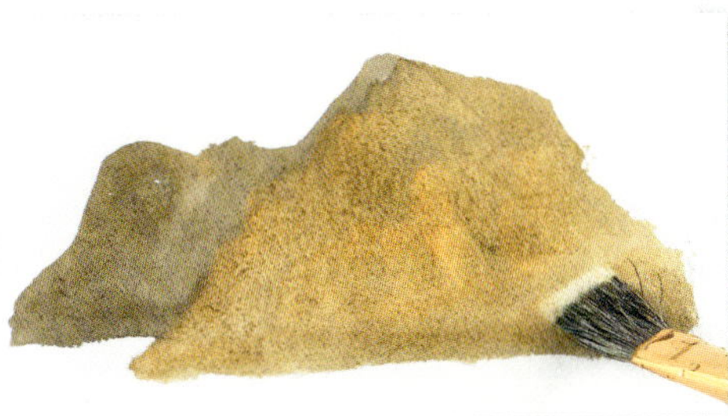

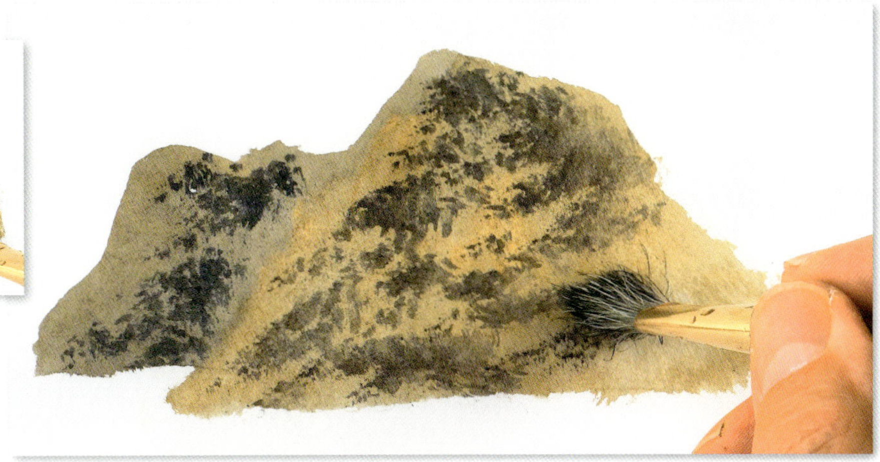

1 Tragen Sie eine konzentrierte Mischung aus Siena natur mit wenig Französisch Ultramarin auf. Dann tupfen Sie für die Textur eine Mischung aus Umbra gebrannt und Französisch Ultramarin mit einem schmalen Flachpinsel auf.

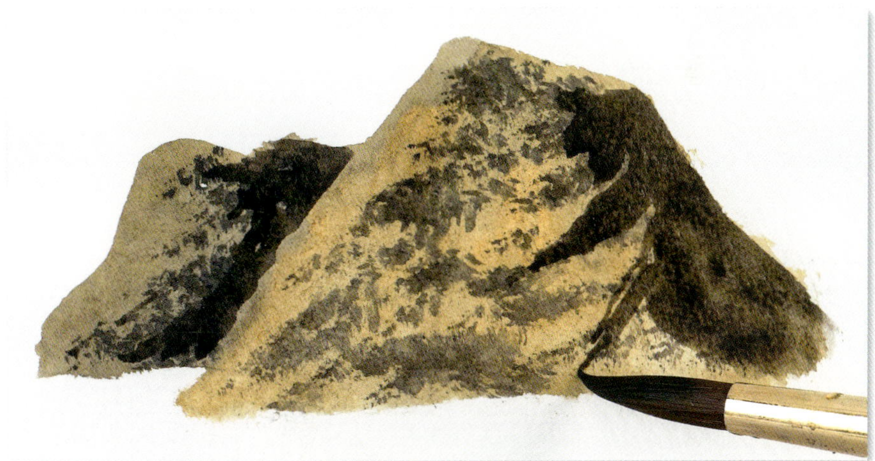

2 Für die Schatten werden ein Rundpinsel und dunklere Mischungen derselben Ausgangsfarben verwendet.

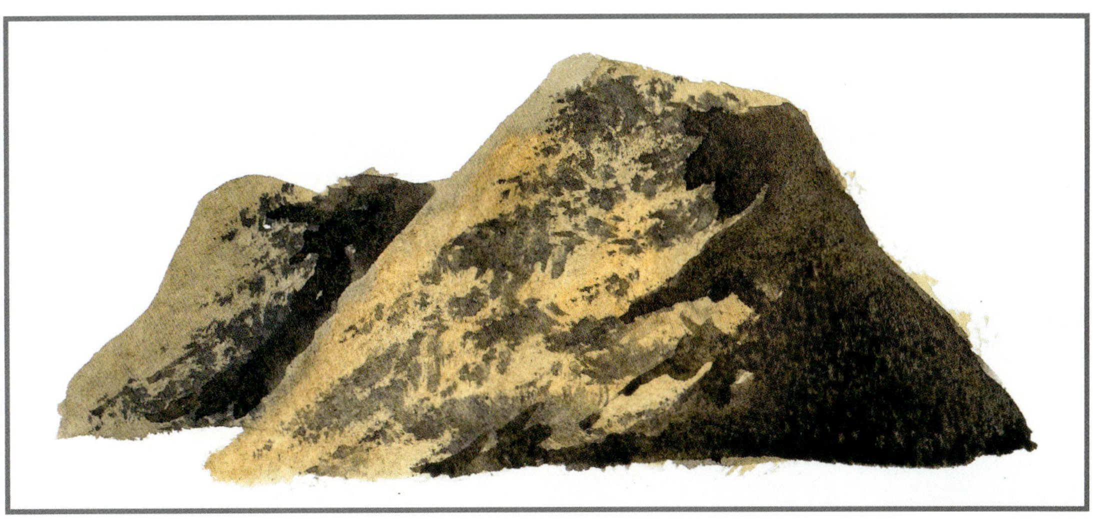

Die fertigen Felsen.

Steilküsten

Ob Kreidefelsen oder härterer Stein: Immer kommt es darauf an, Farben und Texturen überzeugend darzustellen.

126 KREIDEFELSEN

In der Trockenpinseltechnik wird nur wenig Farbe mit geringem Druck von oben nach unten über das Papier gestrichen. Die Farbe bleibt an den höheren Fasern haften, während die Strukturtäler des Papiers weiß bleiben.

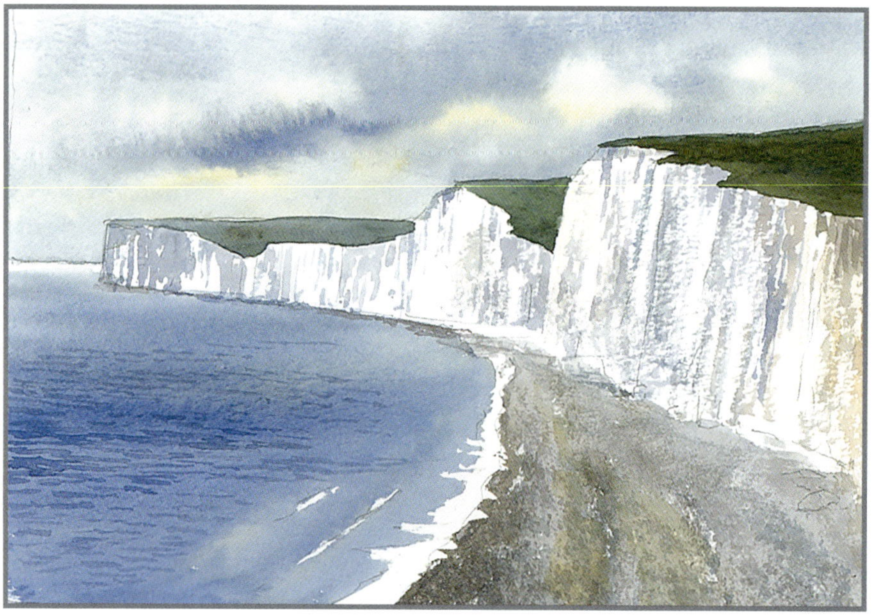

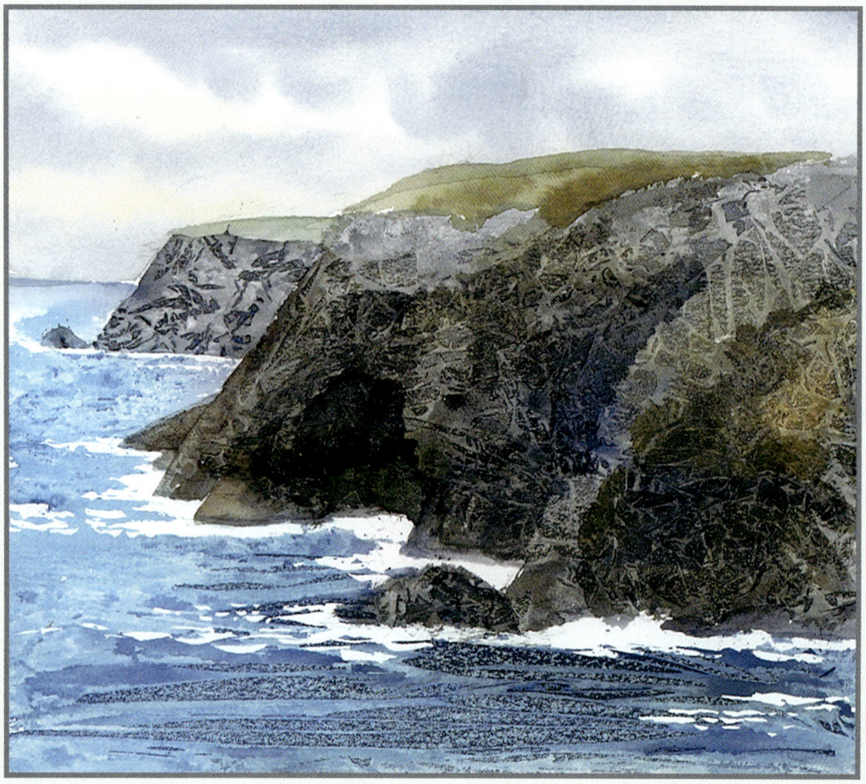

127 FELSEN MIT KLARSICHTFOLIE

Frischhaltefolie ist ein gutes Hilfsmittel, um natürliche Texturen darzustellen. Mischen Sie zuerst eine ausreichende Menge Farbe, in diesem Fall Französisch Ultramarin und Umbra gebrannt. Malen Sie dann die Steilküste damit und drücken sofort zerknüllte Frischhaltefolie in die nasse Farbe. Lassen Sie alles an der Luft trocknen und entfernen erst danach die Folie vom Papier, damit die interessante Textur zum Vorschein kommt.

128 STEILKÜSTE MIT DER PLASTIKKARTE

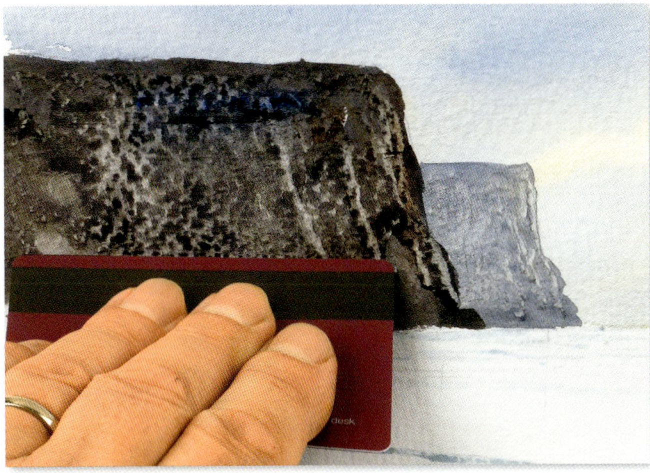

1 Tragen Sie mit einem Pinsel Maskierflüssigkeit auf die Gischt auf. Feuchten Sie den Himmel mit einem Naturborsten-Flachpinsel an und malen verdünnte Siena natur auf. Die Wolken fügen Sie nass in nass mit Französisch Ultramarin ein und lassen sie trocknen. Für das Steilufer in der Ferne tragen Sie mit einem dicken Rundpinsel eine blasse Mischung aus Französisch Ultramarin und Umbra gebrannt auf und tragen sie teilweise mit einer Plastikkarte wieder ab. Die Steilküste im Vordergrund wird mit einer intensiveren Mischung gemalt und ebenso abgeschabt.

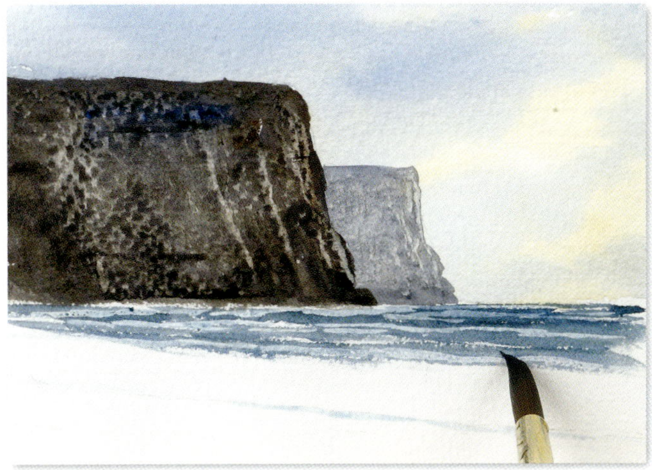

2 Das Meer wird mit einer Mischung aus Französisch Ultramarin und Hookersgrün mit waagerechten Pinselstrichen gemalt.

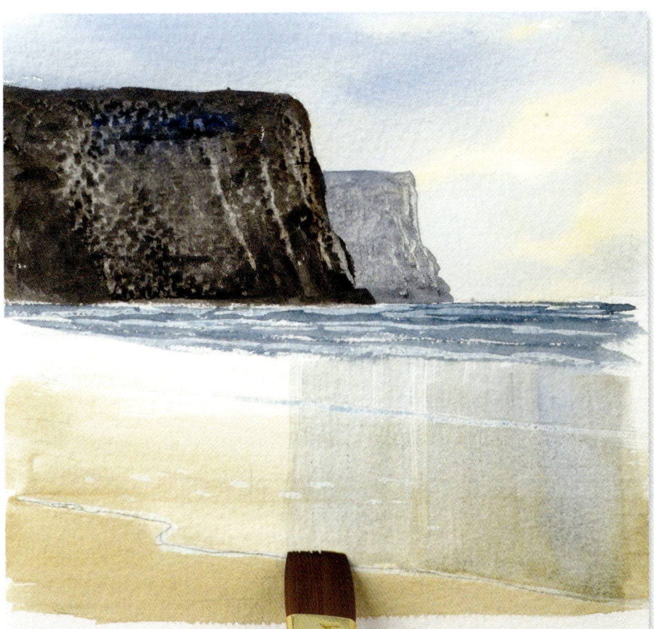

3 Für den Strand werden Siena natur und wenig Siena gebrannt gemischt. Feuchten Sie den Übergang zwischen Meer und Strand an und tragen mit einem 19-mm-Flachpinsel eine blasse Mischung aus Französisch Ultramarin auf, um nassen Sand anzudeuten.

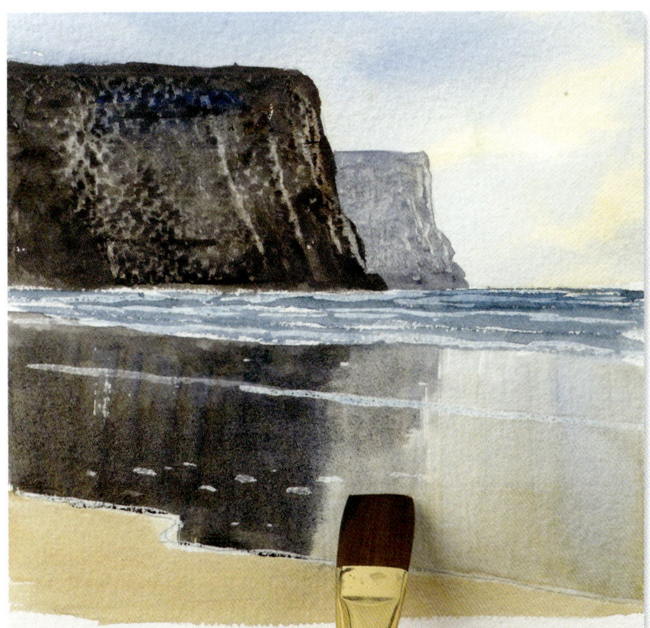

4 Die Spiegelungen unter der Steilküste im Vordergrund entstehen mit einer kräftigen Mischung aus Französisch Ultramarin und Umbra gebrannt, die unter der hinteren Steilküste mit einer blasseren Mischung. Nach dem Trocknen entfernen Sie die Maskierflüssigkeit.

Boote

Es ist schade, dass so viele Maler sich scheuen, Boote und Schiffe zu malen, denn sie können einer Szenerie viel Charakter verleihen.

129 BOOTE VORZEICHNEN

Zeichnen Sie nur das, was Sie sehen – nicht das, was Sie zu sehen glauben. Ein Bootsrumpf ist bauchig, darum neigt man dazu, alle Konturen gekrümmt zu zeichnen. Aber das ist nicht richtig: Achten Sie darauf, welche Linien gerade sind.
Das Boot in der Zeichnung unten scheint gekrümmte Konturen zu haben. Hält man aber eine gerade Papierkante an das Motiv, erkennt man, dass die hintere Längsseite des Rumpfs in Wirklichkeit gerade ist.

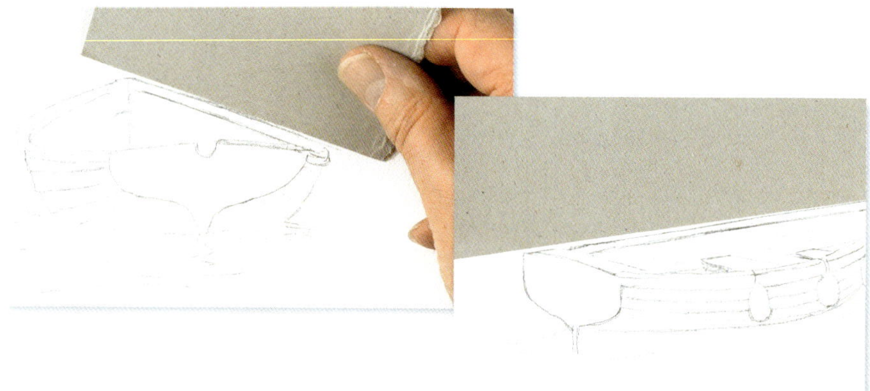

Auch das Boot im gemalten Bild mit Kaimauer und Häusern scheint aus gebogenen Linien zu bestehen. Der Test mit der geraden Papierkante zeigt, dass die hintere Kontur gerade ist.

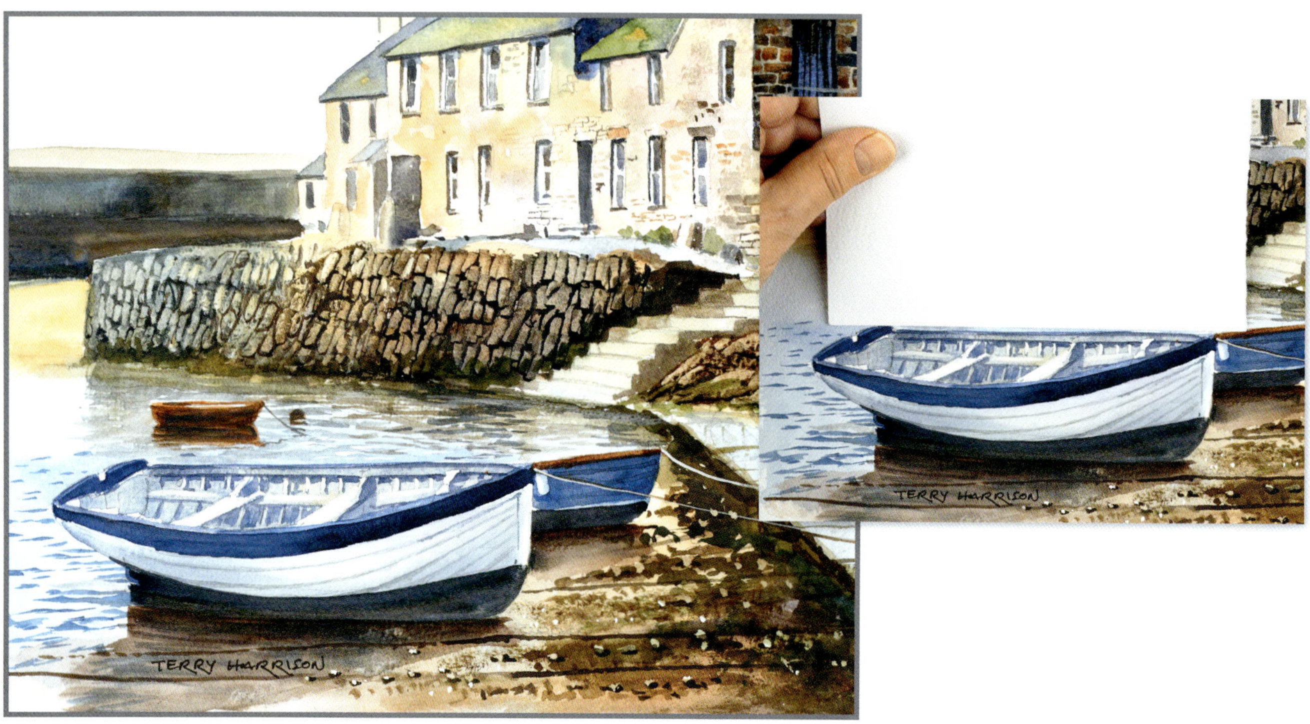

130 BOOTE MIT CHARAKTER

Alte Holzboote sehen viel charmanter aus als moderne Kunststoffrümpfe. Wenn Ihre Foto-Vorlage aber Kunststoffboote zeigt, nehmen Sie sich ruhig die Freiheit, stattdessen rustikale Modelle zu malen.

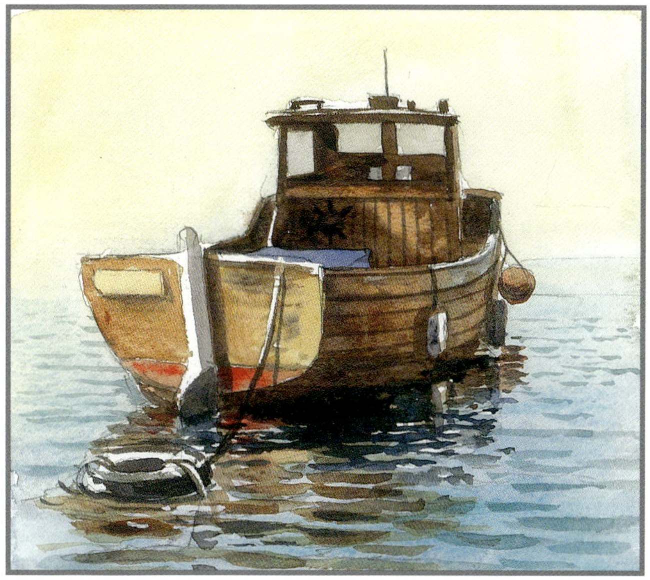

131 DIE WASSERLINIE

Verwenden Sie entlang der Wasserlinie dunklere Farben. So wird deutlich, dass das Boot im Wasser liegt – und nicht darüber schwebt.

132 DAS INNERE VERBERGEN

Vom Inneren des Boots darf nicht zu viel zu sehen sein, sonst entsteht der Eindruck, es sei nach vorn geneigt.

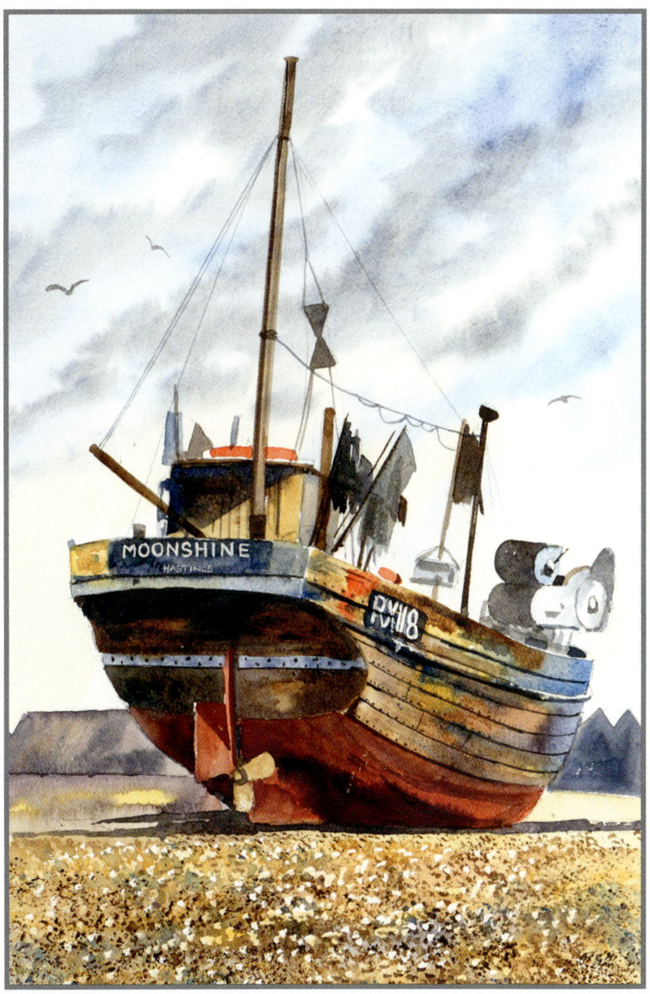

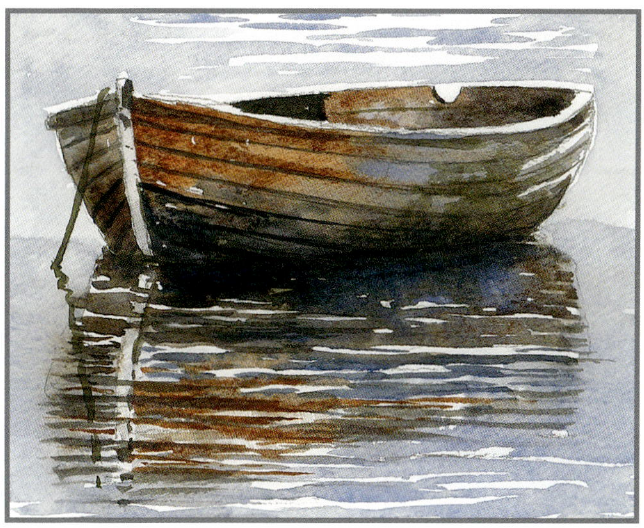

Dächer

Beim Malen von Dächern müssen die Regeln der Perspektive beachtet werden. Außerdem ist wichtig, dass das Material des Dachs gut zu erkennen ist. Es gibt verschiedene Möglichkeiten, Dächer darzustellen.

133 DIE RICHTIGE DACHNEIGUNG

Zuerst zeichnen Sie für die Front des Hauses ein Viereck. Verbinden Sie die Ecken diagonal, sodass ein Kreuz entsteht. Der Kreuzungspunkt entspricht der Mitte der Front. Nun zeichnen Sie eine senkrechte Linie durch die Mitte. Ihr oberes Ende entspricht der Höhe des Dachfirsts, die selbstverständlich unterschiedlich sein kann. Verbindet man nun die beiden Ecken der Front mit der Firsthöhe, ergibt sich die Dachneigung. Das klingt kompliziert, wird aber anschaulich, wenn man es einmal ausprobiert.

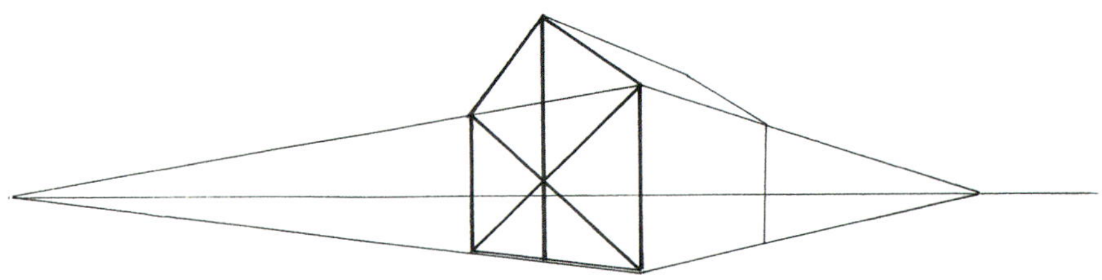

134 SCHIEFERDACH

Ein Schieferdach erkennt man vor allem an seiner Farbe. Je nach Lichteinfall kann es einen warmen oder kühlen Ton haben, aber es ist immer grau. Für dieses Beispiel wurde eine Mischung aus Umbra natur und Siena natur verwendet und in die nasse Mischung etwas Grün getupft.

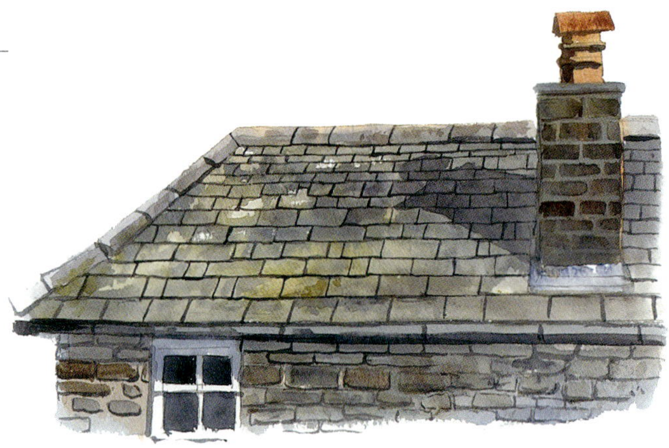

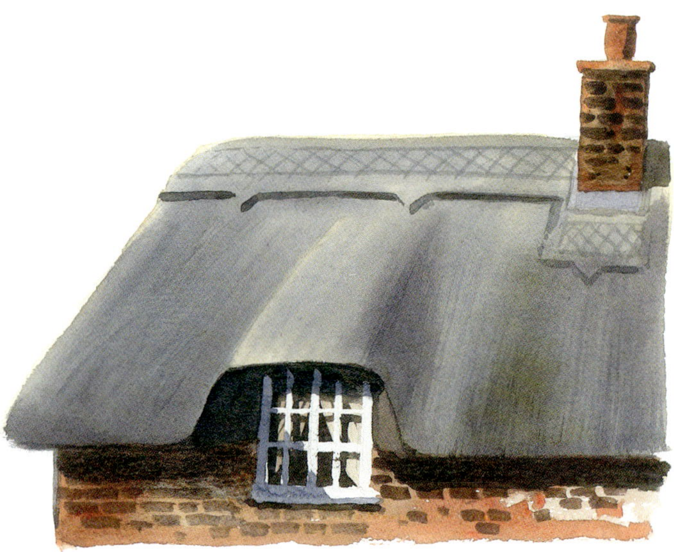

135 REETDACH

Es wäre grundfalsch, ein Reetdach gelb oder braun zu malen. Wer echte Reetdächer genau betrachtet, wird feststellen, dass sie meistens grau aussehen. Darum wurde hier eine Mischung aus Paynesgrau, Französisch Ultramarin und Siena natur verwendet und mit einem Naturborsten-Flachpinsel aufgetragen, um die Textur zu verdeutlichen.

136 TON-DACHZIEGEL

Dieses Dach besteht aus schlichten, glatten Tonziegeln. In die Hauptfarbe – Siena gebrannt – wurden nass in nass andere Farben getupft, um eine scheckige Farbgebung zu erhalten. Die dunklen Linien werden mit einem Linierpinsel aufgemalt. Die waagerechten Linien sind etwas wellig, denn solche Tonziegel sind oft ungleichmäßig geformt.

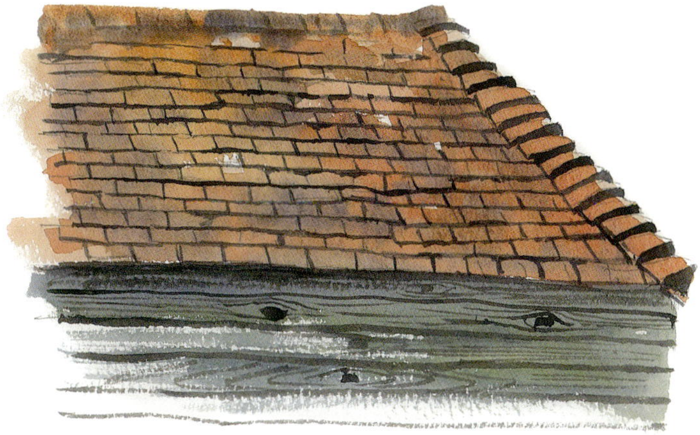

137 WELLBLECHDACH

Blechdächer erkennt man vor allem am Rost. Sie dürfen nicht zu locker gemalt werden. Die Abstände zwischen den feinen Linien der Wellen müssen gleichmäßig sein, und auch an den Kanten der Platten sind die Wellen zu sehen.

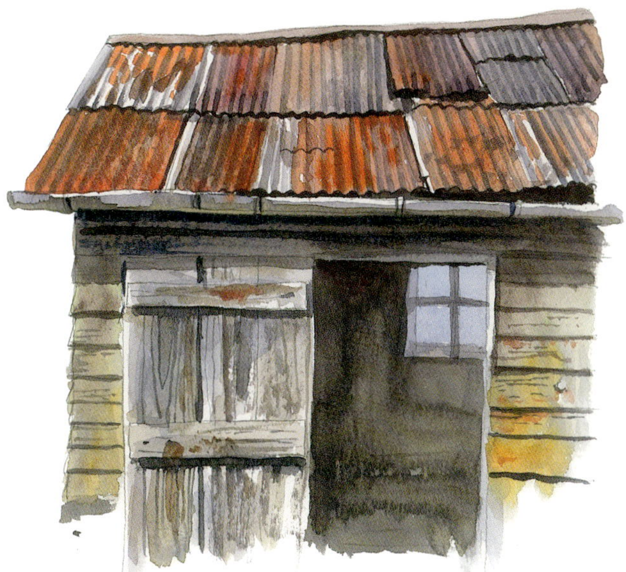

138 DACHPFANNEN

Bei gewölbten Dachpfannen muss vor allem auf die Farbe und das typische Muster geachtet werden. Die Farben können unterschiedlich sein, sind aber immer kräftig (siehe Ton-Blumenkübel, Seite 90). Die einzelnen Dachpfannen haben eine Bogenform und werden zum First hin kleiner. Entlang der Dachkante verläuft oft eine Reihe umgedrehter Pfannen, von denen jede wie ein flaches U aussieht.

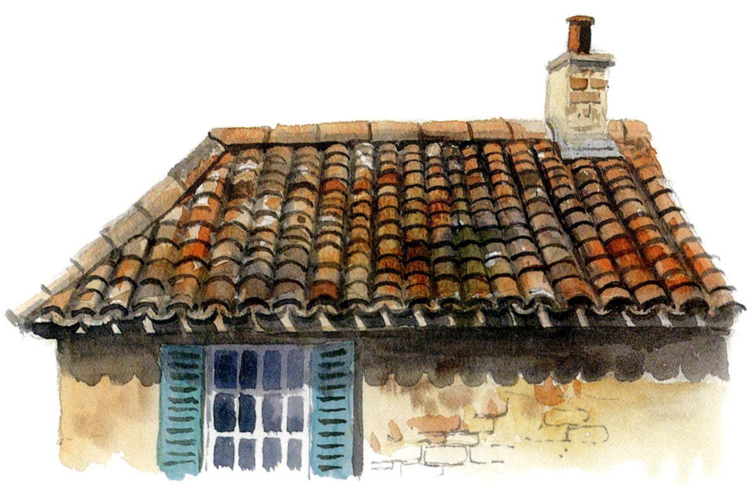

Mauern

Mauern können aus ganz verschiedenen Materialien bestehen. Beim Malen kommt es vor allem darauf an, die Textur der Steine oder Ziegel überzeugend darzustellen.

139 TROCKENMAUER IN SCHABETECHNIK

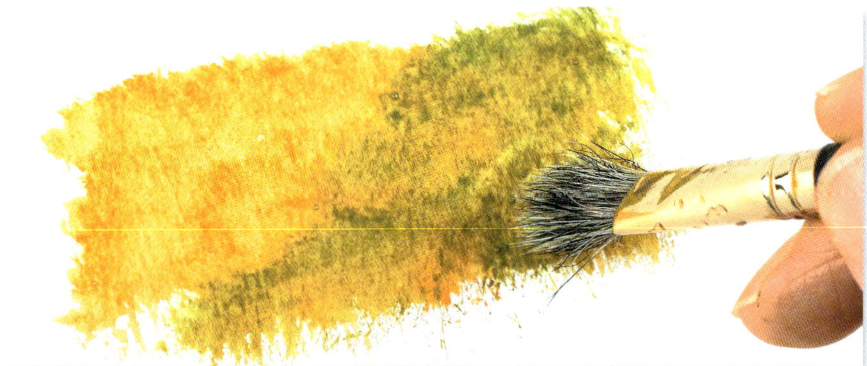

1 Tragen Sie mit einem schmalen Flachpinsel relativ schwach verdünnte Siena natur auf und übermalen gleich danach die Fläche mit Maigrün.

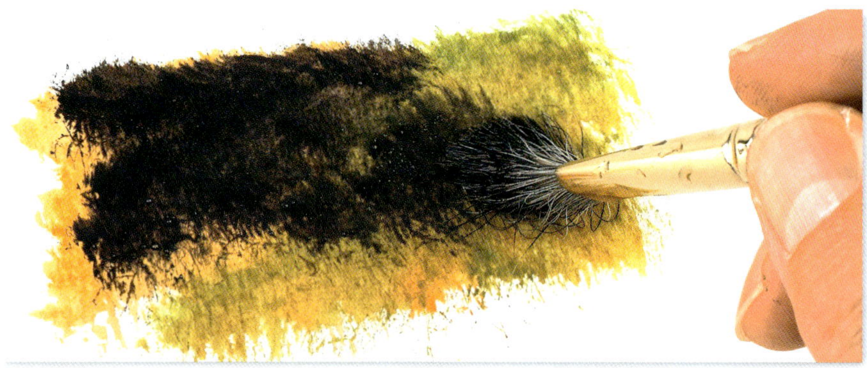

2 Dann wird eine kräftige Mischung aus Französisch Ultramarin und Umbra gebrannt auf die Fläche getupft.

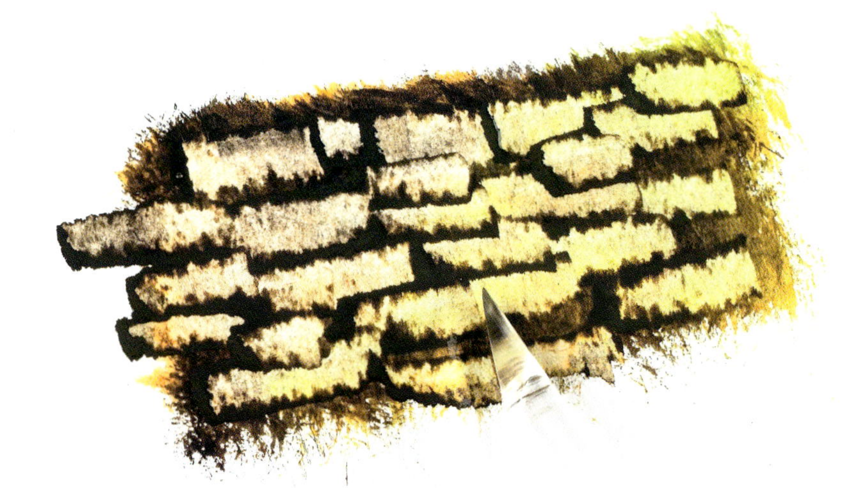

3 Ritzen Sie die Formen der einzelnen Steine mit einem Kunststoff-Pinselstiel in die nasse Farbe.

140 TROCKENMAUER, ALTERNATIVE TECHNIK

Tragen Sie zuerst die hellen Farben auf und übermalen sie dann mit einer dunkelbraunen Mischung. Die rundlichen Formen der Steine werden mit einem Kunststoff-Pinselstiel in die feuchte Farbe geritzt.

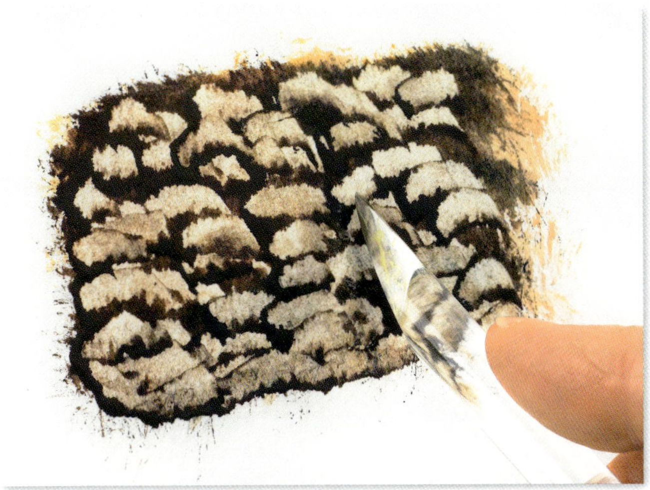

141 FLINTSTEINMAUER

Tragen Sie eine helle Hintergrundfarbe auf und lassen sie trocknen. Tupfen Sie die Natursteine mit verschiedenen Farben mit einem schmalen Flachpinsel. Mit einem Linierpinsel und einem dunkleren Grau werden Schatten unter den Steinen angedeutet, damit ihre unregelmäßig gerundeten Formen erkennbar werden.

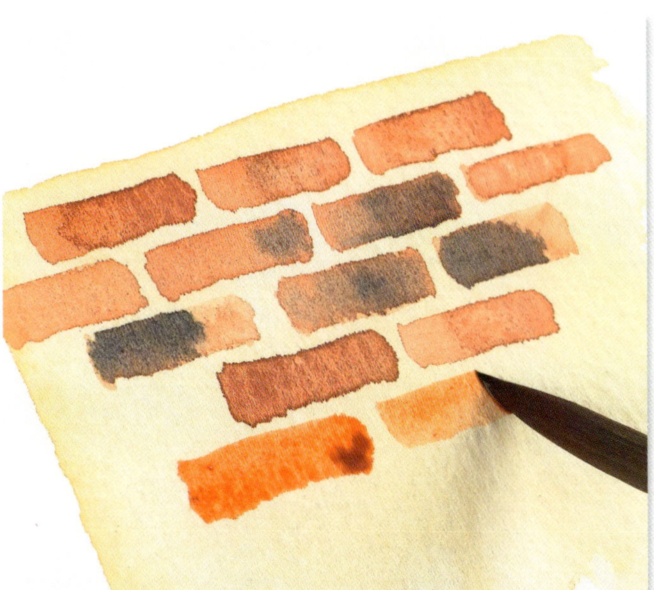

142 BACKSTEINMAUER

Tragen Sie eine helle Hintergrundfarbe auf und lassen sie trocknen. Mit einem mittleren Rundpinsel malen Sie die Ziegel – jeden mit nur einem Strich – und lassen kleine Tupfen anderer Farben darin verlaufen.

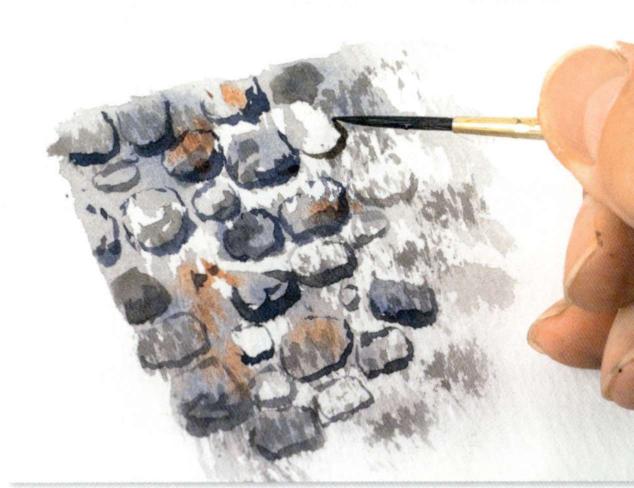

143 RUSTIKALE NATURSTEINMAUER

Tragen Sie die Hintergrundfarbe auf und lassen sie trocknen. Die relativ eckigen Steine werden mit verschiedenen Farbtönen und einem schmalen Flachpinsel getupft. Dann fügen Sie mit einem Linierpinsel und dunklem Grau Schatten an den Unterseiten der Steine ein.

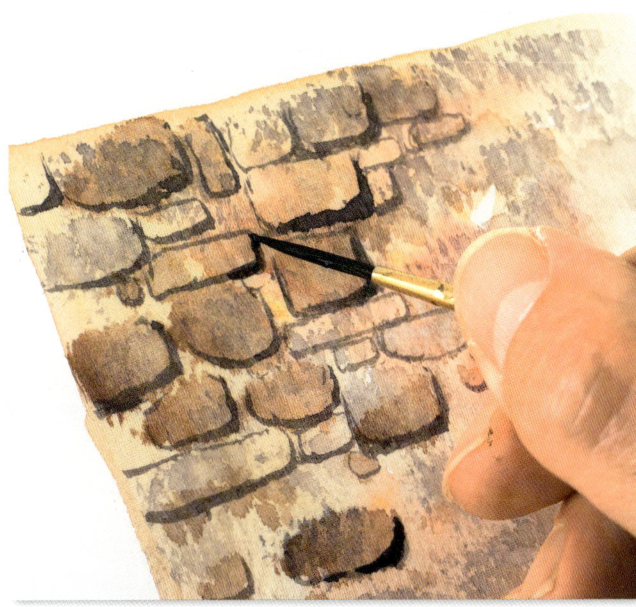

144 DETAILLIERTE STEINMAUER

Textur und Details können mit etwas weißer Gouache herausgearbeitet werden.

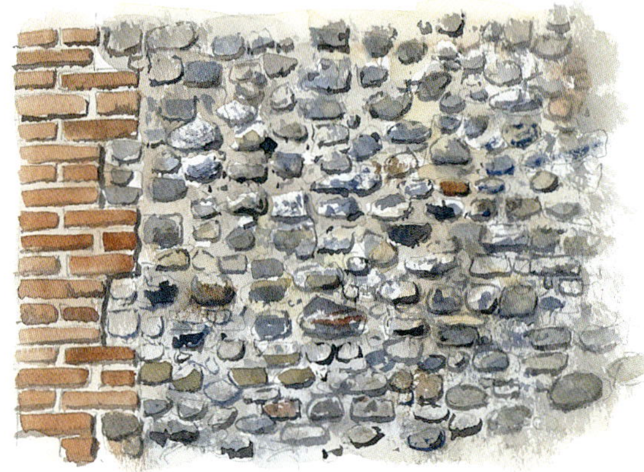

145 DETAILLIERTE BACKSTEINMAUER

Damit die einzelnen Ziegel plastisch wirken, werden an ihren Unterkanten mit einem dünnen Pinsel und Paynesgrau schmale Schatten angedeutet.

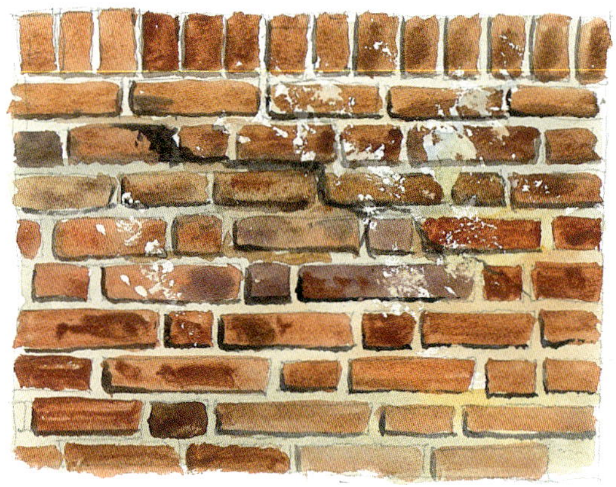

146 RUSTIKALE MAUER MIT ABBLÄTTERNDEM PUTZ

Obwohl die Mauer rustikal wirkt, muss beim Malen der Steine darauf geachtet werden, dass die senkrechten Fugen stets versetzt liegen. Beim Malen gelten also dieselben Regeln wie beim Mauern!

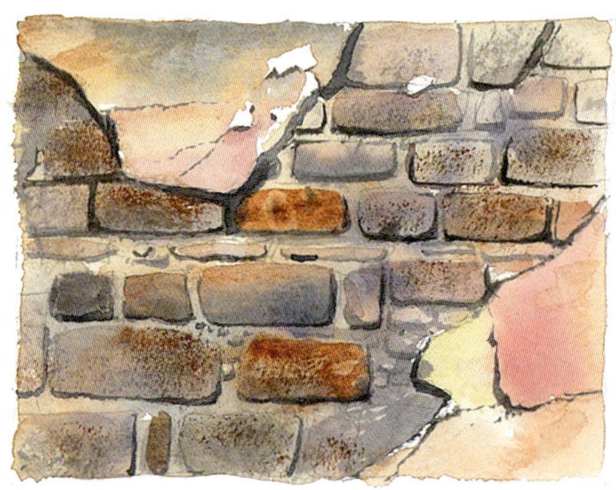

147 VERPUTZTE WAND

Putz ist nur eine einfarbige Fläche. Interessanter sieht er aus, wenn hier und da das Mauerwerk zu sehen ist. An den Unterkanten der Putzflächen werden schmale Linien mit Paynesgrau gemalt. Durch diese Schatten wird deutlich, dass der Putz auf dem Mauerwerk sitzt.

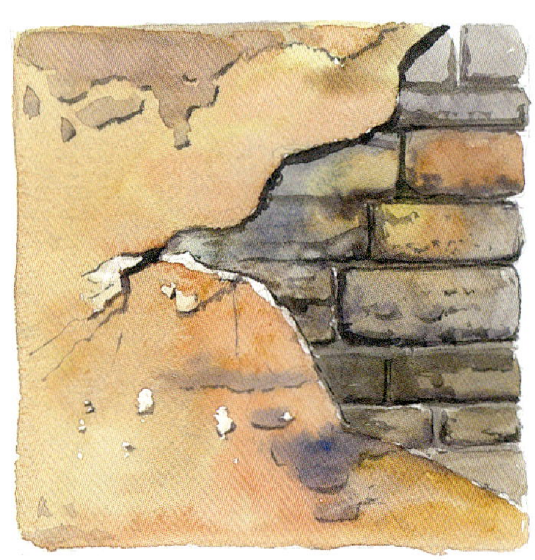

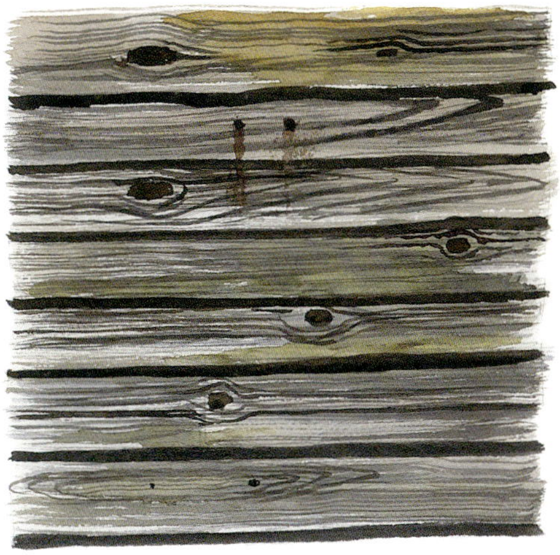

148 HOLZVERKLEIDUNG

Dunkle Linien machen erkennbar, dass die Bretter leicht überlappend montiert sind. Leicht wellige Linien lassen auf verwitterte Bretter schließen. Deuten Sie die waagerecht verlaufende Holzmaserung mit einem Naturborsten-Flachpinsel an und fügen dann die Astlöcher mit einem Linierpinsel ein.

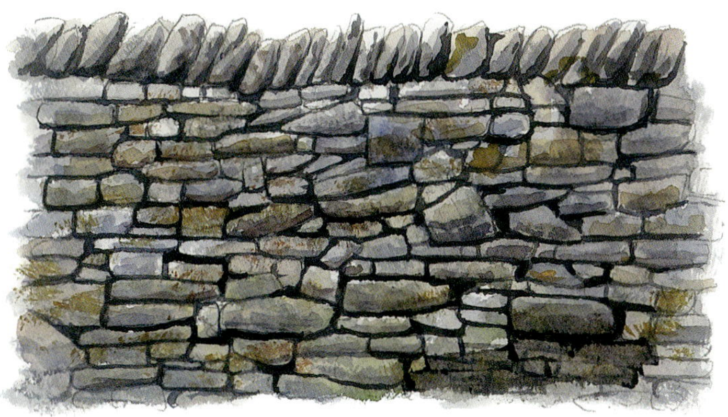

149 YORKSHIRE STONE

Typisch für dieses Gestein sind die grauen Farbtöne, die aus Umbra gebrannt und Französisch Ultramarin gemischt werden. Kleine Zusätze von Siena gebrannt, Siena natur und verschiedenen Grüntönen ergeben die verschiedenen Nuancen der verwitterten Steine. Details werden mit einem Linierpinsel ausgearbeitet.

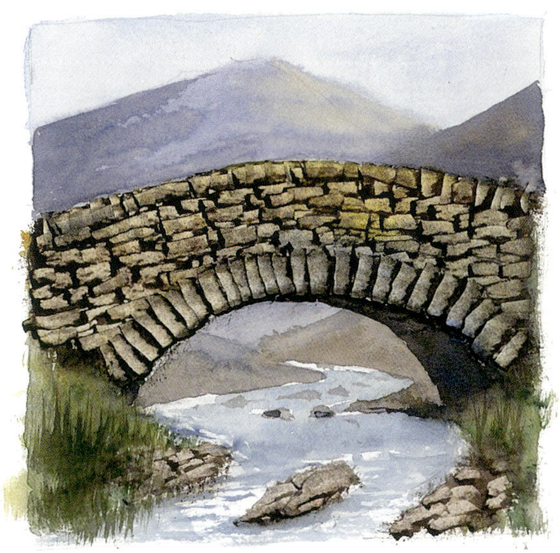

150 STEINBRÜCKE

Hier kommt die Schabetechnik zum Einsatz, die auf Seite 112 beschrieben ist. Die Fugen der unteren Steinreihe verlaufen senkrecht, alle anderen Fugen folgen der Krümmung der Brücke. Zuletzt wird der Schatten auf der Unterseite mit dunklem Grau eingefügt.

Fenster & Türen

Ob rustikal, erleuchtet oder mit Gardinen dekoriert: Fenster und Türen sind lohnende Motive für Einzelstudien und dürfen auch beim Malen von ganzen Gebäuden nicht unterschätzt werden. Eine offene Tür lädt den Betrachter ein, das Bild zu erkunden, so wie ein offenes Gatter in die Landschaft hineinführt. Fenster werden durch Spiegelungen, Gardinen oder Fensterläden erst richtig attraktiv.

Fenster

Beim Malen von Gebäuden werden die Fenster oft vernachlässigt, dabei können gerade sie einem Bild viel Charakter verleihen.

151 SPIEGELUNGEN

Von außen betrachtet sieht ein Fenster nicht aus wie ein schwarzes Loch in der Wand. Stattdessen sind oft Spiegelungen im Glas zu erkennen, beispielsweise von Bäumen oder anderen Gebäuden. Solche Spiegelungen werden als einfache Silhouetten gemalt, auf Details kann verzichtet werden.

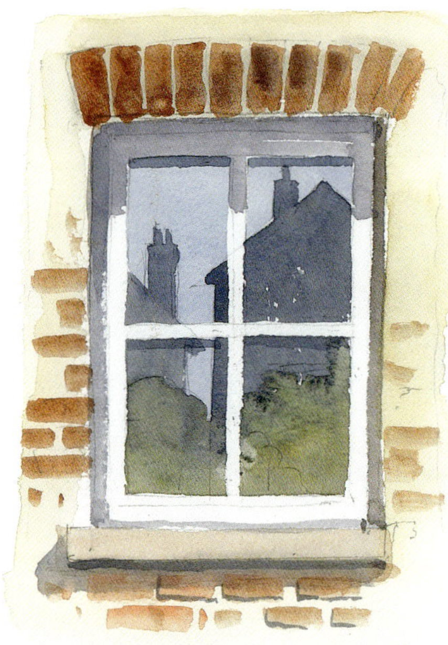

152 GARDINEN

Zuerst decken Sie Fensterrahmen und Sprossen mit Maskierflüssigkeit ab und streichen mit einer Kerze über die Spitzenkante der Gardine. Dann wird ein helles Grau auf die Fensterscheiben aufgetragen. Die Struktur der Spitze ergibt sich durch das Wachs. Lassen Sie alles trocknen und entfernen anschließend die Maskierflüssigkeit, sodass der weiße Rahmen zum Vorschein kommt.

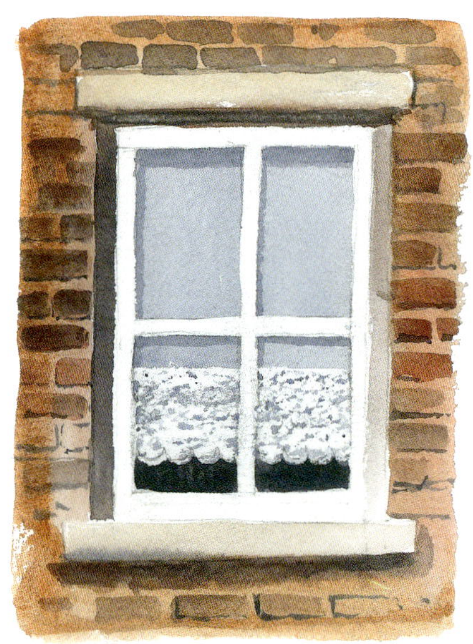

153 ERLEUCHTETE FENSTER

Motive im Dunklen oder in der Dämmerung sehen interessant aus. Erleuchtete Fenster sollten immer der hellste Teil des Bilds sein. Es empfiehlt sich, zuerst eine helle Lasur auf die ganze Bildfläche aufzutragen und bei den weiteren Arbeitsschritten die hellen Fenster nicht mehr zu übermalen. Falls nötig können sie später mit einem warmen Gelb eingetönt werden. Die Sprossen werden mit dunkler Farbe auf die helleren Scheiben gemalt.

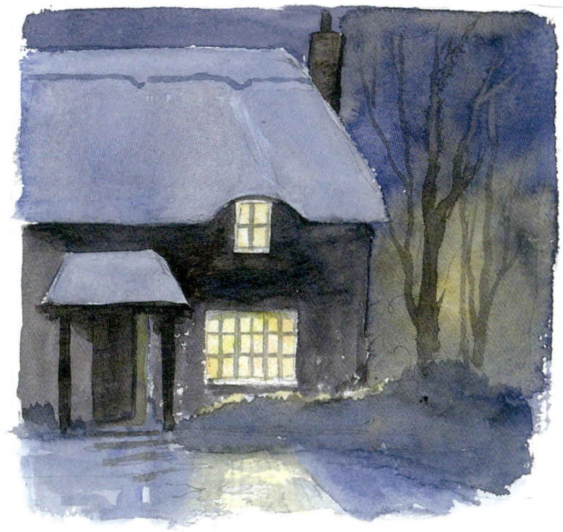

154 FENSTERLÄDEN

Eine sonnige Wand mit einem Fenster und Klappläden ist ein hübsches Motiv, das durch einen farbenfrohen Blumenkasten noch gewinnt. Für dieses Beispiel wurden Fensterrahmen und Sprossen sowie die Blüten mit Maskierflüssigkeit abgedeckt. Die Falten auf den Gardinen wurden nachträglich mit einem Linierpinsel gemalt, und der obere Schattenbereich des Fensters ist mit Paynesgrau abgedunkelt. Für die räumliche Wirkung ist es wichtig, die Schatten unter den Fensterläden und dem Blumenkasten nicht zu vergessen.

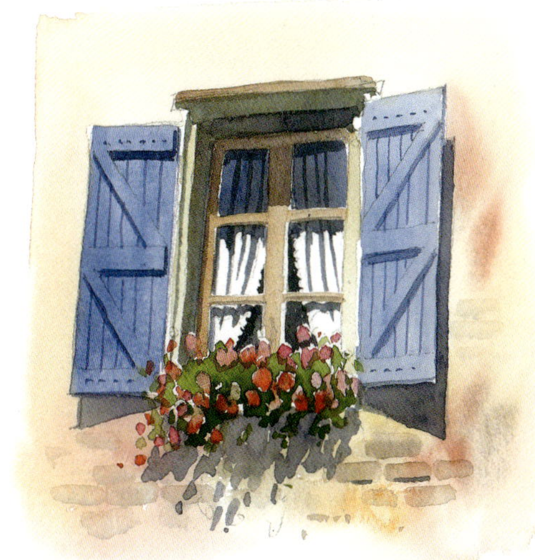

Türen

Türen sind ausgesprochen reizvolle Motive. Ich bevorzuge Türen mit eher rustikalem Charakter, weil sie einfacher zu malen sind.

155 RUSTIKALE TÜR

Manchen Türen sieht man ihr Alter auf den ersten Blick an. Vielleicht stammen sie noch aus der Bauzeit des Hauses und wurden seitdem nicht durch moderne Exemplare ausgetauscht. Diese Tür sieht alt und verwittert aus, weil ihre Ober- und Unterkanten unregelmäßig verlaufen, und weil zwischen den derben Brettern mit Astlöchern hier und da Lücken zu erkennen sind. Die Holzmaserung gelingt am besten mit einem Naturborsten-Flachpinsel. Das obere Scharnierband hängt etwas schief und hat einige Rostflecken.

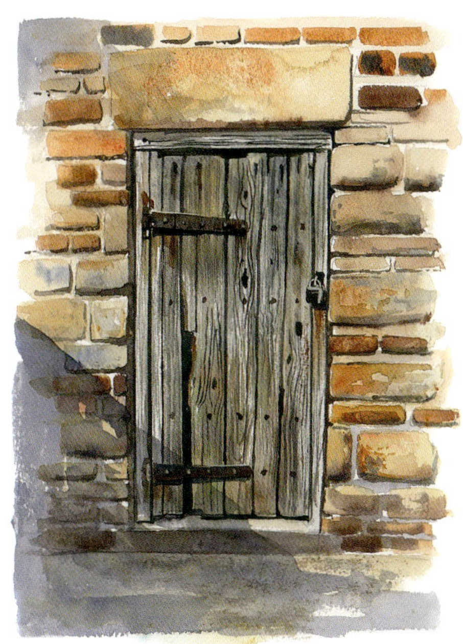

156 OFFENE TÜR

Der Charme dieses Motivs besteht darin, dass die Tür offen steht. Der Betrachter fragt sich, was wohl hinter ihr zu entdecken ist. Die beiden Blumenkübel im Vordergrund sorgen dafür, dass das Bild noch interessanter und lebendiger wirkt.

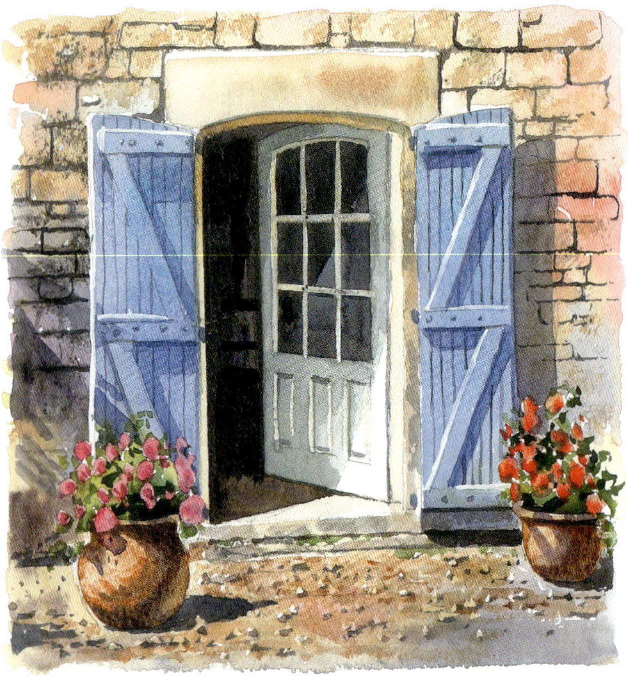

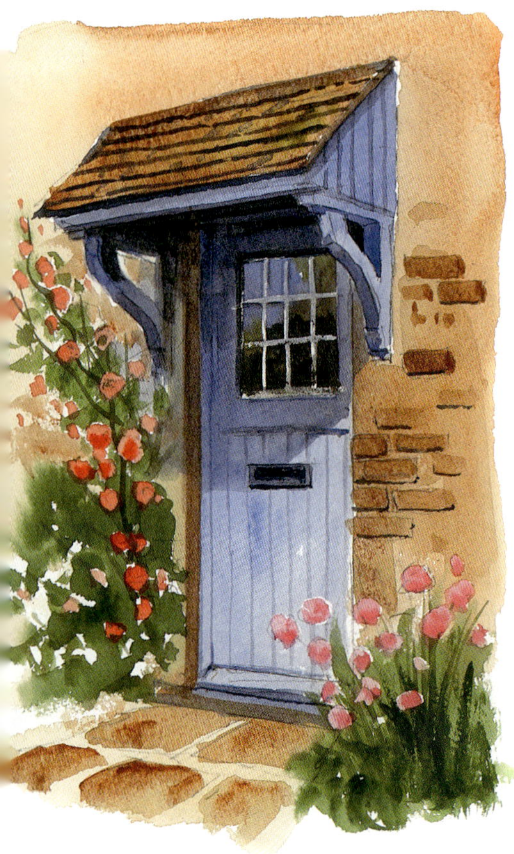

157 VORDACH

Eine Haustür mit einem Vordach sieht heimelig aus. Viele Maler machen aber den Fehler, es zu tief zu setzen. Das Vordach muss mindestens so hoch sein wie die Tür, damit man darunter treten kann, ohne sich den Kopf zu stoßen. Wenn Kletterrosen die Tür mit Vordach einrahmen, wird klar, dass es sich um ein niedliches Häuschen auf dem Land handelt. Zugegeben, manchmal können Klischees hilfreich sein.

158 RUSTIKALES MIT STRUKTURPASTE

Für diese rustikale Tür wurde Strukturpaste auf das Aquarellpapier aufgetragen und anschließend mit Aquarell-Grundierung übermalt (siehe auch Seite 60).

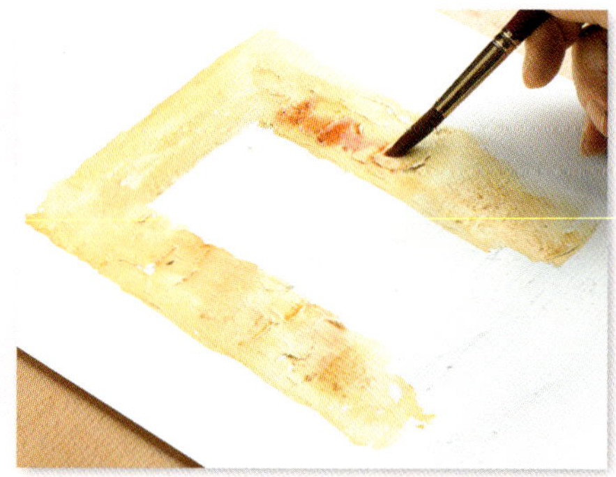

1 Das Mauerwerk um die Tür wird mit dem dicken Rundpinsel und Siena natur gemalt. Dann tupfen Sie stellenweise Siena gebrannt in die nasse Farbe und lassen sie verlaufen.

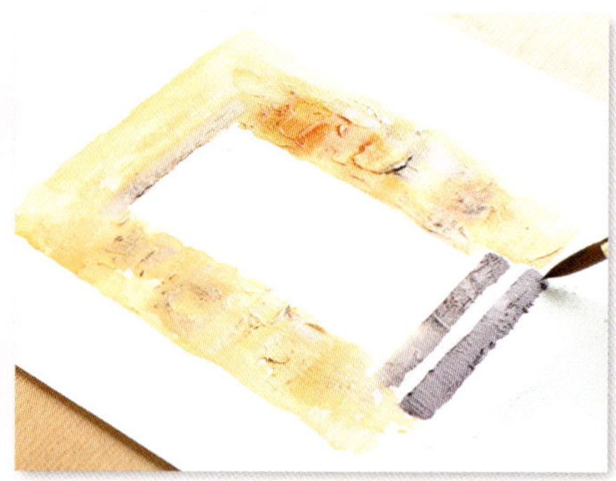

2 Die Schatten auf dem Mauerwerk und die Stufen werden nass in nass mit Paynesgrau eingefügt.

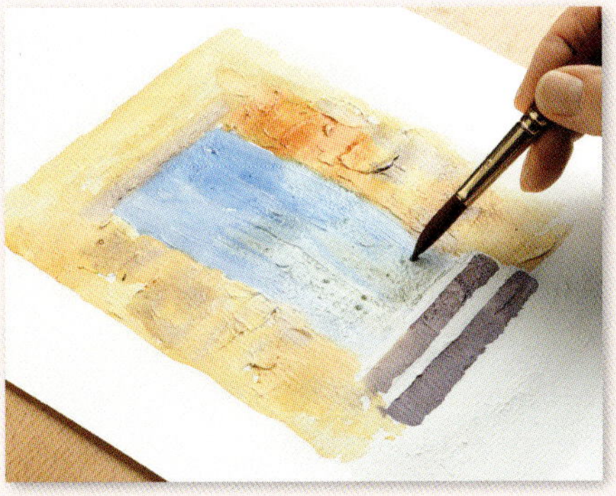

3 Tönen Sie die Tür mit Kobaltblau ein und lassen Siena natur darin verlaufen.

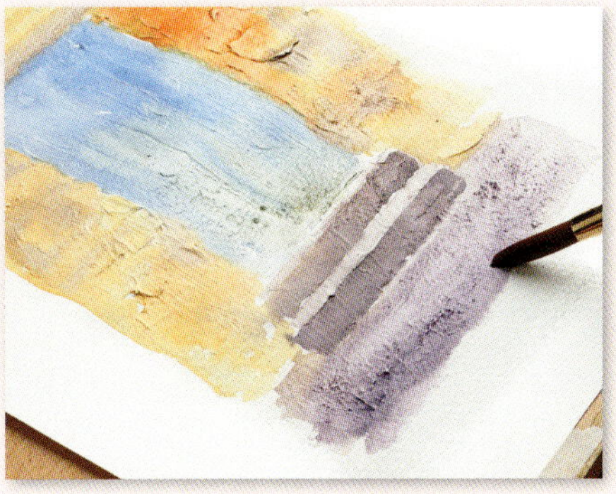

4 Die helleren Bereiche der Stufen und des Vordergrunds entstehen mit einer blassen Mischung aus Paynesgrau und Siena gebrannt. Lassen Sie sie trocknen.

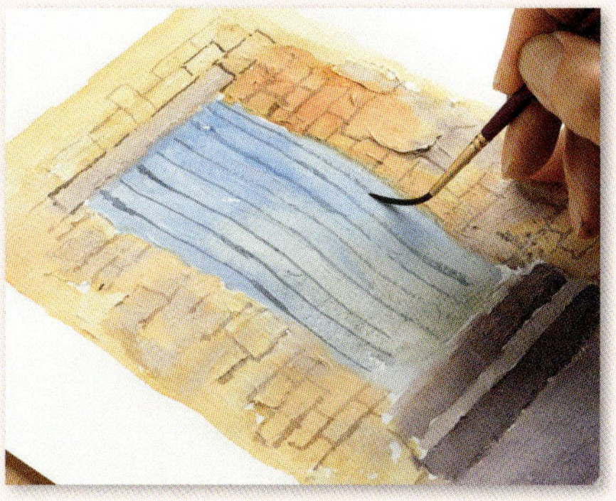

5 Mit einem Linierpinsel und einer Mischung aus Umbra gebrannt und Französisch Ultramarin werden die Details des Mauerwerks und der Holzplanken eingefügt.

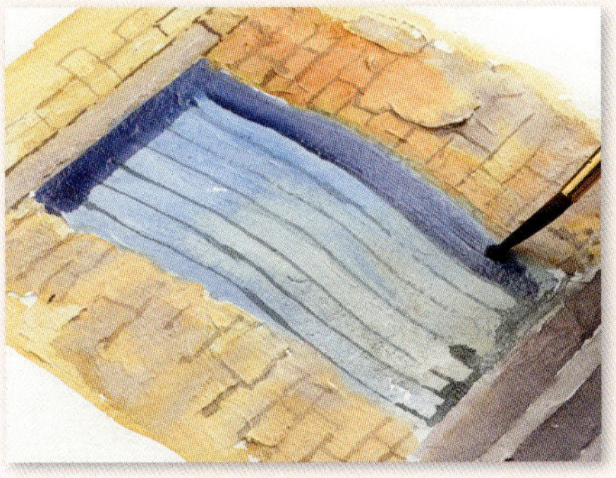

6 Für den Schatten in der Türnische verwenden Sie einen mittleren Rundpinsel und eine Mischung aus Kobaltblau und Paynesgrau.

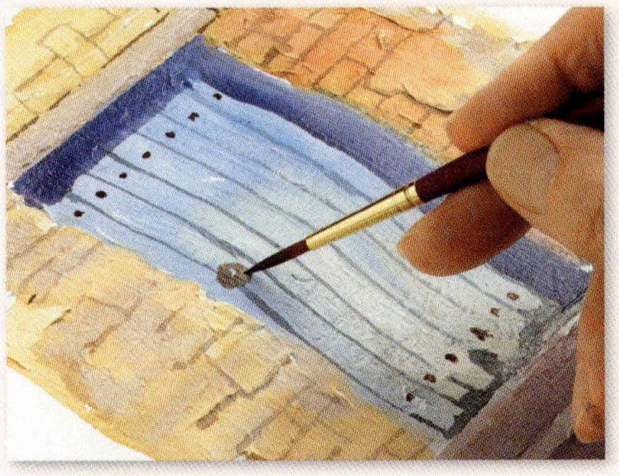

7 Die Nägel und den Türknauf malen Sie mit einem dünnen Rundpinsel und Umbra gebrannt. Zuletzt deuten Sie die Rostschlieren unter den Nägeln mit Siena gebrannt an.

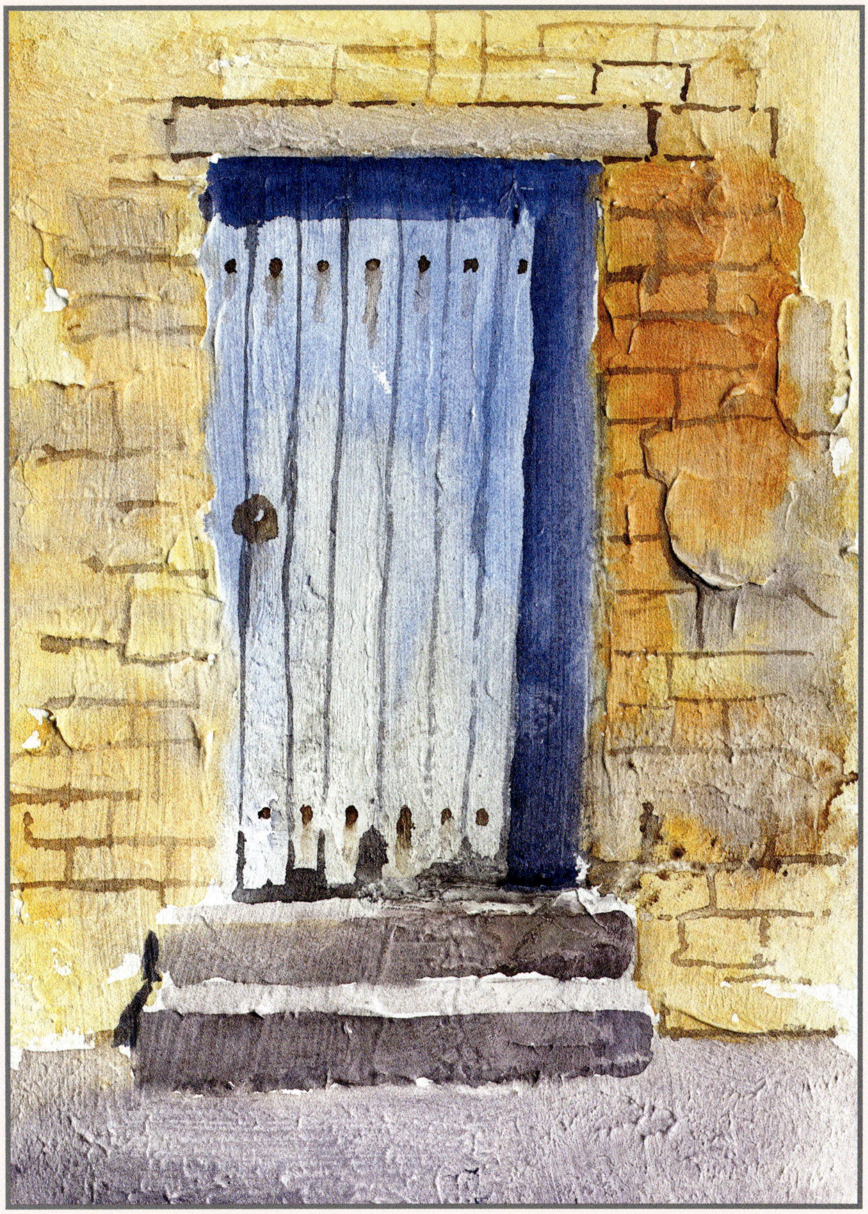

Die fertige Tür.

Zäune & Gatter

Auch in der Natur ist oft die gestalterische Handschrift von Menschen zu erkennen. Zäune, Gatter und andere Konstruktionen können eine Komposition bereichern, und oft dienen sie auch als Blickfang. Ein Zaunübertritt und ein Wegweiser genügen, um einen Wanderweg auf dem Land erkennbar zu machen. Damit er glaubwürdig wirkt, gehört aber auch ein Zaun dazu.

159 ZAUNÜBERTRITT

Zaunübertritte sind reizvolle Motive. Sie sind einfach konstruiert, und es gibt sie in vielen verschiedenen Varianten. Ihr Zweck besteht darin, dass Menschen über einen Zaun klettern können. Da der Zaun Tiere auf einer Weide zusammenhält, sollten Sie ihn nicht vergessen!

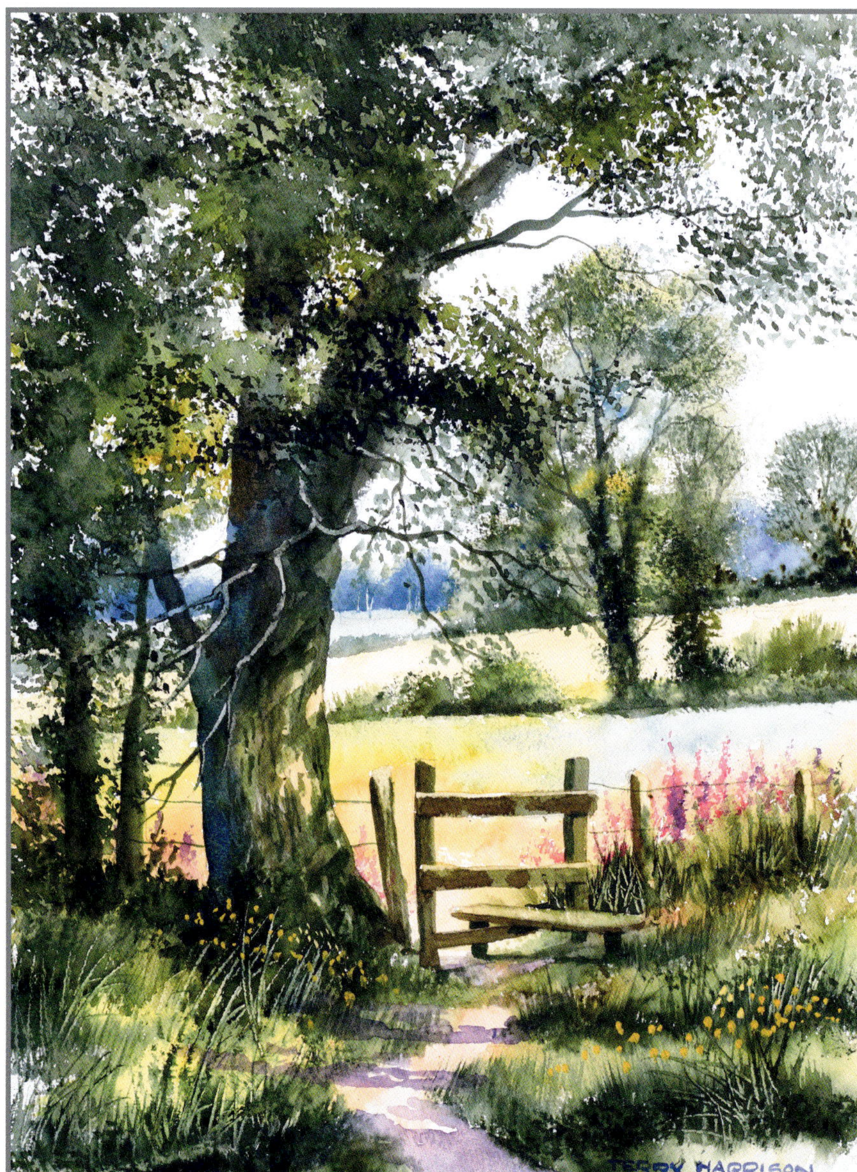

160 WEIDEGATTER

In Küstenregionen, wo Schafe auf Deichen weiden, sind Zaunübertritte üblich. In anderen Gegenden sieht man häufiger Weidegatter.
Dieses Gatter ist ein typisches Modell mit fünf Querstreben. Beim Malen wird die linke Seite mit Maskierflüssigkeit abgedeckt. So erscheint später die rechte Seite dunkel vor hellem Hintergrund und die linke, von der Sonne beschienene Seite hell vor dunklem Hintergrund. Weil das Gatter offen steht, lädt es den Betrachter ein, in die Landschaft vorzudringen. Das gilt aber nur für die Malerei! In der Natur ist es wichtig, Gatter immer zu schließen, wenn man hindurchgegangen ist.

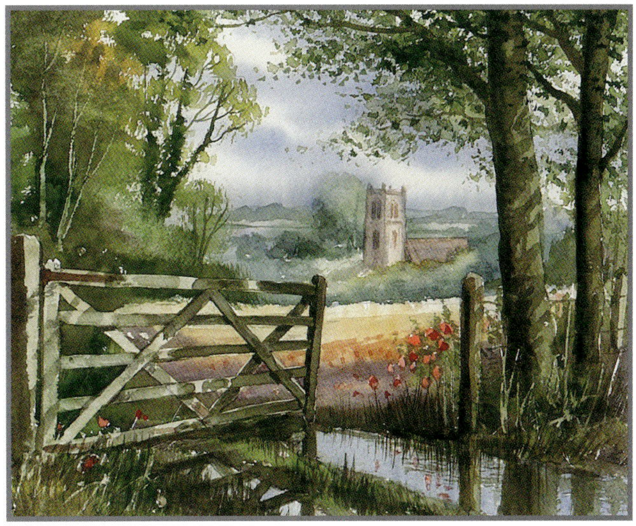

161 ZAUN UND ANDERE DETAILS

Durch Einzelheiten, wie einen Zaun, einen Wegweiser oder einen Zaunübertritt, wirken Landschaftsmotive oft interessanter.

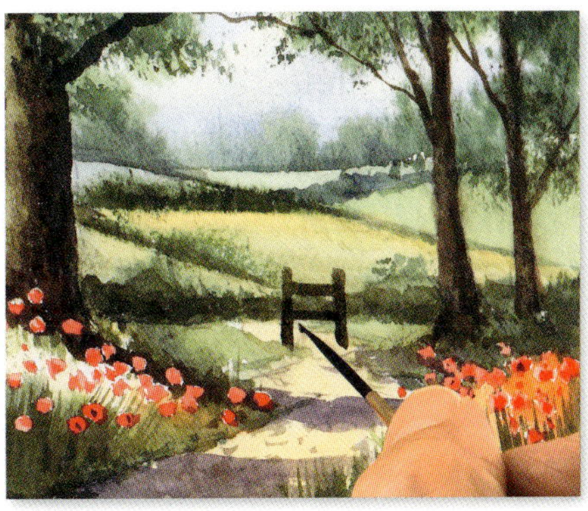

1 Wenn das Bild trocken ist, malen Sie den Zaunübertritt mit einer Mischung aus Olivgrün gelblich und Umbra gebrannt.

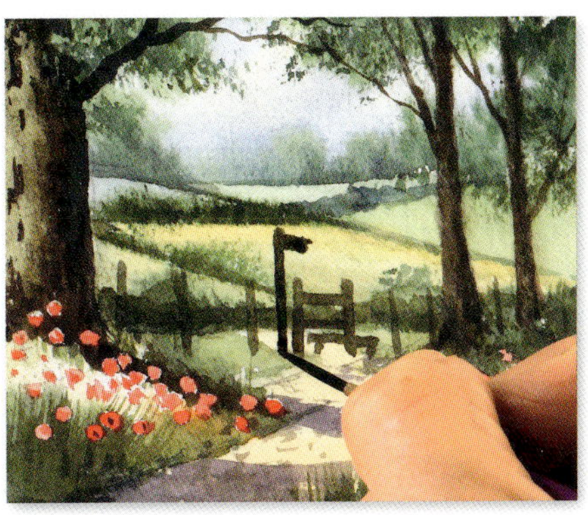

2 Die Zaunpfähle und den Wegweiser fügen Sie ebenso ein.

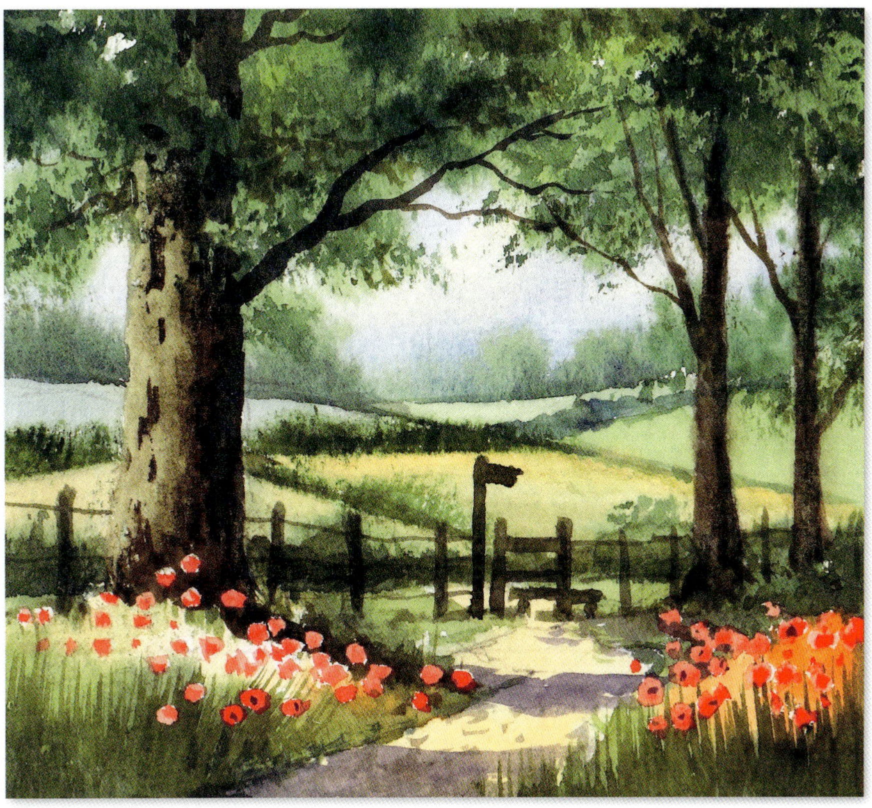

3 Zuletzt werden die waagerechten Zaunlatten gemalt.

Es ist nicht gerade einfach, weißen Schnee auf weißem Papier darzustellen. In vielen Fällen empfiehlt es sich, Maskierflüssigkeit einzusetzen.

162 SZENERIE MIT SCHNEE

1 Zeichnen Sie das Motiv vor. Für die Baumkronen tupfen Sie Maskierflüssigkeit mit zerknülltem Küchenpapier auf das Papier. Zum Abdecken des Zauns, des Übertritts und des Wegweisers verwenden Sie einen alten Pinsel, für die Gräser im Vordergrund einen Colour Shaper.

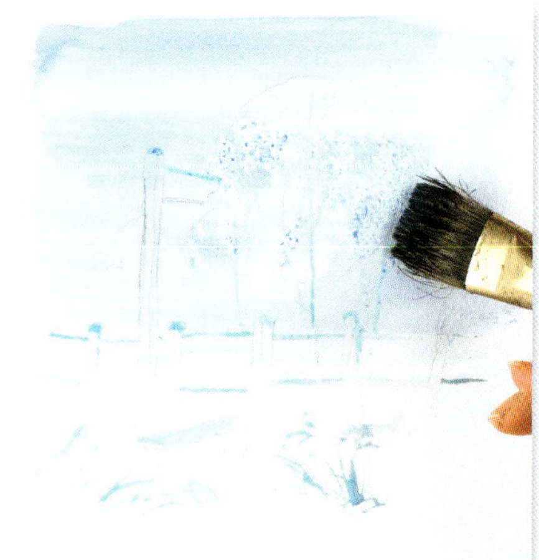

2 Der Hintergrund wird bis zum Boden mit einem breiten Flachpinsel angefeuchtet und blass mit Französisch Ultramarin grundiert.

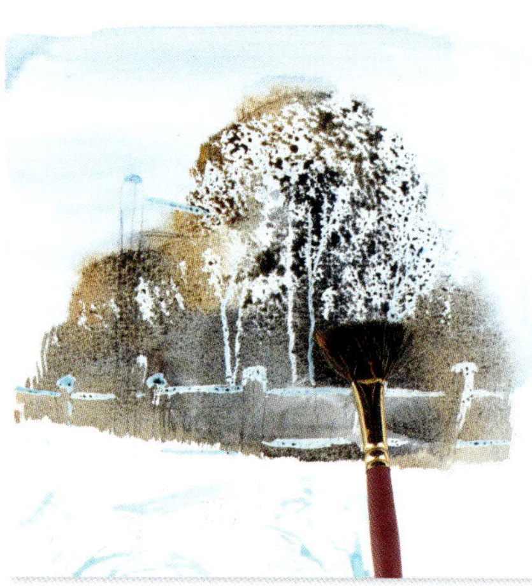

3 Mit einem dicken Fächerpinsel werden die Bäume und dunklen Bereiche hinter dem Zaunübertritt gemalt. Darin darf Siena natur nass in nass verlaufen.

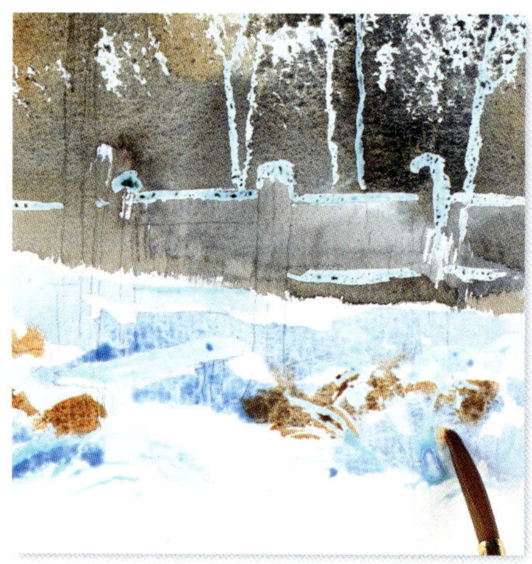

4 Mit einem mittleren Rundpinsel und Kobaltblau malen Sie die Schatten auf dem Schnee im Vordergrund und lassen darin nass in nass etwas Siena natur verlaufen, um Bewuchs unter dem Schnee anzudeuten. Lassen Sie alles trocknen.

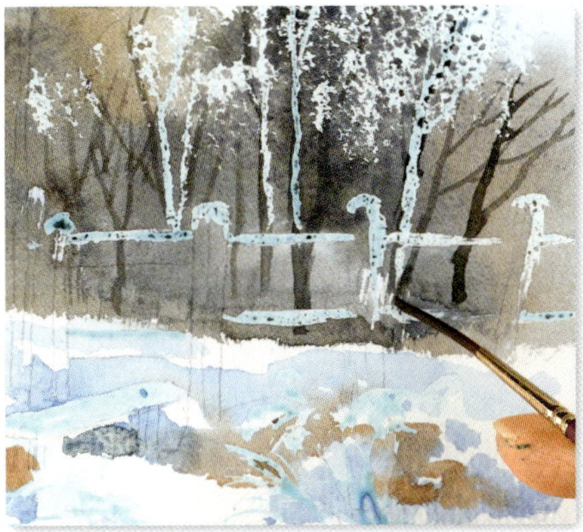

5 Mit dem Linierpinsel werden einzelne Baumstämme im Hintergrund mit einer Mischung aus Französisch Ultramarin und Umbra gebrannt eingefügt.

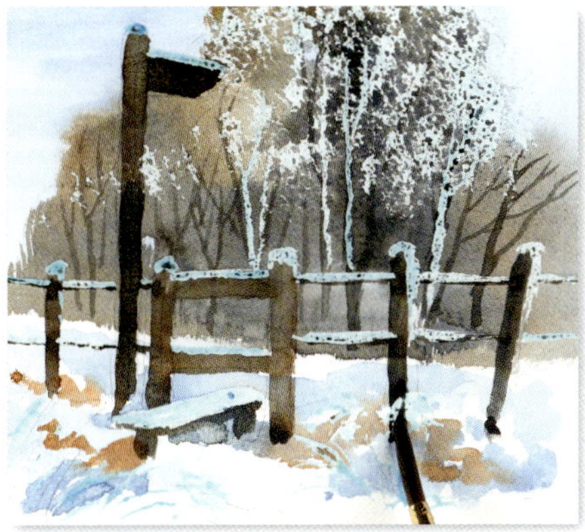

6 Malen Sie Zaunübertritt, Wegweiser und Zaun mit dem mittleren Rundpinsel und einer Mischung aus Französisch Ultramarin und Umbra gebrannt.

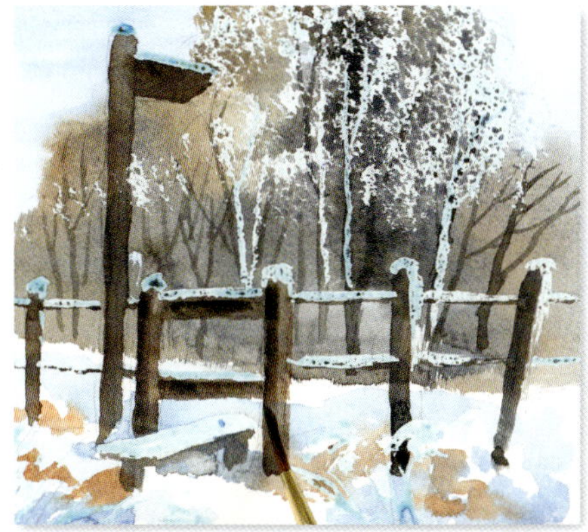

7 Nach dem Trocknen werden die Schatten auf den Holzelementen mit einem dünnen Rundpinsel und einer dunkleren Mischung derselben Ausgangsfarben abgedunkelt.

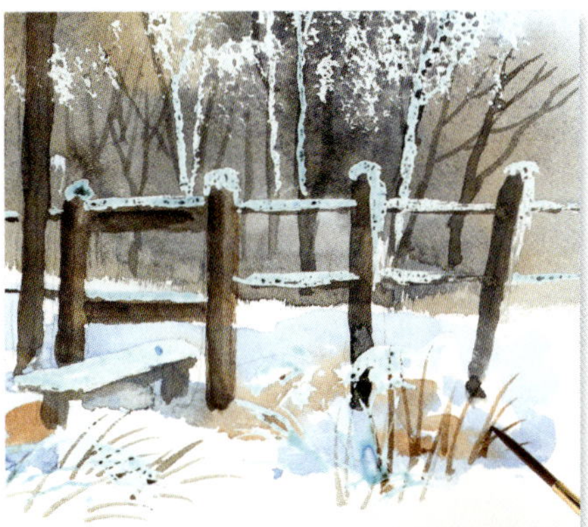

8 Deuten Sie die Gräser im Vordergrund mit einem Linierpinsel und Umbra gebrannt an und lassen sie trocknen.

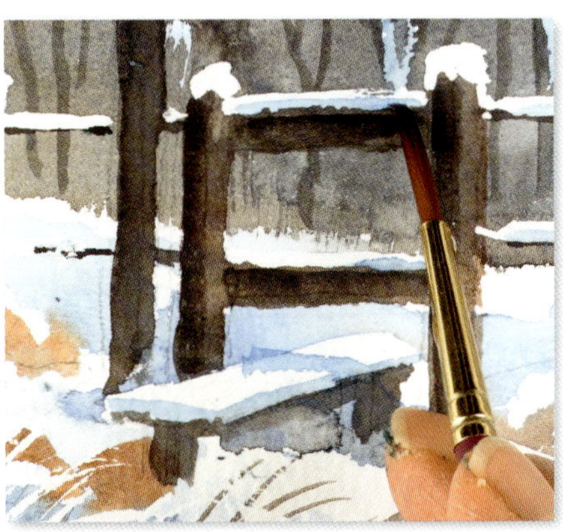

9 Entfernen Sie die Maskierflüssigkeit, sodass der „Schnee" zum Vorschein kommt. Mit einem dünnen Rundpinsel und Kobaltblau werden hier und dort Schatten eingefügt.

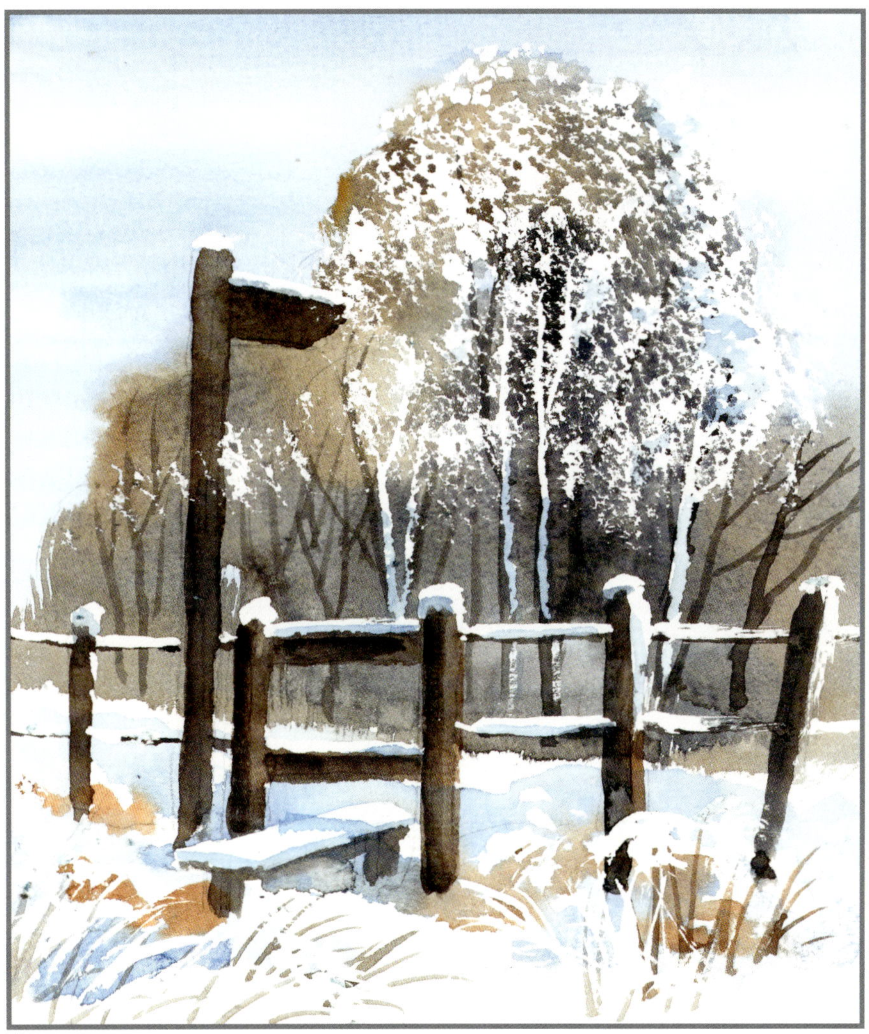

Das fertige Bild.

163 GRÄSER IM SCHNEE

Um größere Schneeflächen im Vordergrund aufzulockern, kann man mit einem dicken Fächerpinsel oder Linierpinsel Gräser einfügen. Alternativ ist denkbar, sie mit einem Kunststoff-Pinselstiel aus der feuchten Farbe herauszuschaben. Auch die Baumstämme am linken Bildrand wurden mit der Schabetechnik gestaltet.

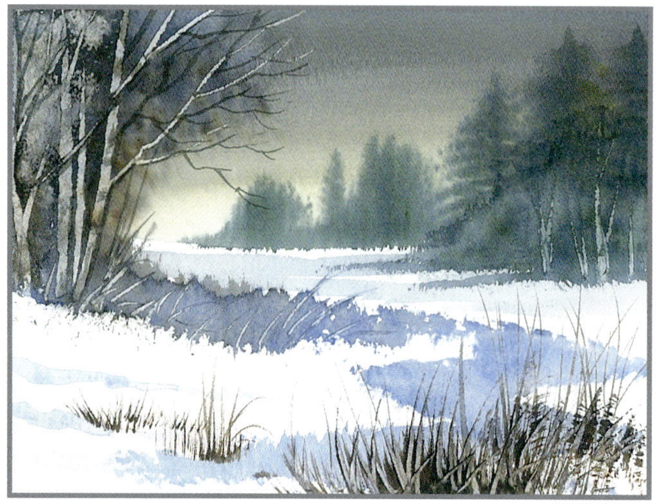

164 SCHATTEN AUF SCHNEE

Schatten auf Schnee können verschiedene Farben haben. Oft kann Kobaltblau mit etwas Paynesgrau verwendet werden. Da aber auch die Lichtverhältnisse Einfluss auf die Schattenwirkung haben, kommen auch andere Blautöne infrage. Reines Grau sollte man jedoch vermeiden.

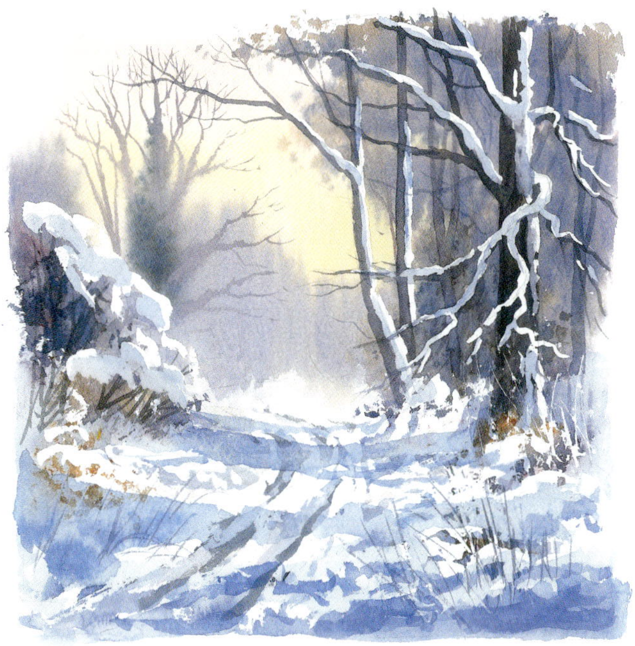

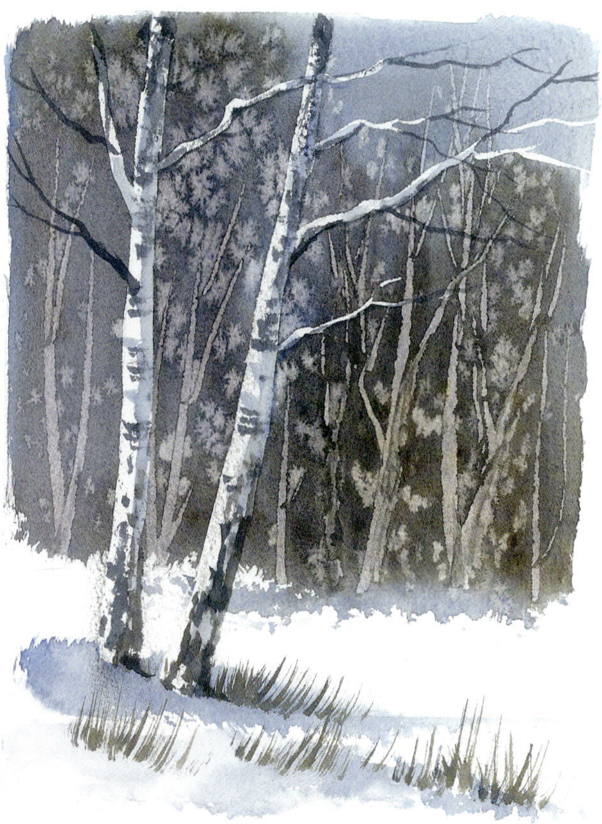

165 TEXTUR IM SCHNEE

Es sieht interessant aus, wenn man Salz in die feuchte Farbe streut. Das Salz saugt Farbe auf, sodass sternförmige Muster entstehen – perfekt für Schneeflocken und Raureif. Nach dem Bestreuen mit Salz muss die Farbe an der Luft trocknen (keinen Föhn verwenden!). Erst danach werden die Salzkristalle abgeschüttelt.

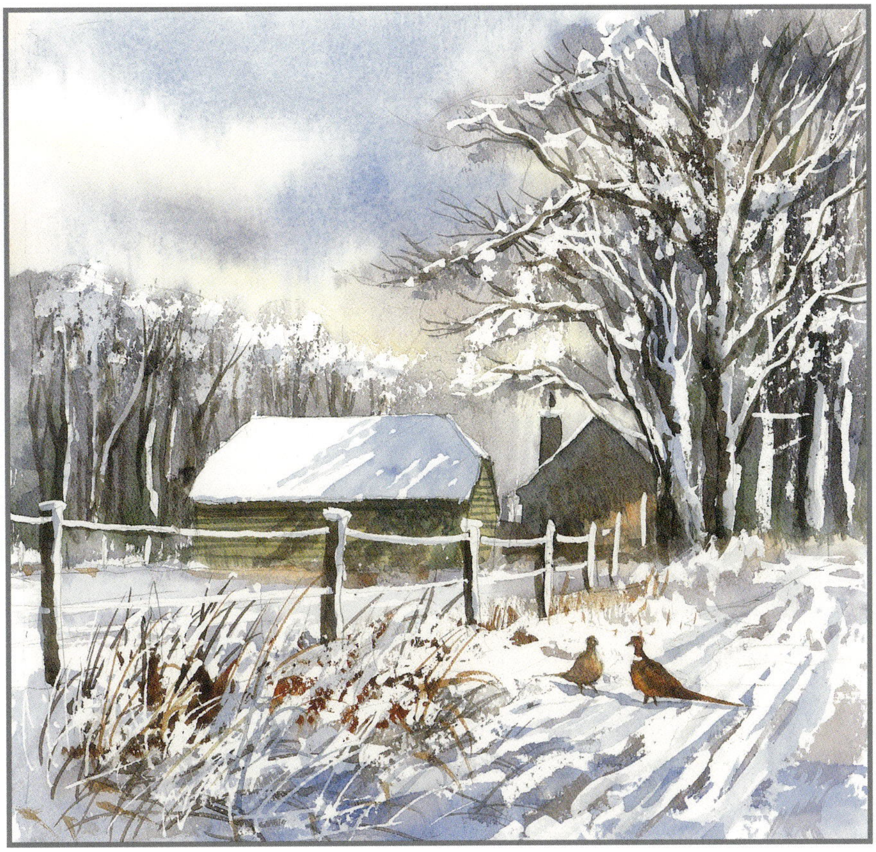

166 SCHNEE MIT MASKIERFLÜSSIGKEIT

Maskierflüssigkeit ist ein hervorragendes Hilfsmittel für Schneemotive. Auf die Baumkronen in diesem Beispiel wurde sie mit einem Schwamm getupft, auf Äste und Stämme sowie die Fahrspuren im Vordergrund mit einem dünnen Pinsel. Für dünne Striche, wie Zaundrähte und Gräser im Vordergrund, eignet sich eine Ausziehfeder am besten. Nach dem Entfernen des Maskiermittels werden einzelne Schatten mit verdünntem Kobaltblau eingefügt, ansonsten bleibt das Papier weiß.

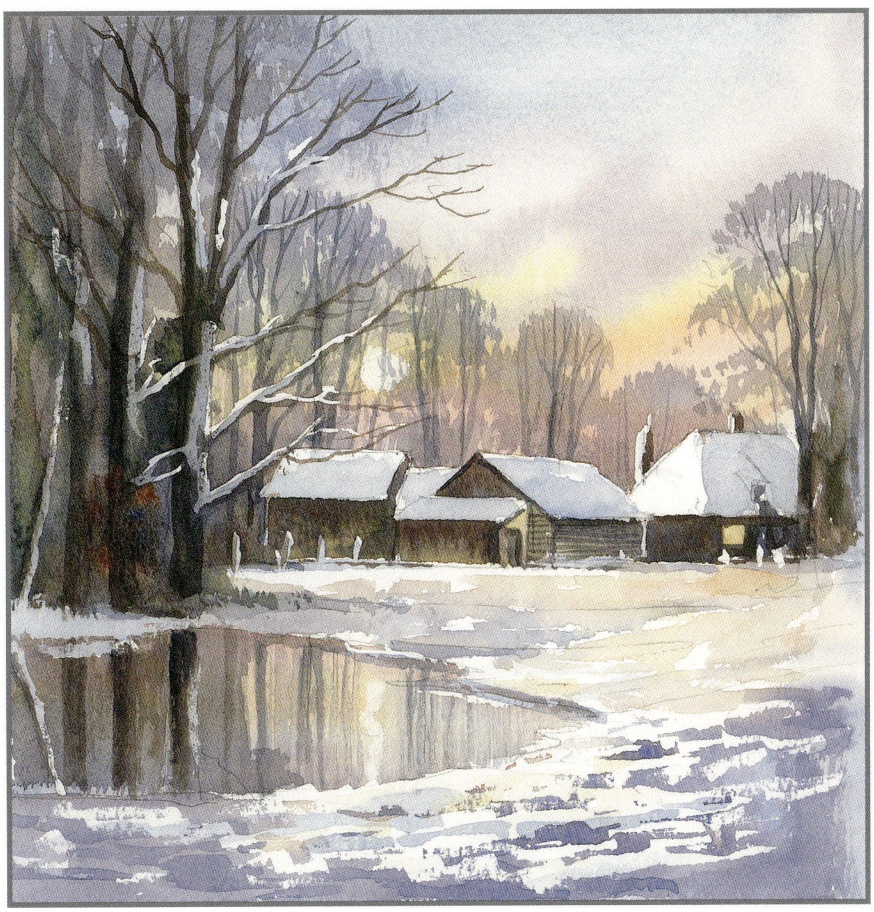

167 WINTER MIT WARMER AUSSTRAHLUNG

Schneemotive müssen nicht unbehaglich kalt wirken. Für ein Wintermotiv im Sonnenuntergang können sogar viele warme Farben zum Einsatz kommen. Die Maskierflüssigkeit wird ebenso aufgetragen wie bei den vorherigen Beispielen, aber durch die Wahl der Farben scheint der Schnee den Sonnenuntergang zu reflektieren.

Menschen & Tiere

Viele Motive bieten einen schönen Anblick. Aber erst wenn Lebewesen hinzukommen, beginnen sie, eine Geschichte zu erzählen.

168 FISCHER

Dieses Bild mit zwei Booten bekommt durch die beiden Männer eine ganz andere Ausstrahlung: Sie scheinen ein Gespräch zu führen. Worüber sie reden, bleibt der Fantasie des Betrachters überlassen.

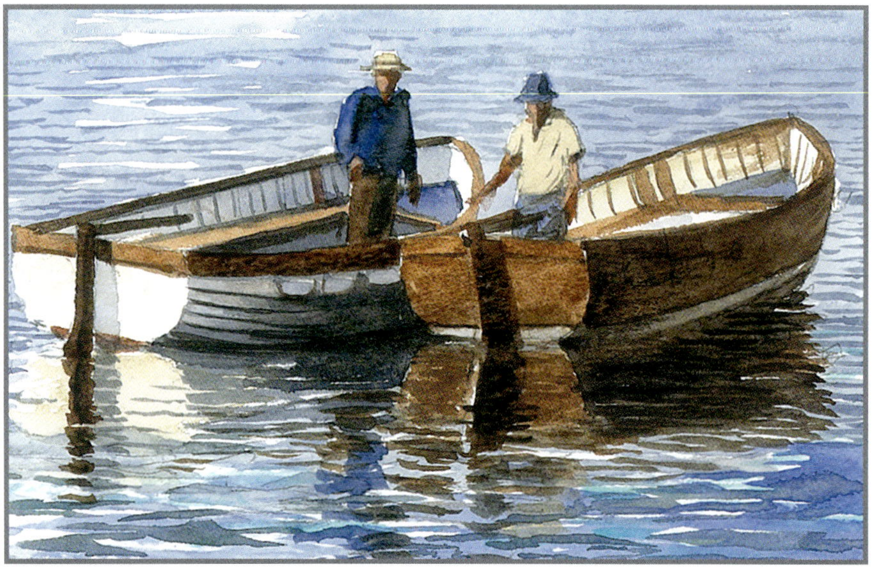

169 MANN UND HUND

Dieses Landschaftsmotiv könnte allzu einfach – fast langweilig – wirken, wenn es nicht durch den Mann mit Hund einen Blickfang hätte.

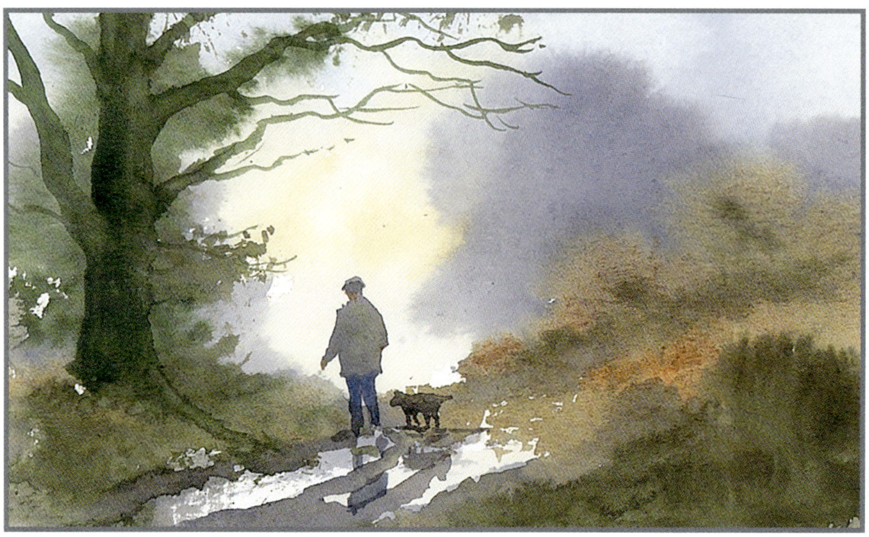

170 WINTERSPAZIERGANG

Am Spaziergänger mit Hund hält der Blick des Betrachters einen Moment inne, bevor er weiter in die Tiefe des Bilds vordringt. Dadurch wirkt das Motiv interessanter.

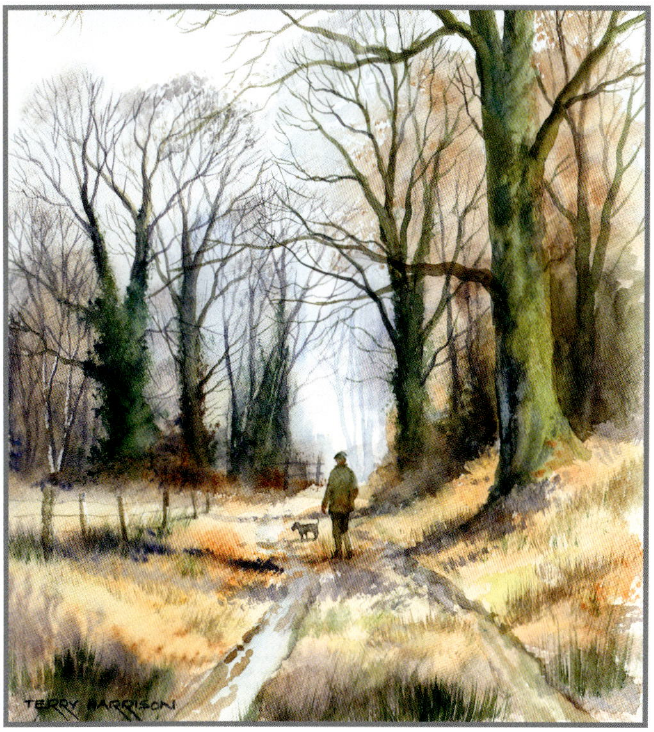

171 VÖGEL

Das reizvolle an einem Sonnenuntergang ist nicht der Sonnenuntergang selbst, sondern die Szenerie, die in seinem besonderen Licht liegt – eine Flussmündung, eine Baumgruppe im Gegenlicht oder die Silhouette einer Windmühle. Ein Sonnenuntergangshimmel ganz ohne Landschaft kann durch einen kleinen Vogelschwarm zu einem eigenständigen Bild werden.

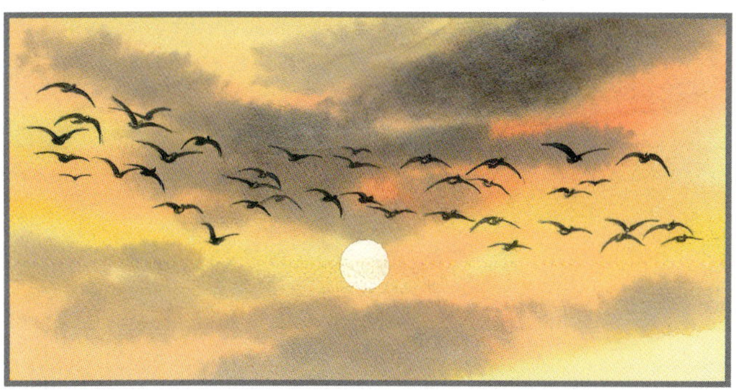

172 BAUERNHAUS MIT HÜHNERN

Das Bild mit dem charmanten Reetdachhaus wirkt durch die kleine Hühnerschar und die Tochter des Bauern gleich viel lebendiger. Ohne sie wäre es nur eine einfache Gebäudestudie.

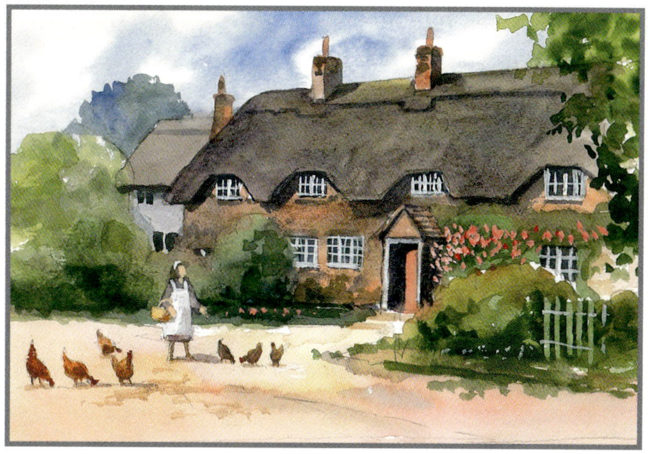

173 FASANE AUF EINEM FELDWEG

Dieses Motiv wirkt durch die rustikale Scheune, den verschneiten Zaunübertritt und den Feldweg, der den Blick in die Ferne führt, durchaus interessant. Nur im Vordergrund fehlte der Komposition etwas. Zwei Fasane, die mitten auf dem Weg sitzen, bilden einen lebendigen Farbtupfer. Foto-Vorlagen für Fasane sind im Internet zu finden.

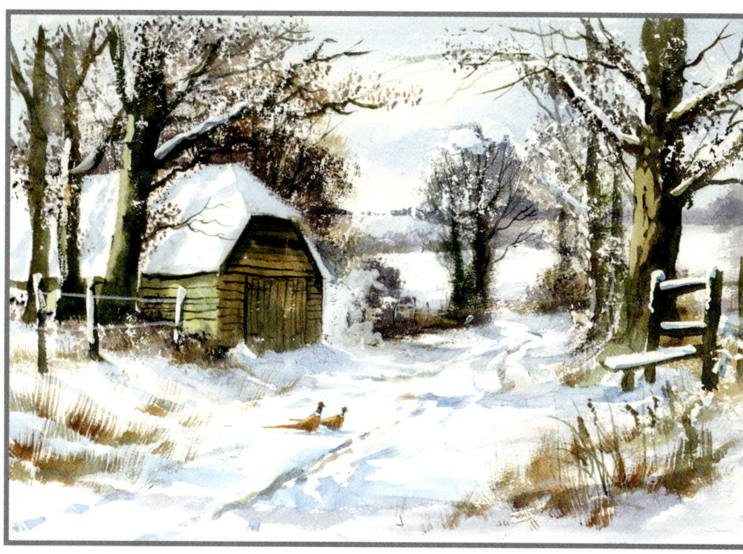

Register

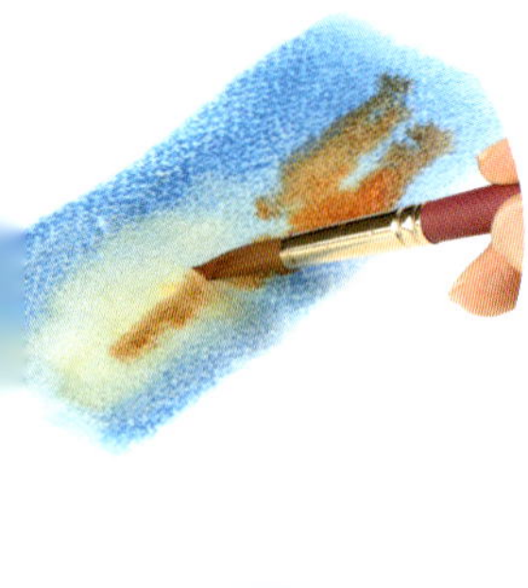

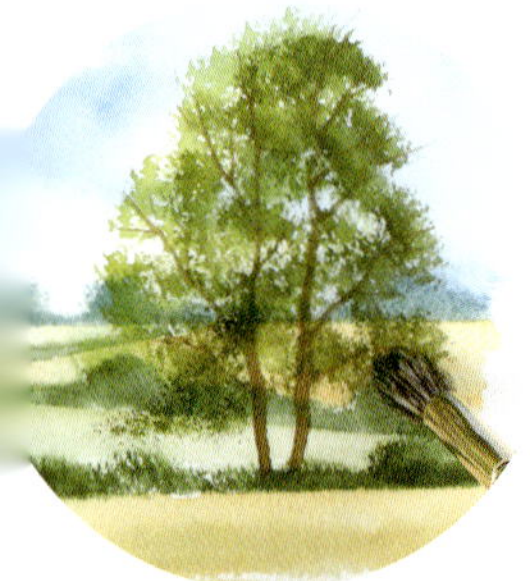

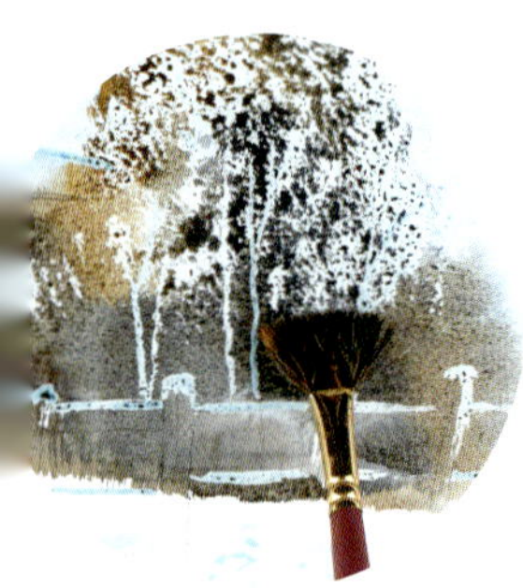